JN308060

日本探検

梅棹忠夫

講談社学術文庫

目次

福山誠之館……19

日本探検

文庫化にあたって

・本書は『日本研究』（「梅棹忠夫著作集」第7巻、中央公論社、一九九〇年）に収録された「日本探検」を文庫化したものである。

・文庫化にあたり小見出し等の体裁をあらためた。内容に変化はない。

・著者が故人であることに鑑み、原則として文章は底本どおりとしているが、明らかに誤植と思われる箇所、固有名詞や年月日・事実関係・書誌等で明らかに錯誤があると考えられるものは、できるだけこれを正した。

・引用文等について、底本では著者特有の表記にあらためられている箇所があるが、できるだけ原文にあたり修正した。

・ルビを大幅に増やした。

・著作集では地名、学校名等については原則として執筆当時のままとされているが、文庫化にあたって、適宜、可能なところは補足した。編集部がおぎなった説明的箇所は［　］で示している。

・地図の情報は執筆当時のものである。また底本にはないタイトルを編集部で付した。

・編集作業において、国立民族学博物館・梅棹資料室の三原喜久子さんから多くのご教示、ご協力を得た。

福山誠之館

解説

一九五九年、わたしは「日本探検」というシリーズを『中央公論』誌上に連載することになった。日本の各地をおとずれて、文明論的紀行をかくという趣旨のものであった。連載は二ヵ月に一どという約束であった。

第一回は、広島県福山の誠之館《せいしかん》をとりあげることとした。幕藩体制下における日本の教育史をあつかってみたいとおもったのである。

誠之館の取材にあたっては、小川房人《おがわふさと》君のお世話になった。かれは植物生態学者で、大阪市立大学理学部生物学教室におけるわたしの同僚であり、わたしが隊長をつとめた一九五七―五八年の大阪市立大学東南アジア学術調査隊の隊員であった。かれは誠之館の出身者である。ご両親が、福山市郊外の深安郡神辺町に在住されていて、そこでたいへんお世話になった。

「日本探検」の第一回の原稿はまもなくできあがり、『中央公論』の翌年の一月号に掲載された。(註1)のちに、「日本探検」の四回分をまとめて、単行本として刊行したが、この「福山誠之館」はそこに収録された。(註2)『中央公論』本誌に掲載されたときには「福山―殿様と学校」という題がついていたが、単行本収録にあたっては、表題をかえている。

(註1) 梅棹忠夫(著)「日本探検(第一回)福山―殿様と学校」『中央公論』一月号 第七五年 第一号 第八六五号 一六六―一八二ページ 一九六〇年一月 中央公論社

(註2) 梅棹忠夫(著)「福山誠之館」『日本探検』三―四八ページ 一九六〇年一一月 中央公論社

福山

城のある町

大阪を夕がたにたつ急行にのると、岡山から西の、瀬戸内海沿岸の小都市群は、ねむっているうちに通過して、朝に広島につく。

いつだったか、途中の駅で目がさめた。どこかいな、とおもいながら、窓のブラインドをあげて、おどろいた。視界いっぱいに、ちかぢかと、おおきな石垣がつったっている。列車は、城のしたにとまっているようだ。くらやみをすかしてみると、石垣のうえには、しろい櫓《やぐら》がのっている。ねぼけまなこにも、城は威圧的である。駅は福山だった。

これが、福山についてのわたしの印象のすべてであった。城のある町。それも、天守閣があるのかどうかはしらない。しっているのは、石垣があることだけだ。なんにもしらないままで、わたしは福山をおとずれることになる。

なんにもしらないことはよいことだ。自分の足であるき、自分の目でみて、その経験から、自由にかんがえを発展させることができるからだ。知識は、あるきながらえられる。あるきながら本をよみ、よみながらかんがえ、かんがえながらあるく。これは、いちばんよい勉強の方法だと、わたしはかんがえている。

わたしはいままで、日本のそとをあるく機会がおおかった。そこで、いつもこういう勉強の仕かたをしてきた。それでいて、日本のことはあまりにもしらないのである。日本の国内では、山はあるいているけれど、ひとのすんでいるふつうの町や村を旅行する機会が、あんがいすくなかったからだ。わたしにとっては、旅行と知識は同義語である。機会をとらえて、日本をあるこう。

とにかく、ある用事ができたので、わたしは福山へいく。城のあること以外は、なにもしらない福山へ。いけば、あのお城から、問題は自然に展開してくるにちがいない。

神辺町

お城と市の運命をたずねることは、あとにして、とりあえずわたしの行動した順序に、報告をつづることにする。

あくる日は、市の郊外、神辺町《かんなべちょう》［現・福山市］というところにいった。鉄道は、福山でわかれて塩町《しおまち》のほうまでゆくのが、神辺をとおるけれど、たいした距離でもないので、自動車でいった。六、七キロであろうか。芦田川《あしだがわ》の上流にある府中《ふちゅう》市まで、りっぱな舗装道路がつづいているのだが、ざんねんなことには、神辺にゆくには、その道からはずれて右にはいる。旧山陽道である。旧山陽道の道は、きわめてわるい。

神辺では、深安《ふかやす》郡の教育研究所に用事があった。研究所は、神辺の小学校のなかにおかれ、研究所長は校長先生の兼任だった。そこでわたしは、菅茶山《かんさざん》とはじめて対面したのである。小学校の木造校舎の応接室は、ごく簡素なもので、壁・天井は洋間ふうの漆喰《しっくい》だが、何条もひびがはしっていた。その壁に、画がかかっている。白髪頭をちょんまげに結い、かみしもをつけた小がらな老人の半身像である。それが、一世の大学者、菅茶山先生だった。(註)

（註）菅茶山については、のちにつぎの書物がでた。
富士川英郎（著）『菅茶山』「日本詩人選」三〇　一九八一年四月　筑摩書房
茶山は、富士川氏は「ちゃざん」とよませているが、「さざん」のよみかたもおこなわれている。

菅茶山先生

菅茶山は、一八世紀後半に活動した漢学者である。学者というよりはむしろ、詩人としてのほうが有名であったかもしれない。天台の学僧六如《りくにょ》とともに、漢詩作家としては断然人気があった。

ここでわたしは、ひとつの疑問をいだきはじめる。これはどういうことなんだろう。応接室の窓から山がみえる。校庭をへだてて、すぐうしろが山である。そして、湿けた田んぼのつらなり。正直にいって、草ぶかいという形容詞をつけたくなるようないなかである。ここに一世の詩人がいた。これはいったい、どういうことなんだろう。

しったようなことをいうけれど、わたしは菅茶山の詩なんて、ひとつもよんだことはない。どんな詩をつくっていたのかしらないが、このいなかにいて、発想の端緒をどうしてつかんだのか。伝記をみると、旅行はしたようである。わかいときには京にでて、勉強した。それにしても、こんなところにひっこんでいて、それで全国に名声をはせることができたとは、当時の文壇、あるいは文芸ジャーナリズムは、どういう仕くみになっていたのだろうか。六如は京にすんでいる。これは中央のひとだから、ふしぎはない。茶山のほうは、どうもわからない。

こういう話がある。当時の福山藩の殿さまの阿部正精《あべまさきよ》が、ときの大学の頭《かみ》、林《はやし》述斎《じゅつさい》と、詩についてはなしあったことがある。そのとき、述斎はいった。

「当今詩家、まさに菅太中《かんたいちゅう》をもって魁《さきがけ》となす」

茶山は号で、太中というのはその通称である。つまり、当時の学界の最高権威者が、「菅茶山こそは現代詩人の第一人者である」と保証したわけだ。ところが、阿部侯はその菅なにがしをご存じなかった。それはどこの人間だ、それは、おひざもとの福山郊外の神辺にいる。阿部侯はおどろいた。そんなえらい人物が、自分の領内にいたのか。そこでさっそくひとをやって、めしだすということになる。

この話はいろいろにとれる。当時においても、権力者というものはいかに学術・文化に理解がなかったか、ということをしめしているとも解釈できる。啓蒙君主ぶりをして、学者を相手に詩を論じてみたが、自領にいる詩壇の第一人者の名まえもしらないのだ。

同時にこの話は、文化活動において、地方にすんでいるということが、なにもハンディキャップになっていなかった、ということをもしめしていると解釈できる。当時においては、地方も中央もない。文化における地方と中央の関係は、いまとはずいぶんちがっている。地方の、草ぶかいいなかに、巨人が存在しえたのである。いまは、中央ばかりがあつみをくわえている。われわれの国は、いつのまに、こんなに集中をひきおこしてしまったのであろうか。わたしは、神辺の小学校で、あらためて今日の地方文化のありかたをかんがえさせられたのである。

頼山陽のらくがき

菅茶山の話のついでに、もうひとり、山陽地方出身の文化人に登場してもらおう。頼山陽《らいさんよう》である。かれは、安芸《あき》の国竹原《たけはら》のひとだ。竹原というのは、三原《みはら》の西、鉄道でゆくと、呉線《くれせん》である。かれはここで、広島藩の藩儒、頼春水《らいしゅんすい》の子としてうまれた。いわば、官学のプロフェッサーの息子なのだが、手におえない不良である。春水はついに勘当《かんどう》をいいわたす。山陽は、おやじの友人、福山藩神辺の漢学者、菅茶山先生におあずけの身となる。

ところで、このあばれん坊は、茶山先生のところでもながつづきしなかった。かれはついに、菅家を脱出してゆくえをくらます。あとには、菅家の襖《ふすま》に、墨くろぐろとらくがきがしてあった。いわく、

「師、頑にして、弟子、愚」

これでは、すくいようがない。もっとも、かれものちには文化人として全国に名をはせ

た。そして、「茶山先生行状」という一文を執筆して、その徳をたたえている。わたしがみた茶山の伝記というのは、それである。

茶山の子孫は、いまも菅《すが》姓を名のって、ここにすんでいる。いまも、子どもたちがこの小学校にあがっている。さすがに代々秀才ぞろいで、はじめのころは、たいして目だつ存在ではないが、しだいに頭角をあらわして、しまいには他をおさえてしまう。みんなこういうタイプで、さすがに血はあらそえん、という。菅家の子どもたちをみていると、先生がたは、ときどき教育という仕事のむなしさを感じるそうだ。けっきょくは素質か。

備後の首都

わたしは、旧山陽道をとおって、ふたたび福山にもどる。

福山市、人口一三万。広島県東部の中心都市である。広島県東部というけれど、それは明治のはじめに、県制をしくときのつごうで広島県に編入されてしまった、ということにすぎないのであって、ここを広島というのは、あきらかにおかしい。広島は安芸の国、ここは備《びん》後《ご》の国である。このことは、いろいろな点でおおきな意味をもってくるのだが、あとでまた、いいおよぶ機会があるだろう。

とにかく、福山は備後一国の中心都市である。そしてそれはまた、旧幕時代においてほぼ備後一国を領有した、福山藩の城下町ということでもある。福山城は福山藩主阿部家の居城であった。

駅のすぐ裏には、お城の石垣がそびえている。福山藩一一万石の城下町。なんとはなしに、たちならぶ武家屋敷の、格式と情趣を期待したくなるのだが、それは、まんまとあてがはずれる。今日の日本に、そんなものはありはしない。アメリカ空軍が、すっかりぶちこわしてくれた。

ご多分にもれず、福山市もまた戦災都市である。一九四五年八月八日、伝統ある福山一一万石の城下町は、爆撃をくってあえなくも燃えてしまった。そしてそのとき、名城福山城もまた、町と運命をともにしたのである。駅からみると、堂々たる城のようだが、あるのは石垣と、ほんの二、三の建造物だけで、天守閣もなにもない。

おしいことだった。ほんとうにおしいことだった。もう一週間もやけずにもちこたえたら、戦争がおわってしまうところだったのに。しかし、戦災にあったおかげで、福山はすっかり近代化したともいえる。わたしは、戦前の福山をしらないから、なんともいえないが、しるひとの言によると、むかしは、ほそい道がまがりくねっていたという。いまはひろい舗装道路が縦横に通じ、うつくしく整備された近代都市である。駅前にたつと、大広場があり、バス・センター、緑地帯がある。それは、あかるく、うつくしい。

市街は、いきいきとうごいてる。この町は発展しつつある、という印象をうける。もし、かんたんなことばで都市の性格を分類するとすれば、福山は、商工業都市、あるいは工業都市というべきであろう。鉄鋼、機械器具、ゴム、合成染料、繊維、食品工業など。それは、封建時代の城下町というイメージからは、はるかにとおいものである。

地方の小都市をたずねて、のこったお城だけをたよりに観光都市としてたとう、などという話をきくと、まことにわびしいものである。福山は、そうではなかった。そのことを福山市民のためによろこぼう。福山市民たちは、お城につられてやってきた、わたしのようなゆきずりの旅行者のおもわくなんぞにおかまいなく、どんどんとあたらしい態勢にむかって、その町をきずきあげてきたのだ。

築城

それでも、わたしはなお城にこだわる。わたしは、城に関心がある。わたしは、福山城をおとずれる。

福山城は、いまは市有で、城跡公園ということになっている。そこにのぼると、市街地は一望のもとである。はるかに、芦田川の河口のデルタ、そしてそのさきは、瀬戸内海だ。これはたしかに、景勝の地である。

福山城は、またの名を葦《い》陽《よう》城という。芦田川のほとり、という意味である。葦は芦である。この場所をえらんで城をつくったのは、阿部家の祖先ではない。水野日向守勝成《みずのひゅうがのかみかつなり》というひとである。幡随院長兵衛《ばんずいいんちょうべえ》をころしたので有名な不良旗本、水野《みずの》十郎左衛門《じゅうろうざえもん》は、このひとの孫にあたる。勝成はもちろん、不良どころではない。ほまれたかき戦国の名将である。一六一九（元和《げんな》五）年、徳川政府の基礎ようやく成ったころ、備後七郡、備中三郡、あわせて一〇万石の領主に封ぜられ、ここに居城をきずいた。だから、日本の城としては、いちばんあとからできたものだ。すでに築城禁止令がでていたはずだが、ここだけどうして許可されたのか、しらない。

やけのこった櫓は、伏見櫓という。伏見城を解体してもってきたのだ。それから、やけるまでは、納涼殿という湯殿があったという。これは聚楽第《じゅらくだい》からもってきたもので、淀君がつかったという湯ぶねがあったそうだ。

とにかく、この水野勝成が福山の開祖である。福山という名も、このひとがつけたものときく。その後、水野家はあとつぎがなくて、断絶した。そして、一七一〇（宝永《ほうえい》七）年、阿《あ》部備中守正邦《べびっちゅうのかみまさくに》が、下野宇都宮《しもつけうつのみや》から転任してくる。以後幕末まで、阿部家による統治がつづくのである。

三〇〇〇人の殿さま

水野だって阿部だって、そんなはるかなむかしの封建領主の名まえなんか、なんだっておなじことだ。わたし自身の心のなかには、そういうささやきがきこえる。だいいち、日向守だの備中守だの、勝成だか成勝だかしらないが、むかしのさむらいの名というものは、おんなじような名まえがやたらにでてきて、おぼえられないではないか。だれだって、要するにしかつめらしい顔をした、人民に対しては傲慢な、中央政府に対しては恭順な、一個の権力者であることにかわりない。殿さまの名まえというものは、どうしてこうおもしろくないのだろう。ヨーロッパの場合もおなじだ。チャールズ二世だの、ヴィルヘルム三世だの、おなじようなのがつづく。阿部家の場合も、正邦《まさくに》、正福《まさよし》、正右《まさすけ》、正倫《まさとも》、正精《まさきよ》、正寧《まさやす》、正弘《まさひろ》、正《まさ》教《のり》、正方《まさかた》、正桓《まさたけ》と、一字ちがうだけの名まえが延々とつらなる。要するに、たまたま貴族の血統にうまれて、権力の座にすわったというにすぎないではないか。だれがなっても、おなじことだ。そこには、戦国の英雄のような個性はない。城のなかで何代つづこうがおなじことだ。わたしの頭のなかでは、殿さまのイメージは完全に没個性的だ。

とにかく、三百諸侯だ。それが江戸時代を通じて、それぞれ一〇代つづいたとしても、三〇〇〇人の殿さまだ。いちいち区別なんかつくものか。

しかしわたしは、福山の人たちとはなしているうちに、だんだんうす気味がわるくなってくる。かれらは、殿さまをいちいち区別しているのだ。たとえば、わたしはO君と話する。かれは福山出身の植物学者である。かれにとっては、発音するのもむつかしいようなラテン語の植物名が、きいただけでいきいきと個性をもっているように、勝成と成勝とをまちがえ、日向守と肥後守がごっちゃになる、などということはありえない。こと福山に関するかぎり、それら封建領主の個性的イメージが、かれの心のなかには生きている。

わたし自身は、封建領主というものを経験したことのない土地でそだった。だからわたしは、殿さまというものに同情がない。しかし、日本の大部分は、つい一〇〇年まえまでは、それぞれの藩に属し、それぞれの殿さまをもっていた土地である。そして、現代の日本人の大多数は、そういう土地の出身者なのだ。その人たちは、現代においても、この福山のインテリゲンチャのように、多少とも個別的な殿さまの名まえをしっているのだろうか。そうだとすれば、わたしはかんがえなおさなければならない。それが日本であるならば、日本という国についてのわたしのイメージには、いささかひずみがある。わたしは、日本人として欠くるところあり、とさとる。わたしは、三〇〇〇人の殿さまたちを、もうすこしいたわりの目をもってみなければならないだろう。

誠之館

藩の学校

福山へいったらたずねてみようとおもっていたところが、ひとつだけある。誠之館《せいしかん》だ。誠之館というのは、学校の名である。戦前は中学だったが、いまは、誠之館高校になっているはずだ。植物学者のO君は、その出身である。わたしは、かれの案内で広島県立福山誠之館高等学校を訪問する。

学校の名としては、誠之館というのは奇妙な名まえである。わたしは、この名まえだけは、かなりまえからしっていた。友人に、ここの出身者がなんにんかいたからである。それは、福山藩の藩校の名をとったものだ、ということも承知していた。

日本に、この種の学校があるということをはじめてしったのは、大学時代だった。鹿児島の七高［現・鹿児島大学］からきた同級生たちが、出身校を名のるとき、いちいち「第七高等学校造士館《ぞうしかん》」といった。造士館てなんだ、ときいたら、藩の学校だという。ほかに、気をつけていると熊本の済々黌《せいせいこう》とか、名古屋の明倫堂《めいりんどう》とか、それらしきものが、ちょいちょいある。誠之館も、そういうもののひとつとして、記憶していたのである。

それにしても、藩校というのは、いったいどういう性質のものだったのだろうか。いつごろから、どのようにして設立され、どんな教育をおこなっていたのだろうか。一般に、明治以前の日本の教育制度のなかで、どんな役わりをになっていたのだろうか。そして、それが明治以後の日本の教育制度に、どのようにつながり、あるいはどのようにつながらないのか。そういうことを、機会があればわたしはしりたいとおもっていたのだった。福山に誠之館をたずねる、というのは、まさにその機会ではないだろうか。

創立一〇〇年

誠之館の校舎は、木造でどれもふるぼけている。なかに、ひとつだけあたらしく、うつくしい建物がある。図書館だ。階下は会議室で、二階は図書閲覧室になっている。誠之館出身者たちの著書をあつめた文庫もあって、井伏鱒二《いぶせますじ》氏の小説なんかがならんでいる。屋上には天文台がある。

この建物は、一九五三年に誠之館創立一〇〇年を記念して、誠之館同窓会でたてたものだという。創立一〇〇年だ。わたしはまず、一〇〇年というのに、ショックをうける。そんなふるい学校があろうとはおもわなかった。京都は学校の歴史のふるいところである。明治政府の小学校設置令がでるのは一八七二年だが、すでにその数年前に、京都にはたくさんの小学校ができていた。六〇校ばかりの学校が、一九五九年に、いっせいに創立九〇周年をむかえた。わたしは西陣《にしじん》の一角にある正親《せいしん》小学校というのをでたが、それもそのひとつだ。そして、これは日本でもっともふるい学校のひとつだといいきかされていたのである。だから、すでに一九五三年に一〇〇年祭をむかえた学校があるというのは、ひとつのおどろきであったのだ。

孔子像と地球儀

校門をはいって、すぐ左側に、植えこみにかこまれて、りっぱな、書院づくりふうの式台玄関がある。大名屋敷かなにかにありそうなかまえだ。なるほど、これが藩校か。これはむかしの藩校の玄関を、そのままここに移築したのだという。もっとも、ふるいのは玄関だけで、式台をあがると畳じきの大広間があるが、それはあたらしくたてた。この建物は、いま誠之館記念館とよばれ、創立時代の記念品などは、みんなここにおさめてある。

正面の床の間に、孔子像の軸がかかっている。寛政《かんせい》年間、阿部家八代正倫《まさとも》公がえがいたものだという。このひとは画がすきで、ほかにも作品がのこっているらしい。その右のガラス・ケースのなかに、もう一枚の肖像画がある。衣冠束帯《いかんそくたい》に威儀をただしたひとりの青年貴族の像である。一一代正弘《まさひろ》公であった。

記念館には、なお若干の校宝が保存されている。九代正精《まさきよ》公下賜とつたえられる孔子の銅像がある。しかし、それよりもわたしの興味をひいたのは、正弘公がくれたという若干の自然科学用教材である。現在のものと本質的にかわらぬ構造のセクスタント［六分儀］がある。古風なデザインの顕微鏡がある。そして、おおきな天球儀、地球儀がある。太陽系の諸惑星の運動の相互関係をしめす天体運行儀がある。天球儀、地球儀は、保存がわるくてほこりにまみれ、こわれかけているが、なお字はよめる。地名・星座名は英語でかいてある。

幕末の福山藩主は、どうしてこんなものをもっていたのか。かれは、アメリカの日本遠征軍司令官、ペリー提督から、これらの品物をおくられたのであった。わたしは、うろおぼえの日本史の知識のなかから、江戸末期の黒船来航のころの日本の宰相の名をさがしだす。ペリーがきたとき、日本の国政および外交の最高責任者として、この容易ならぬ相手との交渉にあたった人物こそは、この福山藩主阿部正弘であったのだ。当時かれは、老中首座。いまとは制度がちがうけれど、やはりそれは宰相の座である。

青年宰相

わたしはあらためて、ガラス・ケースのなかの青年貴族の像をみる。これが、日本の宰相として、前例のない難局に当面し、局面打開にひじょうな手腕をふるった政治家であろうか。わかいじゃないか。何歳くらいなんだろう。わたしは、年表をくってみて、びっくり仰天する。「文政《ぶんせい》二年（一八一九）、阿部正弘生る」

そして、

「嘉永《かえい》六年（一八五三）、六月、米使ペリー浦賀に来る。同年七月、露使プチャーチン、長崎に来る」

　ときに老中筆頭阿部正弘、三五歳である。おどろいたものだ。

　しかもかれはそのときまでに、すでに一〇年間老中の地位にある。一八四三（天保《てんぽう》一四）年、二五歳で老中に就任し、水野《みずの》忠邦《ただくに》の「天保の改革」のあとの、もっとも困難な時期の国政を担当してきた。そして、ペリー、プチャーチンの来航である。ついに一八五四（安政《あんせい》元）年、神奈川条約（日米和親条約）をむすぶ。つづいて、イギリス、ロシア、オランダとのあいだに条約をむすぶ。

「いにしえの、蒙古のときとあべこべに、波風立てぬ伊勢のかみかな」

　阿部伊勢守正弘こそは開港の直接責任者である。ついに井伊《いい》直弼《なおすけ》一派の反対派に屈し、老中筆頭を佐倉《さくら》藩主堀田《ほった》備中守《びっちゅうのかみ》正睦《まさよし》にゆずる。一八五七（安政四）年病気。同年六月死す。年三九歳。

　幕末の動乱期の革命家たちが、おどろくべきわかさであったことは、われわれはよく承知している。橋本左《はしもとさ》内《ない》、吉田松陰《よしだしょういん》。そのいっぽう、幕府側の政治家たちは、いかにも老巧で、保守的であったような印象がある。しかし、ちがうのだ。幕政もまた、ひとりの青年貴族が背おってたっている。体制側も、反体制側も、わかさとわかさが、はげしくぶつかりあい、沸騰している。幕末はそういう時代であったのだ。

伝統の酵母

阿部正弘は、中央にあって帝国の国政を担当する宰相であるとともに、同時に、地方においては備後福山藩という小王国の国王でもある。かれは、王国の経営についても、すぐれた着想と手腕をしめす。藩校誠之館創立の栄誉もまた、かれ正弘に帰するのである。

もっとも、福山藩における藩校開設の歴史は、もっとふるい。八代正倫のときに、福山城下に藩校弘道館《こうどうかん》が開設されるのである。ときに一七八六（天明《てんめい》六）年であった。それがのちに正弘のときに改組されて誠之館となる。だから、もし弘道館以来の歴史を通算するならば、福山誠之館高等学校はじつに一七〇年の歴史をもつことになる。

そういう事実を、いまの生徒諸君はどうかんがえているだろうか。県立の新制高等学校たるいまの福山誠之館高校生たちは、どうかんがえているだろうか。特別な、伝統意識をうえつけるための教育がおこなわれているだろうか。

先生にきくと、そういうことはない、といった。新制度になってから、一時は誠之館の名もなくなって、福山東高校といった。しかしそれが、誠之館の後身であることは、おおうべくもない。そのころはむしろ、誠之館に対して反発する空気さえ、生徒のなかにはあったという。なにが伝統だ、むかしとはちがうんだぞ、という気もちである。それもわかるような気がする。わたしはたずねる。

「いまはどうですか」

「いまは、すくなくとも反発だけはなくなったようです」

記念館のなかで、ペリーのおくりものなどをみているうちに、いつのまにか、数人の女生徒たちが式台をあがってはいってきている。そして、しずかに、男らしい青年貴族の肖像に見いっている。

「生徒たちは、いつもここにくるのですか」

案内の先生はこたえた。

「つねは鍵がかかっています。ここにつれてはいるのは、入学のときだけです」

だけど、顔をみながら名まえをおぼえるのは、名まえだけをおぼえるより、はるかにやさしい。ここには、いきいきしたわかき英雄の肖像がある。生徒たちは、正弘公の名をすぐおぼえるだろう。ここには、藩校誠之館の遺物がある。生徒たちは、創立当時のことを、それぞれにおもいめぐらすであろう。形あるものは、ひとの心にくっきりしたレリーフをのこすものだ。形あるものは、心のなかに歴史をかもしだすものだ。それは伝統の酵母である。

藩　校

藩校の歴史

江戸時代の教育史については、石川謙博士《いしかわけん》のすぐれた研究がある。(註)誠之館の歴史を頭におきながら、それをよもう。

藩校というのは、要するに藩が経営するところの学校である。そして、その藩の藩士のための、公設の教育機関である。ふるいところでは、徳川政府の基礎がようやくかたまったばかりの寛永《かんえい》年間に、すでにいくつかの藩校が開設されている。福山藩のとなりの岡山藩の、花畠教場《はなばたけきょうじょう》もその例である。一六四一（寛永一八）年の創立である。ふるいものは、なんども中絶したり、再興したりしているが、元禄《げんろく》・享保《きょうほう》以後は着実に増加の一途をたどる。一九世紀初頭には、各藩ともきそって藩校をつくっている。一八七二年には、兵学校・医学校・洋学校などの単科的な学校をのぞいて、たしかなものとして二八五校あったという。たいていの藩は、藩校をもっていた勘定になる。その名まえの一覧表をみると、おおくは、誠之館、造士館、日新館《にっしんかん》、明倫堂、興譲館《こうじょうかん》というたぐいの、むつかしい名がついている。それぞれ中国の古典に出典があるのだろう。誠之というのも、『中庸《ちゅうよう》』のなかにある文句だという。しかし、かんたんに学問所とか藩学校とかとなえていたところもあるようだ。なかには、ただの「学校」というのもある。

藩校は、藩士が学問をまなぶところの学校にはちがいないのだけれど、その教育の理想とするところは、けっしてひと筋ではない。時代とともに、おおきな変化があったようだ。石川博士は、それを「人文主義 humanism」から「社会的実科主義 social realism」への変化であるという。つまり、初期の藩校ではどこでも、教育なり学問なりを、自己陶冶《じことうや》のためのものとかんがえている。功利のためではない。みずからの本性をあきらかにせんがためであるとかんがえている。享保以前においては、このかんがえかたが一般的である。しかしやがて、教育観はかわってくる。学問の目的は、個人の修養から治国安民《ちこくあんみん》というところにうつってくる。教育の目的は、社会有用の人材を養成することにある、というところにうつってくる。江戸時代後期においては、ほとんどがこれになる。それは、教育理念における主観主義から客観主義への転換でもあった。

（註）石川謙（著）『日本庶民教育史』一九二九年四月　刀江書院

文と武

だから、江戸時代後期において、続々と各藩において設立された藩校というのは、なかなか実用的なものである。藩主は、藩運隆盛のために学問を奨励したのである。人材養成のために学校を経営したのである。近世封建社会がしだいに矛盾をふかめてくるにともない、困難をましつつある藩政を打開するためには、有能な官僚群が必要であった。だから、藩主たちは、藩校の経営にはきわめて熱心であった。阿部正倫以降の歴代の福山藩主もまた、その一例にほかならなかったのだ。備後福山藩の藩校弘道館も、その後身誠之館も、もちろんこのような藩政の実際的要求に応じて設立されたのであった。

しかもそのとき、主眼とされているのは、人材の養成であり、訓練である。初期の藩校では、授業はもっぱら文にかたより、武技はない。武技は各自が家で錬《ね》るものだった。しかし、改革された新藩校誠之館は、文武両道にすぐれた人材を養成しようとする。文とともにに、武の教育が学校ではじまる。

藩校ではいったい、どんなことをおしえていたのか。石川博士によると、はじめは、たいていの藩校では一科目である。それはもちろん、儒学科あるいは漢学科である。それが後期にはいって、社会的実科主義の教育観にうつるとともに、しだいに科目がふえてきて、三科目ないしは四科目併置の藩校が圧倒的におおくなる。おおいところでは、一二科目というのもある。

科目の内容をみると、漢学のほかに、和学あるいは皇学、医学、算術、洋学、歴史学、天文学、地理学、本草学などであった。そのほかに、習礼および武芸がある。誠之館の場合についてみると、やはり漢学・和学・洋学および武技である。洋学のなかには、蘭学、医学をふくみ、武技のなかには、剣術、弓術、槍術、柔術、水練などのほかに、銃術、砲術がある。

いまでも誠之館高校は、文とともに武がさかんである。わたしは、先生に案内されて、教室よこの体育館にゆく。体育館のまんなかいっぱいに、幾組かのわかい剣士たちが、はげしい気あいとともに、竹刀《しない》の音をひびかせている。戦前から、福山誠之館といえば、中学剣道界の名門であった。熊本済々黌とともに、全国大会で覇をあらそったこともある。

リッターアカデミー

一七世紀後半のドイツ、ヴェストファーレン条約（一六四八）によって、三十年戦争はおわりをつげる。神聖ローマ帝国の幻想はやぶれ、ドイツにおいては、地方的国家分立の傾向はますます進展する。いわゆる領邦国家の時代である。ドイツは、三〇〇以上の大小の王国群に分裂する。

三〇〇をこえるドイツの小領邦国家の諸侯たちを、日本における三百諸侯にただちに対比することはできないかもしれない。ドイツ領邦国家制と徳川幕藩体制とのあいだには、さまざまなちがいがあるからだ。しかし、国家全体の体制としてのさまざまなちがいにもかかわらず、個々の地方の体制としては、やはりドイツの領邦は、日本における藩に、きわめてよくにているのではないだろうか。

なぜ突然にこんなことをおもいだしたかといえば、もちろん、わたしはドイツにおける教育のことをかんがえているのである。もし、ドイツにおける領邦国家を日本における藩に対比できるならば、ドイツ領邦国家群にもまた、日本の藩校に対比できるようなものが存在しなかったであろうか。

ドイツの教育制度史については、皇《すめらぎ》至道《しどう》氏のくわしい研究がある。(註)それをみると、一七世紀以降のドイツにおいて、リッターアカデミーというのがあらわれてくる。わたしは、これが日本の藩校に相当するものであるとかんがえる。藩校は、日本のリッターアカデミーにほかならないとおもうのである。

藩校は、階級的身分制の小国家における貴族の教育機関である。おなじように、リッターアカデミーもまた、小領邦国家における貴族の学校である。リッターすなわち中世騎士の伝統をひくドイツ貴族たちは、ここで領邦国家における完全な宮廷人としての訓練をうけた。おなじように、中世武士の伝統をひく日本のさむらいたちは、藩主の城下において、完全なる藩士としての訓練をうけたのである。

起源からいうと、リッターアカデミーもまた、藩校とおなじように、はやいものは一七世紀後半にあらわれている。コーブルク（一六五三）、ハレ（一六八〇）、エルランゲン（一六九九）など。一八世紀にはいると、急速に発達する。ブランデンブルク（一七〇四）、ベルリン（一七〇五）など。

そして、その教育目標は、まさに藩政の興隆であり、有用なる人材の養成であった。一七六五年、プロイセンの国王フリードリヒ二世は、リッターアカデミーを設立する。かれはかんがえる。「国家に有用な人材を養成することは、賢明なる君主が最大の努力をはらうべき任務である」と。

リッターアカデミーはなにをおしえたか。ラテン語、これは漢学だ。近代語、とくにフランス語、これは蘭学だろうか。ドイツ語およびドイツ史、これは和学だ。それから、数学、自然科学、地理学、系譜学、紋章学など。もうひとつたいせつなのは、武技である。乗馬、フェンシング、体操、球技など。さきほどの、藩校の授業内容とくらべてみると、けっきょくおなじである。おなじような要求が、おなじような制度をうんでゆくのである。

（註）　皇至道（著）『独逸教育制度史』一九四三年一二月　柳原書店

藩校の挫折

リッターアカデミーはその後どうなったか。そして、日本の藩校はその後どうなったか。その挫折と変貌の歴史もまた、いくらか似たところがあるとわたしはおもう。

リッターアカデミーのほうが、藩校よりすこしはやく命脈がつきる。一九世紀にはいると、だいたいみんな解体してしまう。リッターたちは、市民の子弟と机をならべて、ふつうのギムナジウムや大学にまなぶようになった。勃興する市民階級のまえに、貴族だけの特殊学校は、維持できなくなってくるのである。

日本の藩校の場合も、もともと貴族、つまりさむらいの学校だ。庶民はべつの学校にかよっている。しかし、時代とともに、藩にとっても、庶民の教育の問題もまた、しだいに重要性をおびてきて、かなりおおくの藩主たちは、藩士以外の上層市民の子弟の藩校への入学をゆるすようになってくる。やはり石川博士の研究によるのであるが、二三四藩の藩校のうち、約半数の一二〇校は、すくなくともたてまえは、平民の入学をも許可する、ということになっていた。しかし、主目的はどこまでも有能な藩士の養成にあったのである。それはやはり、階級的に限定された学校であった。

ところで、リッターアカデミーは、廃止とともに、あるものは大学に改変され、あるものは実科学校にかわってゆく。この場合、ドイツには中世以来の「大学」というものが存在したことは重要である。自由なる研究機関、教授と放浪する学生の共同体としての大学の観念があった。歴史的にさまざまな変遷をへているとはいえ、とにかくそこには、地域と階級をこえた「世界」があった。それに反して、リッターアカデミーには、一領邦国家の貴族の教育という、地域的な閉鎖性と階級的な限定があった。

地域的閉鎖性と階級的限定は、まさに日本の藩校の特質でもあった。だから、明治になって日本が統一され、身分制のわくがはずれたとき、藩校もまた廃止になるほかなかったのだ。そして、日本には「大学」の伝統がなかった。藩をこえて、ひろい日本的世界のなかで自由をうたうところの大学がなかった。もしそれがあれば、日本の藩校のうちの、すくなくともいくつかのものは、その大学をお手本として、ハレやエルランゲンのリッターアカデミーのように、それ自身を改造して、大学になったにちがいない。しかし、その大学の伝統は、日本にはなかったのである。

日本の地方教育史の伝統は、藩校とはべつのところにつながってゆくようだ。それはいわゆる「郷学《ごうがく》」である。寺子屋とはべつである。いわば官立の小学校である。藩が経営するところの、庶民教育のための学校である。

わたしは福山の知識人たちと、藩校の歴史についてかたりあいながら、この近所で誠之館以外に、ふるい伝統をひいた学校があるかとたずねたとき、数人のひとが、たちどころに「閑谷学校《しずたにがっこう》」の名をあげた。おとなりの岡山藩である。その人たちはこれが池田藩の藩校だといったが、それはおもいちがいのようだ。閑谷学校は、やはり石川博士によれば、日本最古の郷学である。一六六六（寛文六《かんぶん》）年、岡山藩主池田《いけだ》光政《みつまさ》侯によって、備前閑谷に設立されている。備後福山藩についていえば、一四代正桓《まさたけ》公のときに、全領一六〇ヵ村にそれぞれ啓蒙所の名のもとに郷学が設立される。一八七二年、小学校設立令のでる前年であった。

藩をこえて

創立以来、一〇〇年もつづいているというけれど、誠之館の歴史は、ほんとうはズタズタにきれているのである。『福山誠之館中学校沿革史』によると、(註)名まえは、創立以来一五回かわっている。あるときは福山士族共立小学校であったし、小田県師範学校であったこともある。福山中学校といったときも、福山東高等学校であったときもある。ただ、同窓会だけは、一貫して「誠之館同窓会」であった。意識だけはつながっている。

全国で三〇〇ちかくもあった藩校が、幕藩体制の崩壊とともにあえなくもきえさっていったのに、なぜ、少数のものがそののちも生きのこって、福山誠之館のように、戦後の新制高校にまでつづくことができたのだろうか。理由はいろいろあるだろうが、すくなくとも誠之館の場合は、わたしはやはり、中央とのつながりという点に、問題の鍵がひそんでいたようにおもう。

誠之館出身者は、誠之館のことを、よく「備後の最高学府」という。それはまさにそうだ。歴史的にも、備後一国の文教の中心であった。しかし、それだけなら単なる地方学校である。誠之館の場合は、かならずしもそれだけではないようにおもわれる。それは、福山藩主である阿部家の、特殊な事情が関係しているかもしれない。阿部正弘が、わかき宰相として、幕政の中心人物であったことはすでにのべた。幕府の老中になったのは、正弘が最初ではない。先々代正精も、その先代正倫も、老中をつとめている。代々老中の家柄といってもよい。代々老中だから、失費がおおくて、領内からのとりたてがきびしく、百姓一揆がおおかったという話もある。要するに、備後の領主とはいえ、阿部家は単なるいなか大名ではない。目はつねに、天下にそそがれていたのである。そのような藩主の立場、あるいは藩の立場が、藩士の教育にも反映しないわけがあろうか。

たとえば、弘道館を誠之館とかえるとき、正弘は一夜老臣をよんで、こういう。

「今般浦賀の顚末このごとし。国家今日の衰態恐悚《きょうしょう》の至りなり。就いては幕府においても追々改革新政発すべく、まずわが藩より先鞭をつけ、文武を引立て士気を振わしむる手段、第一急務と思う。よって先ず学制を改革すべし。汝らよろしく余がこの意を体察し、国家に忠勤するの基本を立つべし」

正弘の頭のなかには、藩政のことよりも、まず日本国家の危機感があったのである。誠之館の創立は、藩校として有能なる中堅藩士の養成をめざしながら、いっぽうでは、その人材養成は国家的規模に拡大されていったのであった。それは、単なる領邦国家の宮廷に直結するリッターアカデミーではなくて、全帝国の運命にかかわりをもつ、超藩的なものにつながっていた。そして、それこそは、きたるべき明治の新秩序につらなるものである。

誠之館がその教授陣に、菅茶山以来の伝統をもつ、江木鰐水《えぎがくすい》、関藤藤陰《せきとうとういん》などの地方学派の人材をそろえるとともに、寺地強平《てらちきょうへい》ほかのすぐれた洋学者を擁し、さらに、尊王論イデオローグとして全国的に有名な大国隆正《おおくにたかまさ》をよんでいるのも、そのあらわれであろう。

（註）佐久間信栄（編）『福山誠之館中学校沿革史』一九三二年八月　福山誠之館中学校

東京の福山

中央志向性

ちょうど先日、テレビで誠之館出身者の座談会というのが放送された。出席者は、元文部大臣で広島大学長森戸辰男《もりとたつお》氏、作家の井伏鱒二氏、それから電源開発総裁藤井崇治《ふじいそうじ》氏であった。いずれも、当代一流の名士である。ほかに誠之館出身者としては、英語教育界の大御所の福原麟太郎《ふくはらりんたろう》氏、住宅公団総裁挟間茂《はざましげる》氏、明治製糖社長小塚泰一《こづかたいいち》氏、童話作家の葛原《くずはら》しげる氏、京都大学教授宮地伝三郎《みやじでんざぶろう》氏、明治大学教授藤原弘達《ふじわらひろたつ》氏など、多数の名士の名をあげることができる。地方の、一中学校としては、人材産出率がひじょうにたかい学校といわねばならないであろう。

誠之館出身者にきくと、それは当然だという。戦前の誠之館の教育方針がそうであったという。原理は単なる修身斉家《しゅうしんせいか》ではなかった。つねに治国平天下《ちこくへいてんか》のラインであった。天下、国家がつねに意識にあった。卒業生は大半、上級学校に進学した。誠之館に入学することは、そのまま中央への直通のステップとかんがえられていた。郷土のために、ということはむしろ意識にはなかった。学校全体として、郷土志向性をいちじるしく欠いている。地方にありながら、それははじめから中央志向的である。それが、地方によくみられるコンプレックスにもとづく中央へのあこがれではなくて、つよく治国平天下意識でつらぬかれた中央志向性であることは注目にあたいする。わたしは、このへんのところに、正弘以来の誠之館の伝統をみるような気がするのである。ここでは、地方は単なる地方でなく、中央は単なる中央ではない。地方と中央がつながっている。地方と中央をつらねるチャンネルがある。わたしは、菅茶山の秘密が、いくらかわかるようにもおもった。

人材のパイプライン

じつは、福山と江戸表《えどおもて》、あるいは東京とのあいだには、ある種の仕かけがあった。誠之館は、じつは福山だけにできたのではない。江戸に、おなじ名の対応物がある。むしろできたのは、江戸の藩邸内の誠之館のほうが一年はやく、一八五三年に落成している。江戸と福山との両方において、平行して誠之館の教育がすすめられたのである。江戸づめの藩士がたくさんいたのであるから、これは当然であるかもしれない。

しかし、明治以後も、殿さまは教育に熱心である。廃藩置県の結果、阿部家は領地をうしなったけれど、福山にはまだ私有財産がたくさんあった。お城の三の丸に晩翠舎《ばんすいしゃ》というのがあり、それが福山における阿部家の財産の管理本部であった。そして、その晩翠舎のおおきな仕事のひとつは、旧藩士の子弟のなかから英才を発掘し、それを中央におくりだすことであった。かれらは阿部家から奨学資金をうけ、東京にでた。修武生《しゅうぶせい》とよばれ、たいていは軍人になった。晩翠舎は戦前まであったという。戦災でその建物もうしなわれた。

これは武のほうだが、文のほうにもおなじ仕かけがつくられた。福山の人たちの要望もあって、東京に育英寄宿寮がつくられる。この場合も、殿さまはひとはだぬぐ。ひとはだどころか、阿部家は土地建物を無償で提供し、そのうえ、年々多額の寄付金をだす。育英寄宿寮は、これまた伝統ある「誠之」の名をとり、「誠之舎」とよばれる。一八九〇（明治二三）年、正桓公のときである。

福山の英才たちは、このパイプラインを通じて、続々と中央におくりだされてきた。この事業は、完全に育英事業としておこなわれている。阿部家は、これに対してなんのおかえしも要求しなかった。青年たちは、正月には阿部家の玄関に年始のあいさつにいったかもしれない。ただ、それだけだった。

阿部幼稚園

舞台は東京にうつる。

わたしは福山から、東京に直行した。東京にも福山がある。東京の福山をさぐらなければならぬ。

東京でたずねるべき場所については、福山で所書きをきき、紹介状をもらっていた。本郷《ほんごう》西片町《にしかたまち》。そこは、旧藩邸の所在地である。藩主阿部家の子孫もそこにすんでいる。家老の家もある。福山できいたところによると、その付近一帯の住民の大部分は、福山ゆかりの人たちだという。東京における福山町とでもいうべきか。いまでも、福山と東京とにゆききがあって、おたがいに顔みしりもおおい。消息もしっている。わたしは、東京という巨大な近代都市の、ふしぎな構造の一端をみせられたような気がする。

本郷西片町。東大にちかい、閑静な住宅街だ。まがりくねった坂の途中に、わたしは、「阿部幼稚園」の門を見いだす。門をはいって坂をのぼると、ブランコやすべり台のある広場があった。子どもたちは、もうかえってしまって、幼稚園特有のおさないにぎやかさはない。わたしは、園長先生にお目にかかる。

園長先生。一見して、温雅な貴族の顔である。阿部家一五代の当主、元伯爵、理学博士、正直《まさなお》氏である。もともと、気象学が専攻である。わたしの来意をつげると、自分は理科の出身だから、歴史の話は長男のほうがよいと、御曹子正道《まさみち》氏に紹介される。正道氏は、京大文学部の出身、地理学専攻である。

ここは阿部侯の中屋敷のあった跡。このあたり西片町一帯は、すべて邸内であった。広大な土地である。二代正次《まさつぐ》公が、家康とともに猟にでて、ウマで駆けあるいた範囲をすべて拝領したのだという。中仙道のおさえという意味があったのか。譜代大名阿部に対する徳川の信任である。

この一〇〇年間に、とくに第二次大戦後一五年間に、日本の諸侯たちの家をおそった疾風《しっぷう》怒濤《どとう》の運命に対して、いまこの阿部家の人たちがどのようにかんがえておられるかは、わたしはしらない。一戸の家としての阿部家の運命に対して、わたしはふかいりする気はない。福山と東京とのつながりを、わたしはたぐっている。本郷西片町は、なお福山となんらかの糸でむすばれているのであろうか。

本郷西片町

阿部家を辞して、西片町をすこしあるいた。すぐ裏に、古風な洋館がある。いまはホテルになっているようだが、戦前はここが阿部邸であった。ほとんど人どおりもないようなひっそりした道をゆくと、「葦陽倶楽部《いようくらぶ》」という看板にゆきあたる。「葦陽」。ほかのひとには、この字はなんの感興もよびおこすまい。しかし、福山からでてきたひとは、この字をみたとたん、つよい感動をおぼえるにちがいない。葦陽は福山である。葦陽城は福山城だった。ここは福山だ。ここに、東京のここに、福山がある。

葦陽倶楽部は、まるで大名屋敷をおもわせる、いかにもふるい、くすんだ建物である。もとはやはり、阿部侯の邸宅であったという。それを、福山出身の東京在住者たちのクラブにした。いまはしかし、あんまり利用されているようでもない。ちいさな公園があって、シイの木があった。そのかどをまがって、小学校のまえにでる。誠之小学校である。「誠之」の名に、わたしは感動する。ここにも福山がある。

もちろんいまは文京区立誠之小学校であって、福山市とはなんの関係もない。東京そだちのひとにきくと、有名な小学校で、入学希望者が殺到し、もぐり入学がたえないそうだ。もともとはここも阿部邸内にあり、阿部家の学校であったものを、寄付した。だから初代の校長は、一四代阿部正桓伯であったという。

誠之英学院

最後に、わたしはもうひとつ、おとずれるべき場所がある。財団法人誠之舎である。それもまえは西片町にあった。いまは移転して三鷹《みたか》市にある［現在はふたたび文京区西片に戻っている］。横河電機の工場のよこに、かなりひろい敷地をもって、誠之舎はあった。そのなかには、数十人の福山藩士が、いまなお共同生活をしているのである。わたしは、財団法人の常務理事、福原富三郎《ふくはらとみさぶろう》氏にお目にかかる。

財団法人誠之舎は、ここで誠之英学院を経営している。法律的には各種学校である。ふたつの教室をもち、夜間授業をおこなう。英語の先生がふたりいる。授業は週二回。自由出席制。そして、それだけではない。この誠之英学院は、全寮制である。寮があって、生徒は全部その寮で生活している。現在学生は四〇人いる。昼間はそれぞれ都内各大学の学生である。夜は誠之英学院にまなぶ。寮は学生たちによって、自治的に運営されている。学生たちは、費用をだしあって、炊事夫をやとっている。もちろん、天下の英学院であるから、だれでもはいれるわけだが、実際問題としては、旧福山藩の出身のものばかりである。さきほど、福山藩士の共同生活といったけれども、それはもちろん冗談で、士族にかぎられているわけではない。

名まえはおなじ「誠之」だけれど、文京区立誠之小学校とはもちろん関係がないし、福山誠之館高校とも関係はない。誠之館以外の高校の出身者もたくさんいる。いまは、阿部家とも関係はない。すべては歴史的な因縁である。戦後のおそるべき困難をきりぬけ、のりきって、伝統ある誠之舎をこういうかたちで経営できるところにまでもってきたのには、福原氏や元警視総監の丸山鶴吉《まるやまつるきち》氏らの熱意と努力に負うところがおおきいようだ。そしてもちろん、財団法人設立のときには、郷里の人たちがおおきく協力している。福原氏らのよびかけに応じて、福山市、芦品《あしな》郡［現・福山市、府中市］、深安郡、沼隈《ぬまくま》郡［現・福山市、尾道《おのみち》市］の一市三郡の人たちが醵金《きょきん》した。そして、いまこの誠之英学院の二階には、故郷福山から上京してきた人たちが泊まれるだけの設備がある。教室をでると、下駄箱には子ども靴や女のはきものがみえる。誠之舎は、いまなお人間のパイプラインの用をはたしている。

じつは、おなじような制度はほかの藩にもあった。本郷弥生町には芸州浅野侯の修道館《しゅうどうかん》というのがあった。本郷森川町には作州津山藩の鶴山館《かくざんかん》というのがあった。鶴山館の場合も、やはり津山藩主松平康民《まつだいらやすたみ》氏が寄付したもので、のちにはこれも財団法人として運営してきた。最近は改築して、鉄筋コンクリート四階建のりっぱなものになった。寄宿する学生の大部分が、美作《みまさか》の出身であり、とくに津山高校の出身者であるという。

日本における人材養成のメカニズムのひとつが、こんなところにあったことをわたしは知ったのである。

創業三〇〇年

ふたつの主題

誠之館の歴史は、幕藩時代から現代におよんでいる。地理的には、福山と東京にまたがっている。そこには、近代日本の形成と発展をささえてきたメカニズムのひとつがあった。わたしは、誠之館を実例として、日本の藩校というものの文明史的な位置づけを、いささかこころみたということになるであろうか。

ところで、ここでとりあげて論じている問題を、純粋に教育史ないしは教育制度史にかかわるもの、というふうにうけとられると、わたしとしてはすこしつらい。教育史ないしは教育制度史についてなら、専門家もすくなからずおられることであるし、すでにいくつか引用したように、りっぱな研究もでている。専門外の人間が、くちばしをいれることはないとおもうのである。

わたしの立場からいえば、学校や教育のことは、いわばひとつの素材である。それをとおしてあらわれているところの、日本文明の構造一般にかかわる問題をこそ、主題としてとりあげてみたいのである。わたしの主題というのは、おおよそはすでにしるしたなかに提示されているのだが、あらためてまとめてみると、ふたつになる。ひとつは、日本文明における伝統と近代化の問題であり、もうひとつは、日本文明における地方と中央の問題である。前者は、日本文明の時間的構造にかかわりをもち、後者は、その空間的構造にかかわりをもっている。

伝統と近代化

第一の主題からのべよう。日本文明における伝統と近代化の問題などというと、いかにも論文の標題めいて、あたらしみもないが、いいたいのはつぎのようなことである。

一般に、伝統と近代化とは、対立概念として理解されている。伝統の否定のうえに近代化はおこなわれる、というかんがえである。そこで、伝統と近代化とのあいだに、さまざまな矛盾と相剋《そうこく》がはじまり、近代日本人はそのあいだにはさまって、深刻ななやみをなやむという筋がきになる。しかし、いったいどうしてそんなへんなことになってしまったのだ。伝統と近代化とを、対立するものとして定式化してしまったのは、だれだ。

さきにのべたように、誠之館はすでに一九五三年に創立一〇〇年をむかえた。そんなふるい学校があるというのは、たしかにひとつのおどろきであった。しかし、かんがえてみたらあたりまえである。日本のように、充実した歴史をもった国に、むかしから学校がなかったわけがない。じっさい、明治以前からさまざまな学校がたくさんあった。しかしそれを、明治以後の制度とつないでかんがえることをしていないだけのことである。つないでかんがえれば、誠之館のように一〇〇年をこえる歴史をもちえたものが、たくさんあったはずである。ふつうなら、当然つないでかんがえるはずなのだが、どういうわけか、おおくの場合われわれは、その伝統の連続感をたちきって、明治のはじめをすべての近代化の出発点とみなすかんがえかたに慣らされてきたのである。その点にこそ問題がある。伝統が近代化につながらなかったのではない。つながなかったのである。伝統は暴力的に拒否されたのである。

問題のおこりは、やはり明治の初年にあるようだ。責任者は明治政府である。明治以前、日本文明はすでにたくさんのものをうみだし、蓄積していた。つまり伝統があった。じっさいは明治以後の近代化だって、その伝統のうえにたって、はじめておこないえたのである。ところが明治政府は、近代日本の建設を伝統からの断絶のうえに遂行しようとした。過去との連続感はつねに否定され、断絶感ばかりが強調されたのである。連続感がつよければ、近代化は伝統の延長であり、発展でありえたはずだ。断絶感の支配下では、近代化は伝統の否定であり、伝統からの脱出であるほかなかった。

亜流者意識

革命というものは、過去の全面的な否定をともないやすいものだ。諸事ご一新、幕藩体制のつづきではないぞ、ということをしめすために、革命政府はなにもかもいっぺんたちきって、あらためて出なおしというかたちにしたかったことは理解できる。

しかし、日本の知識階級がみんなそれに同調する必要はなかったはずだ。ところがじっさいは、明治以来の日本のインテリの主流は、思想家も文学者も、その点に関しては、ふがいないくらい明治政府のおぼえめでたき優等生である。問題をつねに伝統対近代化というかたちでしかとらえなかった。

近代的なものはすべて明治にはじまる。しかもその近代的なものは、すべて明治以前の固有の伝統からの発展ではない、というたてまえになっている。したがって、それはすべて輸入品であるにちがいない。明治以後の日本に特有の後進国意識は、このへんのところにその源泉があるようだ。

近代化を、自分自身の路線のうえにではなく、外来の路線のうえになしとげたという意識。もうすこしいえば、だからおれたちはどこかまともではないのだ、という一種の亜流者意識。ヨーロッパ人が日本をそのようにみてもむりはないが、日本人自身がそうおもってしまった。これは、いまにいたるまで日本のインテリをなやましつづけているふしぎなコンプレックスであるが、それもまた、明治政府によってつくりだされた観念のわなではなかっただろうか。

制度というものは、時代とともにいずれかわるものだ。革命だからといって、いちいちご破算にしなくてもよかったのだ。イートンやソルボンヌだって、数百年の歴史をほこっているけれど、創立以来さまざまな変遷をへて、なかみはすっかりかわっている。しかし、革命でご破算にしたりはしなかった。日本だけが明治を出発点にして、新興国めかす必要はなかったはずだ。いまの日本に、弘道館中学、日新高校、明倫堂大学が、場合によっては一七世紀以来の伝統をほこっていたとしても、すこしもふしぎではない。日本はそういう国なのだから。

もはや近代ではない

戦後の改革も、明治とおなじ道をたどる危険はあった。明治以後の伝統は、アメリカ路線の新学制によって、またしてもたちきられた。

しかし、こんどはすこし事情がちがうようだ。いったんは伝統をたちきられたようにみえたが、まもなく復活している。福山東高校はわずか四年でもとの誠之館にもどった。わたしのでた中学も名まえはかわったが、同窓会は新制高校と接続し、創立九〇年を称している。人びとは、もはや伝統を敵視しなくなっているのである。

いまはもう明治のはじめのように、幕藩体制を否定するために、伝統からの断絶を強調する必要はなくなっている。伝統を尊重しても、反革命分子とおもわれる心配もない。むしろ、意味のない亜流者意識を克服するために、ふるい伝統との意識的な接続をくわだてたほうがよい時代になっているようだ。じっさい、そういう徴候はすくなからずある。たとえば、一九五六年には江戸開府五〇〇年祭が、一九五九年には名古屋開府三五〇年祭が、いずれも盛大におこなわれた。明治のはじめに、江戸は東京と名をかえて断絶感を強調したけれど、戦後のわれわれは、いまようやく実質的な歴史の連続感をとりもどしつつあるようだ。伝統は、さがしてでも接続すべきである。

大阪あたりには、戦後の新興企業で、「創業三〇〇年」などと看板にかかげているのが、ちょいちょいあるときく。たしかに、電気器具製造業、自動車販売業などで、二〇〇年、三〇〇年の伝統を名のるものがでてきても、ふしぎはない。むかしは駕籠《かご》や荷車を売ってい た。いまは自動車を売っている。なかみはすっかりかわったが、意識は連続している。伝統とはそういうものである。

あたらしい時代がはじまったようだ。もはや戦後ではない、とおなじように、もはや近代ではない。明治以来の、伝統に対立して近代化をすすめてきた、その近代ではない。われわれは近代からはみだしかけている。そして、前近代との連続を回復しつつある。この期《ご》においよんで、いまなお現代を、明治以来の反封建的近代主義の線においてしかとらえることのできぬ、優等生的近代主義者たちにこそのろいあれ。

地方と中央

地方原理と中央原理

第二の主題にうつろう。日本文明における地方と中央の問題である。

これはすでに、いちばんはじめに菅茶山先生をもちだしたときに、問題として提示してある。幕藩時代には、文化活動における中央と地方の関係は、いまとはずいぶんちがっていたのではないだろうか。

一般に、一国文明の地理的構造には、集中と分散という、あい反するふたつの方向がある。中央への集中をうながすものを中央原理とよび、地方への分散をうながすものを地方原理とよぶならば、日本という国では、どちらの原理がよりつよくはたらいているとみるべきであろうか。

わたしは、日本文明は、もともと分散にむかう地方原理がかなりつよい型の文明であるとみている。だいたい、封建制が成立するということが、地方原理のつよさをしめすものである。藩という存在そのものが、まさにそのような地方原理がかたちをとったものにほかならない。それはひとつの地方政権である。日本は、三〇〇あまりの地方的小王国にわかれ、それぞれの王国には一国一城のあるじとしての国王がいたのである。日本の統治機構は、大清《だいしん》帝国《ていこく》のように、一身にすべての力を集中した皇帝と、その手足として全国に派遣されて直接統治をおこなうマンダリンたち、というような構成にはなっていなかったのである。

文化の面においても、日本では、過度の集中はおこっていない。ムガル帝国の詩人は、中央すなわちデリーとラクナウにすんで、皇帝と皇帝をとりまく多数の貴族、貴婦人たちの社交界のなかにいるほかはなかったのである。しかし、日本の詩人は、草ぶかい神辺のいなかにすんでいることができた。ここでは、分散の原理がはたらいている。

ところで、この場合もまた、問題をはらんでいるのは明治政府である。明治政府はまぎれもない中央原理一本の政府である。地方原理は見すてられてしまった。廃藩置県によって藩は姿をけした。藩とともに、地方における文化もまた、没落し、崩壊していったのである。

小学区制

藩校は藩の学校である。だから、藩が廃止になるとともに、藩校もまた廃止になるという場合がおおかった。それは、単に明治政府が伝統の断絶のうえに近代化をすすめようとしたからばかりではない。そこには、明治体制における地方原理の喪失ということが、もう一枚くわわっていたのである。

誠之館が、きえてなくならずに今日まで生きのびえたというのは、ひとつの特例である。なぜそういう特例ができたかといえば、誠之館が、いちおうは藩の学校として出発しながら、いちはやく地方原理から中央原理にくらがえしたからだ、とみることができる。もともとみごとな中央むけ人材パイプラインが敷設してある。しかもその教育理念は、はやくから超藩的なものをふくんでいたのである。誠之館の出身者には、治国平天下意識でつらぬかれた、つよい中央志向性があることをのべた。そしてそれこそは、明治体制的な中央原理に、もっともうまく適合するものではなかったか。

戦後の改革は、この場合も、中央原理一本という明治的体制がくずれて、ふたたびもとの地方原理の復活をうながすことになるかもしれない。戦後の学制改革で、誠之館は新制高校になった。それとともに厳重な小学区制がひかれた。誠之館には、かつては備後各郡から俊才があつまってきたものだ。いまではそれができなくなった。各郡は、それぞれ独自の高校をもっている。誠之館は、いまは福山市内の一部の青年たちをあつめるにすぎない。市内だけでも、べつに葦陽高校ができた。ほかに、盈進《えいしん》、門田《もんでん》、増川《ますかわ》、暁《あけ》の星《ほし》の各私立高校、それに非地域制の広島大学附属高校、工業高校がある［門田高校は現在の福山市立福山高校。一九七五年に増川高校は広島県に移管して北陽高校と改称。一九八八年からは広島県立福山明王台高校］。

誠之館はもともと藩校として、武士の子弟を教育した。明治以後はもちろん身分にかかわりないが、それでも大勢は、士族、上層市民、上層農民、知識階級の子弟がしめた。その教育は、やはりエリートの教育であった。おおくは官吏、軍人、学者になった。つよい中央志向性のしからしめるところである。かれらにも地方意識はある。しかし、あるけれどうすい。

いまはかえって、もともと商人層に基盤をもち、商業学校であったところの盈進高校のような学校が、つよい地方意識と団結力をもって、かつての名門誠之館の競争者としてあらわれている。このまえ［一九五九年］の福山市長の選挙は、誠之館対盈進の一戦であったといわれる。結果は、誠之館、東大出身の現市長徳永氏が当選したけれど、盈進の勢力はあなどりがたいものがあったという。誠之館も、いやおうなしに地方原理にたたざるをえなくなりつつあるのではないか。

福山城再建

わたしははじめに、福山のお城のことをかいた。お城はどこでも、郷土のシンボルである。お城はどうなったか。わたしは、福山市役所をおとずれて、市長徳永豊氏にあう。わたしはこの豪快な市長の熱弁にたちまちひきこまれてしまう。

市長室の棚のうえに、城の模型がかざってある。ありし日の福山城の天守閣である。一〇万福山市民が朝な夕なにあおぎみた名城の姿は、いまはない。いまはただ、石垣と伏見櫓をのこすばかりだ。

しかし、ここでもお城再建の話がでている。もとの写真をみると、おおきな城である。全部でなくても、せめて本丸だけでも、もとのままの形で再建したいという。再建へのねがいをこめて、模型は市長室の棚のうえにたっている。市長は、朝な夕なにそれをあおぎみる。しかし、それはなかなかむつかしいことにちがいない。お金もかかるだろう。

「反対勢力はありませんか」

「ありますが、ごく一部の極左勢力と、少数の文化人です。議員たちの大半の気もちは、お城の再建そのことには異議はないが、いまはまだ時期尚早だ、というところでしょうか」

そとは城だが、なかは近代的な設備をほどこして、考古館と郷土博物館にする、というのが市長の構想のようだ。エレベーターをつけ、一階はホテルにする。

お城ブーム

全国の各地で、いまやお城ブームである。お城は続々と再建されつつある。文化人たちのあいだには、お城再建に対しては反対意見がおおいけれど、それにもかかわらずお城は続々とたつ。わたしはそれを、おもしろいとおもう。

お城は藩の中心であった。それは、地方諸王国の権威と統治力の象徴であった。だから、藩を否定し、地方原理を否定するところの明治政府にとっては、お城は無意味なばかりか、目ざわりな存在でさえあったにちがいない。明治の革命以後、たくさんの城がこわされ、あるいは朽ちていった。たまたまのこった城には、ずっと後世にはいってから、文化財保護というほどの意味から、骨とう品あつかいで、いくらかの保存の手がくわえられてきたにすぎない。

いまやしかし、意味はかわりつつある。今日においては、お城は単に保存にあたいする文化財というだけではない。お城は積極的な意味をもちはじめた。お城は、あたらしい発展のあゆみをふみだそうとしている戦後の地方原理にとって、このうえない、よきシンボルとなったのである。ほかのものはさておいても、まずお城を再建するだけの値うちはあるかもしれない。それは、あたらしい地方建設の精神的拠点になりえるであろう。

お城は、福山城がそうであったように、戦前までは大名の子孫たちの私有財産であった例がすくなくないが、戦後は市が寄付をうけたりして、おおくは市民の所有に帰した。殿さまはもういないのだ。お城の主人は市民である。お城は封建時代の遺制と完全に絶縁することによって、あたらしい時代における積極的な意味をえたのである。福山城の再建運動において、あんがいに熱心なのが、新市域の住民、すなわち近郊の農民たちだという。かれらは、藩政時代にはこのお城の主人公たちにいやというほどしぼりとられて、うらみ骨髄に徹しているはずなのに。

文化人たちは、なぜお城ブームに反対するのだろうか。それはやっぱり、かれらのおおくが、依然として明治的な優等生だからだとおもう。体制派も反体制派も、けっきょくは統一政府が好きなのであって、地方原理の勃興をこのまない。日本文明の分散的傾向にきわめて敏感であって、日本の多元化を極度に警戒している。かれらは、地方の利益を国家の利益よりも優先的にかんがえることをしない。そういうことをいうと、その意識のせまさをわらうけれど、それはかれらが、国民的な立場でしかものをかんがえることができないからであって、それこそは、明治以来の国家主義の教育の、おそるべき成果であった。

しかし、われわれは国家以外のもののためにだって、はたらくことはできるのである。郷土に楽土を建設することだってできるのである。いま、各地でお城を再建しようとしている人たちは、明治以来の知的エリートの主流からはとおい層であるかもしれない。しかし、そういう人たちに城再建の情熱がのこっていたのはさいわいであった。日本の地方主義の復活のために、お城ブームよ、ますますおこれ！

ところで福山であるが、誠之館は、地方にありながら治国平天下ラインの中央志向性である。いよいよ地方主義が頭をもたげて、福山城再建が軌道にのったら、誠之館の出身者はどういう態度をとるだろうか。ちょっと興味のある点である。

大備後市

さて、福山はこれからどうなるだろうか。市長はいう。

「発展の方向は東南です。海をうめたてて港をつくります。それから鉄です。大製鉄所をつくります」

福山は、こうして大重工業都市になる。そして、となりの松永市［現・福山市］は木材工業都市として発展するだろう。そのまたとなりの尾道《おのみち》市は、商港である。これらの都市群は、ともにたすけあいつつ発展してゆく。そして、その三つの都市の市長は、いま全部、誠之館の出身である。誠之館も、いまやつよい郷土志向性をしめしはじめたようである。

福山は、福山市単独で発展するものではない。周辺の市町村と、密接な連絡のもとに発展してゆかなくてはならない。徳永市長の心のなかには、福山を中心に、近接諸地域をうって一丸とした「大備後市」建設の壮大な夢がある。

「それは、どこまではいりますか」

「福山市を中心に、松永市、尾道市、沼隈郡、深安郡、芦品郡、府中市までです」

そこでわたしはたずねる。

「三原市ははいらないのですか。あそこも備後でしょう」

すると市長は、こともなげにこたえたものだ。

「三原はだめです。あそこも備後にはちがいないけれど、あれは芸藩《げいはん》です」

わたしはこの答につよいショックをうける。芸藩とは、芸州藩すなわち旧浅野領を意味する。あれは藩がちがう。つまり、市長のいう大備後市の建設というのは、まさにむかしの福山藩の再現ということにほかならなかったのであった。

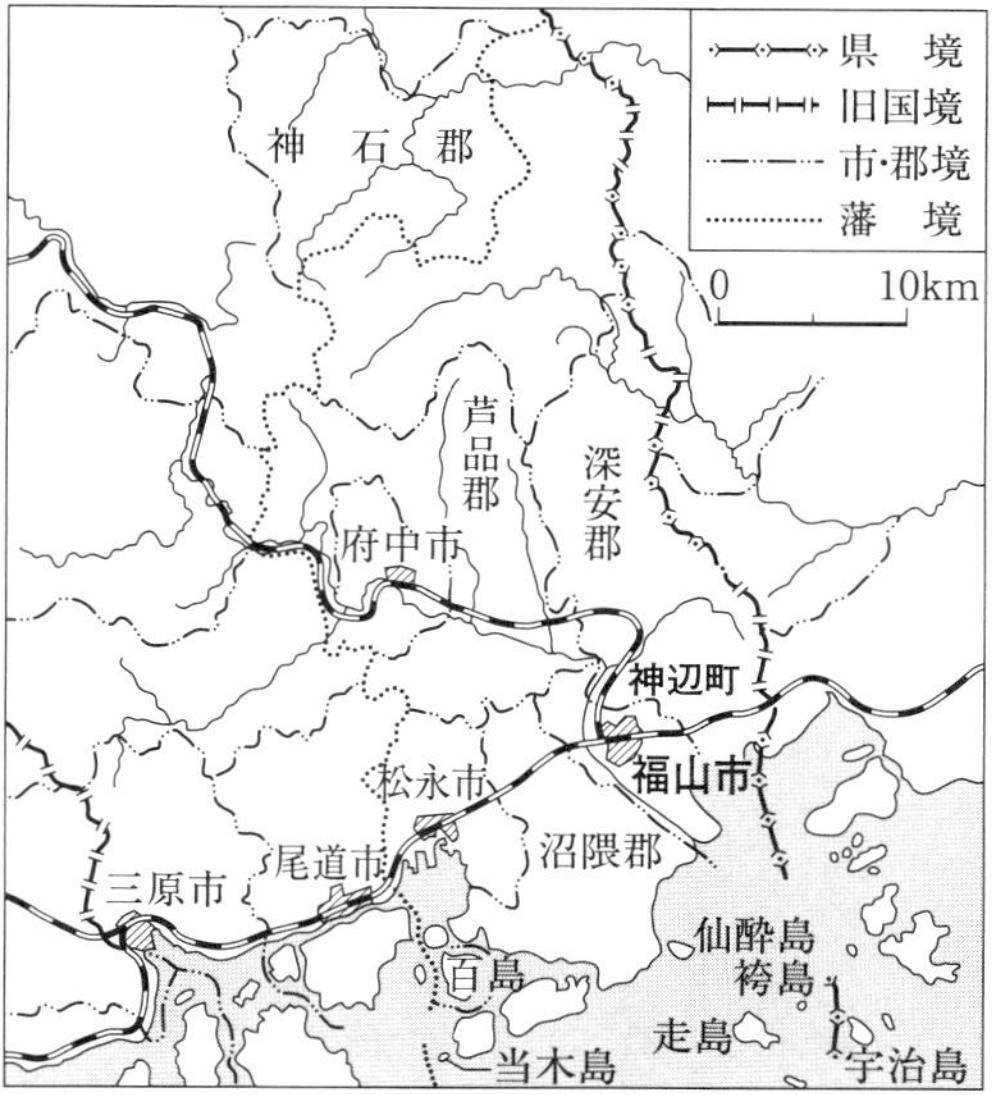

「大備後市」構想の背景

藩はよみがえる

藩はよみがえる。藩は生きているのである。廃藩置県後、ほぼ一世紀もたった今日においいても、藩はまだ人びとの心のなかに生きつづけていたのである。わたしは、福山市民たちが口にする「藩」ということばのうちに、ズシリとした歴史のおもみを感じる。

もっとも、大備後市の構想を、ひたすらに旧福山藩の所領の復元と解釈することは、当事者にとっては、ややめいわくなことかもしれない。それはなにも、藩政時代への郷愁というような歴史的因縁ばかりではない。その裏には、地理的な基礎もあった。それは要するに芦田川の水域ということなのである。松永、尾道は、流域ではないけれど、山をこえてその水をひいてきている。この、芦田川の水でむすばれた地域が大備後市であり、それがまた福山藩の所領とも一致する、ということなのである。

もう一歩すすめていうならば、藩の領域というものは、もともとでたらめにきめたものではなかったのだ。それはそれで、ながい伝統のうえにたって、地理的にも歴史的にも、ひとつのまとまりをもった地域を形成していたのである。それを、廃藩置県というやや暴力的な措置によって、いっきょに解体し、あたらしい編成に組みかえられるとかんがえたのがまちがいだった。福山藩にしても、備後一国を無造作に芸藩の広島県に編入してしまって、それでことがおわるわけはなかった。

いまや明治以来の官選首長による地方統治はおわった。戦後は、ふたたび日本に地方原理がおこりつつある時期である。自由なる地方自治体の発展の時期である。町村合併の波は、地方組織の再編成をうながしつつある。そのときにあたって、明治以来の屈辱の歴史をのりこえて、藩政時代以来の地域共同体の伝統のうえに、現代のあたらしい地域主義が構想されているのだとすれば、これはまた、すてきにおもしろい話ではないだろうか。

ともかく、むかしの福山藩は、大備後市として再生する。殿さまはどうなる。もちろん殿さまなんかいらないんだ。大備後市は近代都市なんだから。それは、超近代的な重工業都市であり、化学工業都市である。ただ、その中心、福山地区の丘のうえには、再建された葦陽城の天守閣が、あたらしい、しかも伝統ある地域主義のシンボルとして、堂々とそびえたっていなければならないのである。

わたしは、日本という国を、すこし理解できたとおもった。

追　記　「福山誠之館」その後

福山ではその後、福山城の天守閣が再建され、市民と観光客の人気をあつめている。山陽新幹線が開通し、高架の線路がお城の石垣ぎりぎりのところをはしることとなった。福山市自体も、工業都市としておおきく発展しようとしている。

わたしはその後、たびたび福山をおとずれている。福山市の南に隣接していた松永市は、その後、福山市に合併された。徳永豊市長の「大備後市」の構想の一部が実現したというべきであろうか。徳永市長はその後なくなられたが、令息徳永光昭《とくながみつあき》氏（広島県議会議員）が、わたしの友人の川田陽子さんと結婚されたという縁もあって、交友がつづいている。

松永にはその後、丸山茂樹《まるやましげき》氏の手によって、日本はきもの博物館というりっぱな施設が創設された〔二〇一三年に閉館〕。また、芦田川の下流に埋没していた草戸《くさど》千軒《せんげん》の遺跡は、松下正司《まつしたまさし》氏らの広島県草戸千軒町遺跡調査研究所の努力によって、発掘がすすみ、その成果にもとづいて広島県立歴史博物館が創設され、一九八九年には、一般に公開されることとなった。館長は、日本はきもの博物館の丸山茂樹氏が兼務されている。

この「福山誠之館」の執筆の端緒をつくってくれた小川房人君は、現在、大阪市立大学名誉教授で、大阪市立自然史博物館の館長をつとめている。

この「福山誠之館」はその後、中央公論社刊の「世界の旅」というシリーズの『日本の発見』という巻に載録されている。(註)

(註)　梅棹忠夫(著)「福山誠之館」『日本の発見』「世界の旅」一〇　一一一―一四五ページ　一九六二年九月　中央公論社

大本教

解　説

「日本探検」の第二回は大本教《おおもときょう》をとりあげた。大本教は、ただしくは宗教法人大本であるが、ここでは通称にしたがった。

大本教については、わたしはほとんどなんの予備知識もなかったが、世界連邦運動に熱心であり、日本におけるエスペラント運動のひとつの推進力になっているというので、興味をおぼえたのである。わたし自身がエスペランチストなので、そのほうのつてをたぐって、大本教に接近した。

大本教は、京都府綾部《あやべ》に宗教活動の中心をもち、社会活動の中心を、おなじく京都府の亀岡《かめおか》においている。わたしは、その両都市において取材をおこなった。

大本教をしらべているうちに、意外な事実が続々とわかってきた。大本についての世間一般の評価は訂正されるべきであるとおもった。わたしはかなり力をこめて、このレポートをかきあげた。それは『中央公論』一九六〇年の三月号に掲載された(註1)。

それはまた、「日本探検」の四回分をまとめて刊行された単行本『日本探検』にそのまま収録された(註2)。この文章は『中央公論』本誌に掲載されたときには「綾部・亀岡—大本教と世界連邦」という題になっていたが、単行本に収録するにあたっては題名をあらためた。

(註1)　梅棹忠夫(著)「日本探検(第二回)綾部・亀岡—大本教と世界連邦」『中央公論』三月号　第七五年第三号　第八六七号　一八四—二一五ページ　一九六〇年三月　中央公論社

(註2)　梅棹忠夫(著)「大本教」『日本探検』四九—一一五ページ　一九六〇年一一月　中央公論社

山陰道

老ノ坂

老《おい》ノ坂《さか》をこえると、山陰《さんいん》がはじまる。京都平野のはなやいだうららかさはきえて、ここからは、はてしない丹波《たんば》の山峡《やまかい》の陰うつがはじまる。

その日も、京都はお天気だった。西大路《にしおおじ》から桂橋《かつらばし》をわたるころまでは、冬の日ざしがあたたかだった。ところが、沓掛《くつかけ》の村にかかるころから、ようすがおかしくなってきた。フロントに、雨がかかりはじめる。わたしは、ワイパーのスイッチをいれる。雲がひくい。

雨はいつのまにかみぞれにかわったようだ。ふりしきるみぞれのなかを、丹波高原から、材木を満載したトラックがおりてくる。道はかなりひろいが、まがりくねっていて、油断はならない。道はぬかるむ。泥のしぶきをあげて、わたしの車は峠に突進する。

みぞれはやがて雪になった。雪はふりしきった。山の木が、灰色のかすり模様にみえた。吹雪《ふぶき》のなかを、峠につく。そして、トンネルをぬけると丹波である。

わたしは、車をとめて丹波をながめる。うすずみ色の耕地のひろがりがみえる。亀岡《かめおか》盆地である。雪は小ぶりになった。しかし、雲はひくい。雲は愛宕《あたご》の連山をおおいかくし、大堰《おおい》川《がわ》をこえて、亀岡の市街のうえに、ひくく、おもおもしくたれさがっている。丹波の表情は、きょうもくらい。わたしは、ゆっくりと峠をおりはじめる。

夜襲部隊

亀岡盆地。それは丹波の山峡に点々とつらなるちいさな盆地群の、最初のひとつである。京都からは、ちょうど愛宕山の裏側にあたる。国鉄の山陰線は、嵯峨《さが》から愛宕山の南麓を大堰川にそってはしる。保津峡《ほづきょう》のせまい峡谷を、トンネルと鉄橋の連続でしゃにむにくぐりぬけて、亀岡にでる。

自動車でゆくと、保津峡はとおらない。自動車道路はむかしの山陰道である。国道山陰道は、ずっと南の地点で、西山の連山をこえる。そこが老ノ坂峠であった。それはむかしから、京都から山陰地方にでるただひとつの出口であり、山陰地方から京都にはいるただひとつの入口であった。

亀岡はむかしは亀山《かめやま》といった。一五八二（天正《てんしょう》一〇）年五月一七日、丹波国亀山城の城主明智光秀《あけちみつひで》の軍に、織田信長《おだのぶなが》の毛利ぜめ出動命令がくだる。同月二八日、光秀は城をでて、愛宕山にむかう。愛宕山は、亀山城の目のまえに、ふかぶかとくろい森におおわれて、つったっている。頂上には愛宕神社がある。光秀は、なんどもおみくじをひく。

六月一日、一万三〇〇〇の兵は亀山城をでて東にむかい、老ノ坂をこえる。そして、そのまま桂川をわたり、京都市街に突入する。目標は本能寺《ほんのうじ》。寺町御池《てらまちおいけ》下ルのいまの本能寺は、後世の再建である。当時は、西洞院《にしのとういん》の六角《ろっかく》にあった。桂川から七条にはいった明智の夜襲部隊は、まっすぐに北にむかい、本能寺をかこむ。

それから、三五〇年の時がながれた。光秀の夜襲部隊がとおったおなじ老ノ坂を、昭和の、近代装備をもったもうひとつの夜襲部隊がこえていった。こんどは、明智軍とは反対に東から西へ、京都から丹波へ、である。

一九三五年一二月七日の夜半、京都市内一一の警察署では、警官の非常召集があった。警官たちは、ゆきさきもしらされぬまま、バスにつめこまれた。一八台のバスは西にむかい、桂から山陰道にはいり、老ノ坂をこえた。第一班は先行して綾部《あやべ》にむかい、第二班は亀岡をめざした。一二月八日未明、武装警官たちは、まだふかいねむりにとざされたままの、しずかな山陰のふたつの小都市めがけて殺到したのである。

第二次大本《おおもと》事件のはじまりであった。

鎮撫総督の進軍

大本教のことはあとまわしにして、とりあえず山陰道を北にたどろう。ふるい街道すじの宿場をたどると、亀岡から園部《そのべ》［現・南丹市］にはいる。園部からは観音峠《かんのんとうげ》をこえて須知《しゅうち》にはいる。ここから由良川《ゆらがわ》水域になる。山陰道はさらに、檜山《ひのきやま》、菟原《うばら》をへて、福知山《ふくちやま》にでる。

一八六八（慶応《けいおう》四）年正月三日、まきかえしにでた旧幕軍は、薩長の軍と激突する。鳥《と》羽《ば》・伏見《ふしみ》のたたかいである。戦争は、旧幕軍の敗戦におわる。

丹波路には小藩がならんでいる。亀山（松平氏五万石）、園部（小出《こいで》氏二万七〇〇〇石）、山家《やまが》（谷氏一万石）、綾部（九鬼《くき》氏一万九五〇〇石）、福知山（朽木《くつき》氏三万二〇〇〇石）。いなかの小藩は、天下の大動乱に際して、どれもこれもどうしてよいかわからない。とりあえず旧幕軍に荷担する。そして、みじめな敗戦である。当時、山陰道の入口、老ノ坂下の塚原《つかはら》陣屋《じんや》は、綾部藩の藩士がかためていた。かれらもどうしてよいかわからない。その目のまえを、傷ついた諸藩の落武者たちが、ひっきりなしに老ノ坂をこえておちてゆく。追討軍はくるであろうか。山陰諸小藩の運命はどうなるであろうか。

そのときはやくも、正月四日には山陰道鎮撫総督《さんいんどうちんぶそうとく》が任命され、兵をひきいて京都を進発する。動揺する山陰の群小諸侯を平定し、革命軍を支持させるためであるが、いっぽうでは、戦況が革命軍に不利になった場合には、天皇を擁して山陰地方に逃げこもうというふくみがあった。その下工作をかねていた。

総督に任ぜられたのは、わかき日の西園寺《さいおんじ》公望《きんもち》であった。一九歳。萌黄《もえぎ》の狩衣《かりぎぬ》に立烏帽子《たてえぼし》。悠然とウマをすすめる少年総督の姿は、なんともいえぬ優美なものであったという。したがうものは薩長藩士三〇〇余。丹波にはいると、丹波「弓箭組《ゆみやぐみ》」の郷士たちが、まっさきにその傘下にはせ参ずる。すでに、ここにもひそかに反幕革命軍の地下組織ができていたのである。群小諸侯は、たちまちにしてなびきふす。馬路《うまじ》の代官は陣屋を放棄して逃亡し、亀山松平侯、園部小出侯は無条件降服である。鎮撫使の一行は、ここから檜山をへて、福知山にむかう。

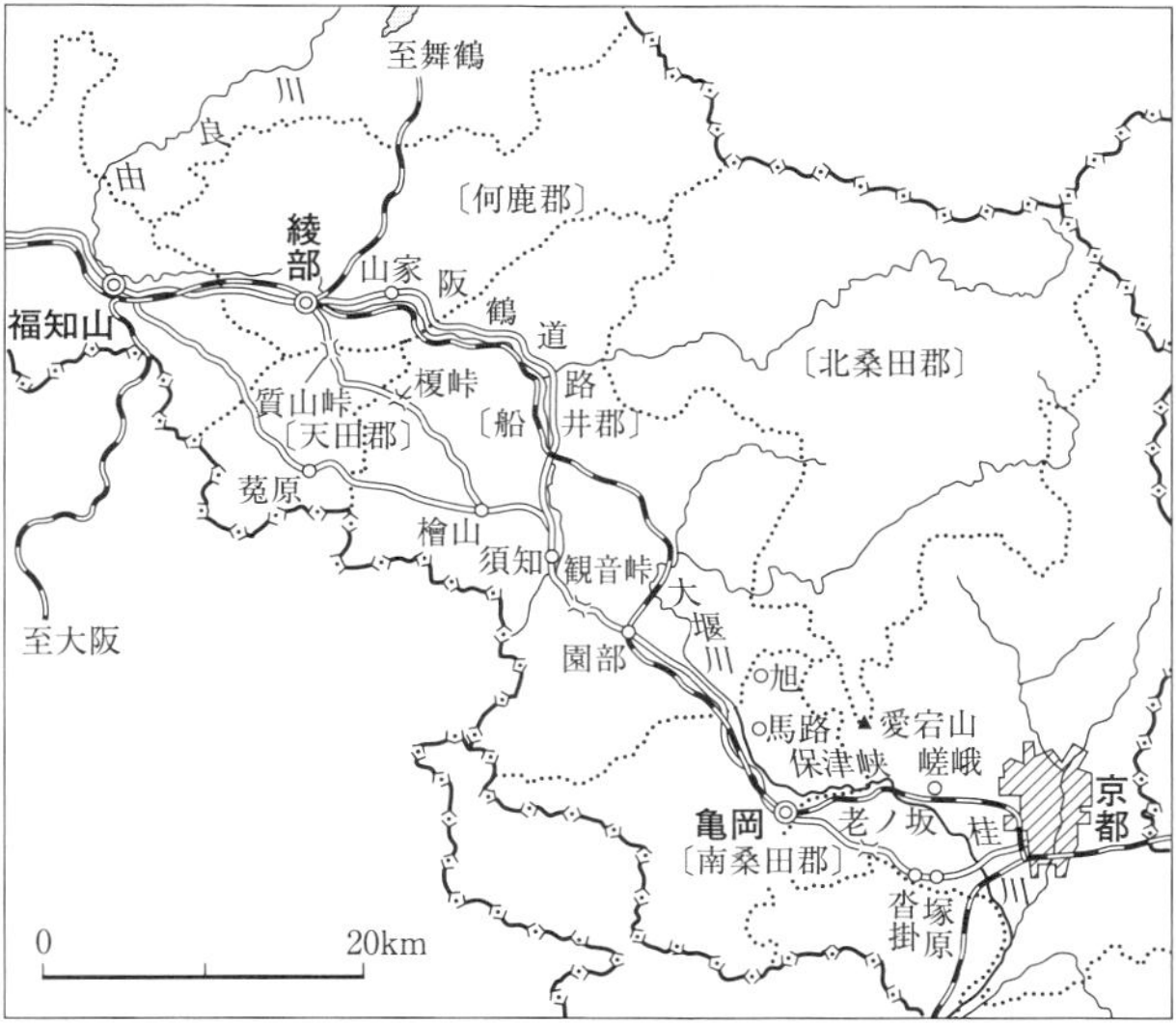
至舞鶴
由良川
〔何鹿郡〕
綾部
山家
阪
鶴
道
路
福知山
〔北桑田郡〕
榎峠
質山峠
〔天田郡〕
〔船井郡〕
菟原
檜山
須知
観音峠
大堰川
至大阪
園部
旭
馬路
愛宕山
保津峡
嵯峨
亀岡
老ノ坂
桂川
京都
〔南桑田郡〕
沓掛
塚原
0
20km

京都から綾部へ

霧の国

鎮撫使一行の出発とともに、綾部藩論は帰順に一決する。動乱に際して、綾部藩は京都御所の警衛、塚原陣屋の警固にあたっている。綾部藩は、朝廷方と認定され、京都において帰順をさしゆるされる。西園寺の一行が福知山にむかいつつあるとき、帰順決定をしらせる綾部藩の早かごは、山陰道をひたはしりにはしって綾部にかえる。小藩は動乱の危機をきりぬけ、あたらしい明治の体制をむかえる。明治四年、廃藩置県は断行され、綾部藩は綾部県となる。

綾部は、山陰道の本街道すじからははずれている。帰順をしらせる早かごは、おそらく檜山で山陰道とわかれ、榎峠《えのきとうげ》、質山峠《しちやまとうげ》をこえて、まっすぐ綾部街道をはしったものとおもわれる。いまはしかし、その道はとおらない。須知から由良川本流の峡谷にそって、りっぱな道ができている。極上のアスファルト道路である。いわゆる阪鶴道路《はんかくどうろ》だ。日本海側の玄関口、舞鶴《まいづる》港を大阪に直結するためにつくりはじめた道である。わたしは、その道をたどる。

阪鶴道路は、由良川の右岸をはしっている。左岸の中腹には、山陰線がはしる。ときどき、みじかい列車が、あえぎあえぎ姿をあらわす。しかし、その姿はすぐまた森のなかにきえてしまう。トンネル、またトンネルである。機関車の煙だけが、まるで雲のきれっぱしのように、いつまでもスギの木だちのまんなかあたりにひっかかっている。

丹波は霧の国である。霧は、音もなく由良川の谷におりてくる。霧がすべてをつつんでしまう。対岸の山陰線も、村も、川も、すべてが灰白色のガスのなかにすいこまれてしまう。

阪鶴道路をゆく車は、昼間もライトをつける。フォグ・ランプの光のにぶい黄色が、霧のなかをながれてはしる。

霧に芽ばえるもの

かつては志摩《しま》の国波切《なきり》の城主として、九鬼《くき》水軍の精鋭をひきいて南海に覇をとなえた九鬼氏も、綾部に転封になってからは、くるしい日々であったようだ。なにしろ、丹波には海がない。いかな九鬼水軍も、由良川ではどうしようもない。小藩のくるしい財政をまかなうのに、もっぱら年貢のとりたてに熱心だったようだ。

そのせいかどうか、ながい藩政時代にはなにひとつとりあげるほどのこともなかったのに、明治の廃藩置県以後は、この、深い霧につつまれた盆地の底から、くりかえしなにかしら力づよいものが、芽ばえ、成長してくるようだ。

ここからは、郡是《ぐんぜ》製糸《せいし》があらわれた。「グンゼのナイロン・クツシタ」のコマーシャル・ソングは、子どもたちもみんなテレビでしっている。しかし、そのグンゼが綾部にあるとは、おとなでもしらないひとがすくなくない。郡是は、明治中期に何鹿《いかるが》一郡の零細な土着資本の組織化のうえに成立し、その後、全国的規模の大企業にまで成長した。しかもその経営と従業員教化の方針が、熱烈なキリスト教主義でつらぬかれていたという点で、日本資本主義発達史上、特異な地位をしめる企業である。それがここからあらわれた。

この霧の底からは、また、大本教があらわれた。大本教は、一八九二（明治二五）年に、綾部のまずしい大工の後家、出口《でぐち》ナオが突然に霊感をうけ、神のことばをかたりだしたことにはじまる。それは、山陰農民の潜在エネルギーの組織化に成功し、やがて第一次大戦後には、全国的規模の巨大な教団に成長した。大本教は、綾部を「世界の大本」と宣言し、ここに壮麗な殿堂をきずきあげた。一九三五（昭和一〇）年に大弾圧をうけて潰滅するまで、綾部はその本拠地であった。

この霧のなかには、なにかしら民衆のかくれたエネルギーをかきたて、組織する、ふしぎな力がひそんでいるようにみえる。戦後はどうであろうか。綾部の霧の底からは、またあたらしいなにものかが、芽ばえ、成長しようとしているであろうか。

世界連邦

田園都市

むかしから、だれでも、「丹波」といえばすぐ「山猿」ということばをおもいだしたものだ。それほど、丹波は山国であり、いなかである。都市といったところで、どれほどの都市があるわけがあろうか。わが綾部市もまた山あいのかわいらしい小都市である。市になったのが一九五〇年、当時の人口三万三〇〇〇であった。そののち、まわりの村を合併して、けっきょく何鹿郡《いかるがぐん》全部が綾部市になった［一部は福知山市］。面積だけはべらぼうにひろい。大阪市なんかよりはるかにおおきい。そして人口は、いま五万三〇〇〇である。

どこの都市でも、おもな性格というものがある。たとえば、工業都市とか、観光都市とか、宗教都市とか。

「綾部は何都市といったらよろしいか」

わたしの問いに対して、市役所のひとは、平然といった。

「綾部は田園都市です」

なるほど、そのとおりだ。就業人口の七〇パーセントは農業および林業である。一九五五年、農林省から「新農村建設計画」の指定をうけた。都市として、「農村」建設計画の指定をうけたのは、全国でここがはじめてだそうだ。市は、いまや理想的田園都市建設の一〇ヵ年計画を実施中である。

綾部が、日本にさきがけて、田園都市建設の一〇ヵ年計画を実行したとしても、おどろくほどのことではない。綾部はそういう町だ。それにふさわしい町だ。しかし、その丹波の山奥の小田園都市が、突如として、全国の先頭をきって、なにかとほうもない世界的運動のなかに突進していったとしたら、それはやっぱり、おどろくにたることである。そしてじっさい、そのとおりのことがおこったのだ。

綾部市は、いまや日本における世界連邦運動の聖地になりつつある。それは、全国諸都市のトップをきって、世界連邦平和都市の宣言をおこない、その後の世界連邦運動の進展のきっかけをつくった。これはいったい、どういうことなんだろう。戦後の綾部には、やっぱりなにかが芽ばえ、成長しつつある。わたしが綾部というところにいってみようという気をおこした第一の理由は、これであった。

世界連邦平和都市第一号

一九五〇年一〇月一四日、綾部市議会は全会一致でつぎのような宣言文を採択した。
「綾部市は、日本国憲法を貫く平和精神に基いて、世界連邦建設の趣旨を賛し、全地球の人々と共に永久平和確立に邁進することを宣言する」
日本における世界連邦平和都市宣言の第一号である。
綾部はもはや丹波の綾部ではない。京都府の綾部でもない。府県をつきぬけて、日本国家をもこえて、世界の綾部市であることを宣言してしまったのである。どうしてこんなことがおこったのであろうか。

その理由をしらべるまえに世界連邦都市宣言とはどういうものか、かんたんにみておこう。

世界連邦運動は、もちろんひとつの平和運動である。戦争をやめさせようという運動である。戦争がなぜおこるかといえば、国家というものが絶対的な主権を行使するからである、と世界連邦主義者はかんがえる。戦争をなくするためには、国家の主権を制限し、それを世界政府に付与するほかはない。それによって人類は、はじめて永久の平和を確立することができる。

こういう思想は、もちろん戦前からあった。しかしそれが、具体的な運動のかたちをとってあらわれはじめたのは、やはり第二次大戦後である。一九四六年、アインシュタイン博士、イギリスのボイド・オア卿らが発起人となって、ルクセンブルグに各国の同志があつまり、世界連邦実現への国際的機関の設立がはかられる。そして、一九四七年春、スイスのモントルーにおいて、「世界連邦世界運動」の第一回世界大会がひらかれる。そこで、世界連邦運動をすすめてゆくためのいくつかの原則が承認される。たとえば、世界各国を全部加盟させる。軍備を全廃し、世界警察を設置する。世界連邦の費用は各国政府の供出でなく独立税でまかなう、などである。中心機関として、世界連邦主義者世界協会が設立され、活発な運動がはじまった。

一九四九年にはまた、フランスでは奇妙な旋風がまきおこる。アメリカの一青年がパリにあらわれ、国連総会の傍聴席から、世界連邦政府の設立を、各国代表にうったえる。かれは、ついに「国籍返上」という前代未聞の壮挙をやってのけ、「世界市民第一号」を名のる。かれはフランスいたるところで嵐をまきおこし、やがてそれは「世界市民登録運動」となって実をむすぶ。それは、世界連邦の思想に賛成し、宣言と署名をすれば、だれでも国籍を保有したまま世界市民になれる、という趣旨のものである。

「世界市民」宣言は、フランスにおいては、やがて「世界都市」宣言に発展していった。ひとりひとりの宣言ではなく、地方自治体が、その住民の総意にもとづいて、その都市の「世界」化、あるいは「世界領」化を宣言するのである。これは、世界連邦運動の精神をひろめ、その協力者をふやすための有力な方法となっていった。都市宣言は、フランスからドイツへ、そしてヨーロッパ各地へ波及していった。

世界の廃藩置県

綾部市が世界連邦都市宣言をしたのは、フランスに市民第一号があらわれた翌年である。日本にもすでに、一九四八年に世界連邦建設同盟が結成されていたけれど、都市宣言運動はもちろんまだ、かけ声もなかった。一九五〇年に綾部が宣言を発してからも、よそにはなかなか波及しなかった。二年たった。一九五二年になって、ようやくおなじ丹波の亀岡が、綾部につづいて世界連邦都市第二号になった。その翌年五三年に、亀岡のとなりの旭村［現・亀岡市］というちいさな村が宣言をした。

五年たった。一九五五年六月には、世界連邦平和都市連絡協議会が結成され、その第一回全国大会がひらかれた。開催地は、綾部であった。その席で、綾部市長は、第一代の会長にえらばれた。全国大会といっても、このときにあつまったのは、綾部、亀岡、旭のほかは、松江市だけという、ささやかなあつまりであった。

しかし、一九五五年以降は、ようすが一変した。運動は、爆発的に進展した。毎年、数十の地方自治体が、あらそって世界連邦都市を宣言した。いまでは全国で一八〇以上の市町村が宣言をおこなっている。岡山、富山、長野、石川、福岡、広島、鳥取、熊本の八県は、世界連邦県になった。いまやその運動は、巨大な波になって、全国をおおいつくそうとしている。霧ふかい丹波の一田園都市が、その波動の震源地であったのだ。

わたしは市長にあう。長岡誠《ながおかまこと》氏、お医者さんである。すでに町長を一期、市長を三期つとめている。この温厚な紳士が、つよい信念をもった、気骨ある平和主義者であることは、すぐわかる。わたしは、綾部が世界連邦運動をリードしているのはどういうわけか、とたずねる。市長はいった。

「綾部は、戦災をうけなかったのですが、こういう都市が平和と世界連邦について発言すると、全国の都市も、偏見なしにかえってよく耳をかたむけてくれるものです」

わたしは、たずねる。

「世界連邦といっても、夢にすぎないのではないかという声もあるようですが……」

「それは、明治維新だって、夢にすぎないとおもっていたひともあったでしょう。しかし実現したのです。あれは日本連邦の成立でした。各藩ばらばらの封建制が解消し、中央政府のもとに統一されたのです。こんどはそれを世界に応用するのです。各国ばらばらの現状を解消し、世界政府をたてようというのです」

このたとえがただしいかどうかは問題だが、とにかく、明治の革命を経験してきた日本人にとって、こういうふうに説明すると、頭にはいりやすいそうだ。尾崎咢堂《おざきがくどう》［行雄《ゆきお》］もすでにいっている。

「世界の廃藩置県なくして、世界に平和なし」と。

長岡市長は、去年［一九五九年］の八月、オランダでひらかれた世界連邦世界大会に、日本代表のひとりとして出席した。オランダでは、女王以下この運動にひじょうに関心をもっている。現在、世界協会の会長はガーナの大蔵大臣グベデマー氏である。グベデマー氏は、開会の最初のあいさつで、日本こそはこの運動のイニシアチブをとる資格のある国である、とのべたそうだ。

わたしは、なんとなく維新の動乱のときのことをおもいおこしている。鳥羽・伏見のたたかい。旧幕軍と革命軍の激突である。旧幕軍の主力は会津・桑名、革命軍は薩長土の連合。雄藩というものは、衝突を回避しようとはしないのだろうか。力と力のはげしいぶつかりあいのなかに、丹波諸小藩はどうしてよいかわからない。塚原陣屋の守備。革命派の地下組織「弓箭組《ゆみやぐみ》」。小藩綾部藩の不安と動揺をすくったものは、じつは革命軍による山陰道鎮撫使の派遣であり、明治新政府によってもたらされた秩序と安定ではなかったろうか。

日本やオランダは、かならずしも山陰諸小藩ではないかもしれない。しかし、とかく小藩は平和主義者であり、雄藩は力の信奉者である。いまのところ、アメリカもソ連も、世界連邦運動にはさっぱり熱心ではない。

「世界連邦運動に対して、市民のあいだに反対勢力はありませんか」

「共産党だけです」

わたしは無遠慮に、市長の選挙地盤についてたずねた。

「革新的無所属というところでしょうか」と側近のひとがこたえた。いつも、保守・革新の共同推薦ででるという。

綾部市の平和主義は、どうやらほんものである。市議会の議事録によると、一九五四年四月には、「原子力兵器使用中止に関する決議」というのが緊急動議でだされ、全会一致でとおっている。一九五八年九月には、「核武装反対・軍備撤廃」の決議が、これもまた全会一致で可決されている。ここでは「平和」はひとつの持続的な情熱である。

こんないなかの小都市の議会が、なんべん平和決議をしたところで、世界の平和を確保するための現実的な力にはなりえない、という見かたもあろう。世界連邦運動にしても、方法論的にいろいろ異議も批判もあろう。しかしここには、すべてをのりこえて、もっとも基本的なるもの、すなわち平和へのつよいいのりがある。それはまさに「聖なるいのり」である。いのりが、ついに世界をうごかす巨大な力にならないとは、だれがいえるであろうか。

由良川の右岸に、紫水ケ丘《しすいがおか》という公園がある。丘のうえに、平和塔というのがたっている。塔のうえには、ハトがはばたいている。塔には碑文がきざんである。

「……全世界の全民族が完全に武器を放棄し、争いを戦争に訴えざる合理的和平、道義的世界の実現に協力せんことを誓い、記念して之を建つ」

丘のうえからは綾部市街が見わたせる。まんなかを由良川がおおきくうねり、ひろい河原いっぱいに、澄んだながれがきらきらかがやいている。町はうつくしく、平和である。

平和を！

一九五〇年、綾部が世界連邦都市を宣言した年である。ジュネーブで「世界憲法制定会議」がひらかれ、日本からも一七名の出席者があった。綾部市長は、このときも出席するつもりであったが、つごうでいけなかった。ところが、綾部からは、ほかにふたりのひとがこの会議に出席している。そのふたりというのは、大本教の代表者であった。わたしはいよいよこのへんで、宗教法人「大本」のうごきについて、かたらねばならないようだ。

綾部における平和運動が、大本教団のうごきと内面的にふかくからみあっていることは、すぐにわかった。綾部市議会において、世界連邦都市宣言決議案を提案した議員は、かくれもない大本教徒である。核兵器禁止、軍備撤廃などの決議でも、イニシアチブをとっているのは、大本教徒である。戦後の大本は、組織的に、強力に平和運動を推進しようとしている。

大本教団の活動は、戦前から二重組織になっている。宗教活動は「大本」がやる。社会的・思想的活動は「人類愛善会」がおこなう。大本が戦後の活動をはじめてまもなく、一九四九年には、二代教主出口すみ子夫人は、人類愛善会の再発足をうながし、ただちに世界連邦政府樹立運動参加にふみきったのである。一九五〇年のジュネーブ会議にふたりの教徒代表を派遣するについては、「世界憲法シカゴ案」全文を掲載した『人類愛善新聞』特集号を発行し、信徒たちはこれを街頭で立ちうりして資金カンパをおこなって、渡航費をつくった。(註)

人類愛善会の会員は全国にいた。全国の会員たちは、それぞれの土地で、世界連邦運動のためにはたらきはじめた。世界連邦都市宣言をした市町村のうち、八割までは、大本系のひとが関係しているといわれている。もちろん、世界連邦運動を、大本がやっている運動だ、などとはいえない。平凡社の創立者下中弥三郎《しもなかやさぶろう》氏を理事長とする「世界連邦建設同盟」というのがあって、そのなかには、大本のほかに、賀川豊彦《かがわとよひこ》氏らを中心とするキリスト教徒も、金光《こんこう》教徒も、そのほかの宗教団体もはいっている。ただ大本の活動力は、群をぬいてたかいのである。世界連邦促進署名運動で、建設同盟であつめたのが二〇〇万人に対して、大本だけで一〇〇万人あつめてしまった。

一九五四年のビキニ環礁における「死の灰」は、世界連邦運動を大躍進させた事件である。三月一五日、実験がおこなわれて半月後には、大本はすでに行動をおこしている。綾部において、原水爆実験禁止の署名運動がはじまったのである。それは世界じゅうのどの団体よりもはやかった。原水協はもちろんなかった。大本青年たちは、はげしい活動力をもって、その運動を全国にひろげていった。

率直にいうと、日本の宗教団体の平和運動は、たいていはきれいごとであって、ほんの「おつきあい」の程度のものがおおいのではないかという印象を、わたしなどはもっている。それは、教団の活動のなかの、ごくちいさい部分をしめるにすぎない。しかし、わたしは、大本をしらべているうちに、これはすこしちがうかもしれない、とおもいだした。たとえば、人類愛善会の出版物には、「戦争はなぜ起る」とか、「世界連邦都市宣言の手引き」とか、平和運動のパンフレットがやたらにあるし、『人類愛善新聞』は、妙な言いかただが、ちょっとみるとまるで極左の新聞みたいな印象さえうける。大本にとっては、平和運動は生命である。大本から平和運動をとりされば、のこる部分はごくちいさいのではないか。教団のひとはこういう言いかたをきらうかもしれないが、これはどうも、日本におけるもっとも戦闘的な平和主義者の団体であるかもしれない。平和にむかう民衆のエネルギーの結集の仕かたには、こういう方法もまた、あるのである。

（註）『人類愛善新聞』（特集号）一九五〇年一二月一日　人類愛善会

大本教

発展と弾圧

新興宗教としての大本教団の歴史については、すでにいくつかのすぐれた研究がでている。とくに、乾《いぬい》孝《たかし》・小口《おぐち》偉一《いいち》・佐木《さき》秋夫《あきお》・松島《まつしま》栄一《えいいち》の四氏による共同研究、『教祖――庶民の神々』のなかの大本教の記述は精彩がある。[註1] 教団の歴史についてはそういう本をみてもらうとして、ここでは、ごくかんたんにふれるにとどめる。

さきにしるしたように、大本教のそもそものはじまりは、綾部の貧乏大工の後家、出口ナオの神がかりである。艮《うしとら》の金神《こんじん》さまがとりついて、ナオは、神のおつげをしるしはじめた。この「おふでさき」が、のちに『大本神諭《おおもとしんゆ》』として、教義の源泉になった。(註2) 大本が、じっさいにひとつの新興宗教教団として活発な活動をはじめるのは、亀岡の上田喜三郎《うえだきさぶろう》がくわわってからである。かれはナオの娘すみ子のむこ養子となり、出口王仁三郎《でぐちおにさぶろう》を名のった。かれは、稲荷行者《いなりぎょうじゃ》として鎮魂帰神《ちんこんきしん》の法を身につけ、京都の皇典講究所分所で神職の資格をとってきた。さらに、綾部の丹陽キリスト教会の内田牧師から催眠術をならったという話もある。とにかく、かれの教養と手腕によって、「おふでさき」はたちまちおおきな教理体系にくみあげられ、教団の形態をととのえてゆく。大本には、はじめから体系的な教理論があったのだ。高木宏夫《たかぎひろお》氏によれば、ほかの教団が教団の独立のために教理の体系化をはかり、しかもそれが単に外部むけのものにとどまったのとは、大本はいちじるしくおもむきを異にしている、という。(註3) のちに、第二次大本事件のとき、控訴院の裁判長はこういった。

「大本の教は、宇宙観、神観、人生観、社会観に対し、理路整然たる教義である」

第一次世界大戦中に、大本は飛躍的に発展した。海軍機関学校の教官で英文学者の浅野《あさの》和三郎《わさぶろう》が入信して綾部にうつってきた。インテリや軍人のあいだにも信者がふえはじめた。大本はすでに大阪の『大正日日新聞』を買収し、浅野は宣伝担当者として、さかんに「大正一〇年たてかえ」説をながした。「三千世界たてかえ、たてなおし。三千世界一度にひらく梅の花」というのは、「おふでさき」のなかにある文句である。その終局的革命が大正一〇(一九二一)年にくると宣伝した。信者は雪だるま式にふえていった。

一九二一年に「たてかえ」はなかった。じっさいあったのは、警察による大弾圧である。反乱準備とかなんとかいわれたが、けっきょく不敬罪と新聞紙法違反で起訴された。それも最後は免訴になった。この事件で、浅野は大本教をさった。かれはのちに、日本における心霊主義の開拓者となる。もともと大本に入信したのは、その鎮魂帰神という神がかり法にひかれたものであったらしい。

神殿や墓地をこわされたけれど、大本はたちまち復興した。信者はますますおおきくなり、人類愛善会、更始会《こうしかい》、明光社、昭和青年会、昭和神聖会、大日本武道宣揚会など、さまざまな外郭団体ができた。大本はいちじるしくファッショ的傾向をおびて、時代の歩調にあわせたが、そんなことではすまなかった。警察はふたたび弾圧の手をくわえた。一九三五年一二月の、第二次大本事件である。王仁三郎は松江にある大本の地方教会、島根別院でとらえられ、検挙されたもの約一〇〇〇名にのぼった。諸団体は解散を命ぜられ、教団は潰滅した。

（註1）　乾孝、小口偉一、佐木秋夫、松島栄一（著）『教祖——庶民の神々』一九五五年一二月　青木書店

（註2）　この本にはさまざまな版があるが、最新の版としてはつぎのものがある。大本神諭編纂委員会（編）『大本神諭』全七巻　一九八三年二月—一九八四年二月　天声社

（註3）　高木宏夫（著）『新興宗教——大衆を魅了するもの』（ミリオン・ブックス）　一九五八年六月　講談社

迫害と抵抗

とりしらべにあたっては、おどろくべき蛮行がおこなわれた。手足をしばり、さるぐつわをかませたままで、警官の意のままの調書がつくられた。拷問、暴行、強圧の連続であった。「こんな言論の圧迫があるか！」とさけびながら、いきどおりのあまり自殺したひともあった。頓死、病死、発狂があいついだ。

こういうむちゃくちゃな目にあいながらも、大本教徒はほとんどその信仰をすてなかった。戦前の警察によるさまざまな団体の弾圧史のなかで、非転向者の率がもっともたかかったのが、大本だという。九割は、がんばりとおした。この教団には、日本にはめずらしい抵抗精神があった。

判決もきまらないうちに、綾部と亀岡にあったすべての財産・施設は、徹底的に破壊された。家具はただのような値でうりとばされ、多数の文書・書画類は行方不明となった。警察官のなかには、王仁三郎自筆の書画類でひともうけしたのもいるという。土地は、坪九銭という、けたはずれの値で、綾部・亀岡両町にひきとらせた。法律的根拠も、なにもない。日本の警察は、とにかく大本を地上から抹殺することが目的だったのだ。手段をえらぶことはなかった。

容疑事実というのは、治安維持法違反を主とし、不敬罪、出版法・新聞紙法違反などであった。日本の君主制を廃して、王仁三郎自身が日本および世界の統治者になろうとした、というのである。結果はどうであったか。大審院までいったが、けっきょく全員免訴となった。

一〇年のしんぼうであった。すでに戦争はおわっていた。終戦の年の一二月八日、人びとは綾部の聖地において「事件解決奉告祭」をおこなった。全国から、もとの信徒たちが千数百人あつまってきた。一〇年の空白ののちも、教団は死んでいなかった。

大本ほど、ひどい誤解につつまれた宗教はない。まったくの警察のでっちあげによってつぶされ、新聞もデマをかきたてた。世間は、これをまるで邪教の見本みたいにおもいこんだ。公判は、ほとんど傍聴禁止ですすめられ、どういう内容の事件か、一般にはわからずじまいだった。そのうえ、真相をあきらかにすることのできる主任弁護人たち——清瀬《きよせ》一郎《いちろう》氏と林逸郎《はやしいつろう》氏——が、そのまま極東裁判の主任弁護人となり、多忙をきわめて、ついに真相は発表されないままですぎている。詳細な記録が一日もはやく発表されることを期待する。

復興

大本は、弾圧の廃墟のなかから、不死鳥のようにふたたびよみがえってきた。解放後、王仁三郎も二代教主すみ子も死んだ。王仁三郎の長女直日《なおひ》が三代教主にたった。後継者たちの手によって、教団の再建はすすんだ。

綾部の大本本部をおとずれる。おおきな標識のある入口をはいると、教団の事務所がある。それはなお質素なものにすぎない。そのうしろに、巨大な瓦屋根の建物がある。大本の中心的な神殿である。大本の伝統にしたがって、「みろく殿」とよばれている。一九五三年に開教六〇年を記念して再建された。ひろい靴ぬぎのある玄関から階段をのぼると、七八九畳じきという大広間がある。正面の御簾《みす》のなかが、おやがみ様をまつる神殿である。あかるくやわらかい照明のなかに、信徒たちがいのりをささげていた。八雲琴《やくもごと》という二弦琴が、古代的な音色をひびかせていた。

亀岡でも復興ははじまった。わたしは、亀岡の本部をおとずれる。もともと大本の本部はふたつある。綾部のほうが、祭祀の中心であり、亀岡のほうは宣教と運動の中心である。亀岡の本部は、天恩郷《てんおんきょう》とよばれる。明智光秀の旧亀山城跡である。石垣や堀は、いまもなお、そのままのこっている。一段たかいところに、イチョウの大木がある。光秀手うえのイチョウだという。天守閣あとにたつと、眼下に、ひろい大堰川の河谷がさむざむとひろがっている。

ここもまた破壊と暴虐の遺跡である。かつては、ここにも数十棟の華麗な殿堂があった。山陰一をほこる大印刷所もあった。すべてはダイナマイトで爆破され、ローラーでくだかれた。

しかし、ここでも再建はすすんでいる。万祥殿《ばんしょうでん》とよばれるおおきな神殿も完成した。朝陽館《ちょうようかん》とよばれる教主公館もできた。花明山窯芸道場《かめやまようげいどうじょう》、植物園などの付属施設もできた。人類愛善会、信光会（社会事業団体）、みずほ会（農業団体）、などの外郭団体も、天恩郷の一角に事務所をかまえ、活発な活動を開始した。

日本美

わたしは、じつは弾圧まえの天恩郷をしっている。子どものときに父につれられてきたことがある。父は大本教徒ではなかったが、ここをみにくることは、当時の京都市民の流行だったのだろう。ずいぶんまえのことで、くわしい記憶はないが、なんとなく幻想的な別世界という印象があった。子どものわたしは、竜宮みたいだとおもった。

再建された大本には、しかし、なにかしらむかしとちがうところがある。もとの大本は、豪華ではあったが、いわば竜宮的な趣味のわるさがあった。わたしの記憶にはないが、写真をみても、本殿の月宮殿《げつきゆうでん》などもずいぶんごてごてした建物だった。いかにも新興宗教的ないやらしさがあった。しかし、いまここにある大本は、ひどく印象がちがう。建物にも、庭にも、都会的に、しかも純日本的に、高度に洗練された美的感覚がある。

万祥殿には、みごとな能舞台がある。これだけのものは、全国にもそういくつもあるまい。いまの教主は、みずから、ここで能をまう。万祥殿のうしろには、茶室がある。わたしはここで、お茶をよばれる。茶道は、現代の大本教徒の日常生活にとけこんでいるようだ。

戦後の日本には、アメリカ趣味がはんらんした。新興宗教だって、PL教団のように名まえまで英語でつけたのがあらわれた。そういう風潮のなかで、大本は、まっしぐらに純粋な日本趣味につきすすんだようである。神事いっさいは、新興宗教に似つかわしくないほど、古式神道のにおいをもつ。大祭の写真をみると、白装束の神官と、「瀬織津姫《せおりつひめ》」とよばれる奉仕の婦人たちの、やはり白装束の群像が、古代的なうつくしさをたたえている。ここには、妥協のない日本美の追求がある。

「水晶のみたま」

わたしは、朝陽舘の一室に、三代教主出口直日夫人をたずねる。

ふしぎな魅力のある婦人である。ひじょうに気さくなはなしかたをする。おおきな教団をひきいてたつ教主、というような気どりもかまえも、まったく感じられない。しかし、会話をかわしながら、わたしはときどき、おやっとおもう。こちらがかんがえていることを、このひとはさきにいってしまうのだ。このひとは、よほどかんのいいひとにちがいない。このひとは「水晶のみたま」とよばれているそうだ。ひとの心をすべてうつす、というのである。

このひとについては、おもいあたるところがある。

大正のなかごろであろうか。京都北野の武徳殿《ぶとくでん》へ、剣道をならいにかよっていた娘さんがあった。男の子のようなかっこうをして、竹刀《しない》をかついで、中立売《なかだちうり》通りを闊歩《かっぽ》していたそうだ。男装の女性はよほどめずらしかったのだろう、父や叔母は、ずっと後年まで、このひとのことをよく話題にしたものだ。父は、その娘さんはなんでも大本教のひとだときいた、とはなしていた。わたしが、あるいは、とおもってその話をもちだすと、直日夫人は、わらいながら、

「わたしですよ」

とても信じられないような話だ。この、おだやかな、いかにも女性的なひとが、わかいころに剣道をやっていたとは。

しかし、それですこしわかるような気もする。このひとは少女時代を、全盛期の大教団の教主の令嬢として、京都市内でそだっている。開祖や、二代目の王仁三郎夫妻のように、いなかの、貧乏ぐらしのなかからでてきたのとは、わけがちがうのだ。京都の上層市民の趣味と感覚、つまり日本でもっとも洗練された美的感覚を身につけている。わたしは、いまの大本の趣味のなかに、なにかひじょうに京都的なものを感じていたのだが、それはおそらく、この直日教主の趣味と教養の反映ではないだろうか。

皇道大本

大本は、もともと庶民の宗教である。開祖は、ひどい貧乏ぐらしのなかからおしえをひらいた。教団は、多数の、しかし名もない庶民たちによってささえられ、成長してきた。いまも信徒の六五パーセントが農民であるという。その大本も、すくなくも趣味の面では、ついに都市上層市民化し、あるいは貴族化しはじめたのであろうか。

大教団ともなれば、もちろんある種の貴族化はさけがたいであろうが、この教団の貴族化が、民族固有の美の追求と洗練という方向をたどり、国際的なブルジョワ・モダニズムの方向をたどらなかったのは、たいへん興味がある。あるいはまた、既成権力との妥協と結合という方向での貴族化をはからなかったというのも、この教団を理解するのに重要な点であろう。

もともと大本には、教団発展の初期から、かなりつよい文化的国粋主義がながれている。教祖出口ナオの思想には、とにかく「外国はいかん」ということがあった。「おふでさき」にしても、全部ひらかなでかいてあって、それを漢字まじりにかきなおすことさえきらった。洋服はいけない。腕時計もいけない。外来的要素はきびしく排撃したのである。そういうはげしさはもちろんきえたが、今日の大本に、いまなおそれ以来の文化的国粋主義の伝統をみるように、わたしは感じた。

大本の文化的国粋主義は、しかし、かならずしも、明治以後の体制的国家主義とはむすびつかなかった。それどころかむしろ、両者のあいだには埋めがたいすきまがあって、うそさむい風がつねにふいていた。たとえば大本は、すでに大正の初期に、教団の名を「皇道大本」と名のっている。これは、天皇制国家に対する妥協と追随をおもわせて、巧妙な名づけかたであるが、その真意は、一種の文化的国粋主義の宣言にすぎなかったのかもしれない。そのせいであろうか、「皇道」詐称のゆえをもって、政府はこの名を禁止してしまった。

国粋主義でありながら、反体制的であり、反政府的であるという性格は、革新右翼に通ずる。じじつ、右翼急進分子は、大本だきこみの努力をしていたようである。一九二〇年一一月、北一輝《きたいっき》は、出口王仁三郎を訪ね、「日本改造法案大綱」の草稿を示して、大本の経営する『大正日日新聞』にのせることをたのんだ。

大本では、それを参考文献としてガリ版にして幹部にくばった。それが露見して幹部は警察にひっぱられている。一九三五年の暮れに、北一輝は王仁三郎に革命計画をうちあけ、二〇万円の資金の出資を乞うた。うちあけた以上は、ださなければ命をもらうといった。さすがに王仁三郎は、ためらって、神さまの意見をもとめた。神のおつげは、この金をだせば命はない、というのであった。王仁三郎は、島根の歌まつりがすむまで、二〇日まて、といった。北一輝は京都の旅館にかえり、王仁三郎は島根へいった。一二月八日、第二次大本事件がおこり、王仁三郎は松江で検挙された。二・二六事件がおこったのは、翌年の二月である。

みろくの世

宗教というものは、いろいろのことをいうけれど、けっきょくはきわめて現世的である。現在の社会秩序を基本的には肯定し、その矛盾のなかにあえぐ個人の救済をはかり、適応を説くにすぎない場合がおおい。そのへんのところに、現代宗教の人気のあるゆえんもあるが、同時に不信の原因もまたそこにある。現代の宗教は、社会のレベルにおいて救済をかんがえない。

その点、大本はすこしちがうかもしれない。『大本神諭』のなかにも、

「この神は病気なおしの神でないぞよ」

というのがある。そして、

「外国はけものの世。強いものがちの悪魔ばかりの国であるぞよ。〔……〕これでは世は立ちてはゆかんから、神がおもてにあらわれて、三千世界の立てかえ立てなおしをいたすぞよ」

あるいはまた、

「三千世界いちどにひらく梅の花。〔……〕梅でひらいて松でおさめる神国の世になりたぞよ」

それは、素朴で空想的であるとはいえ、現実の社会秩序を否定し、理想社会の到来を予言する革命思想である。大本びとはいまでもいう。

「大本は個人の救済ではない。世界の救済である」と。

大本にも、「おかげ」はある。鎮魂帰神と称する強烈な神がかり法もある。「御手代《みてしろ》」と称して、しゃもじをかざす病気なおし法もあらわれた。しかし、そういうものは大本教団の本流にはならなかった。「大本は教祖づくり教団だ」といわれるくらい、大本からはいくつもの新興宗教が分離してでているが、その教祖たちは、大本が個人救済に熱心でないのにあきたらず、それぞれ大本の一部ずつをたずさえて大本をさり、みずから教祖になったものとみることができる。友清天行《ともきよてんこう》は鎮魂帰神をたずさえて「神道天行居《しんどうてんこうきょ》」教団（創立時の名称は格《かく》神会《しんかい》）をはじめた。大本の機関誌を編集していた谷口雅春《たにぐちまさはる》は、大本の文書宣伝技術をもって「生長の家」をたてた。岡田茂吉《おかだもきち》は観音信仰と手をかざして病気をなおす法をもって「世界救世《メシヤ》教」をつくった。中野与之助《なかのよのすけ》は鎮魂帰神と三五《あなない》の観念をたずさえて「三五《あなない》教」をはじめた。分離者がでればでるほど、世なおしによる救済という大本の特徴は、はっきりしてきたようだ。

理想社会はやがてあらわれる。それは「みろくの世」といわれる。大本にはみろく信仰がある。みろくの世の実現は神わざである。人類はその神わざに奉仕しなければならぬ。かれらはこうかんがえるのである。

「戦争ぐらい悪しきものはなし」

日本の資本主義の発展とともに、綾部は、製糸業の一大中心としてさかえていった。製糸工場のサイレンがなる。それをききながら開祖はいつもいったそうだ。

「かわいそうなは女工と兵隊や」

開祖のうまれた町、福知山には連隊があった。近代日本の二大原理、資本主義と軍国主義のサンプルが、目のまえにあった。その発展をまぢかにみながら、大本のなかには、反資本主義、反軍国主義がそだてられていった。

王仁三郎の著書『道の栞』に、こういうのがある。(註)

一、軍備なり戦いは、みな地主と資本主とのためにこそあるべけれ。貧しきものには限りなき苦しみの基《もとい》となるものなり。

一、軍備や戦争のために、数多《あまた》の人は徴兵の義務を負わざるべからず。一つより無き肉体を捨てて、血の河、骨の山をつくらねばならざるなり。おおくの税金を政府へはらわざるべからず。

一、世の中に戦争ぐらい悪しきものはなく、軍備ぐらいつまらぬものはなし。……

一、世界幾千万人の若き者は、たえず兵役に服し、人殺しの業《わざ》ばかり稽古をなさざるべからず。

この章の日づけは、明治三七（一九〇四）年旧五月一三日とある。

大正時代にはいり、社会主義に対する弾圧がはげしくなるとともに、大本には、インテリ、学生層の入信者がふえてくる。大本は、宗教を背景にしたあたらしい社会改造運動とかんがえられた。東大、京大、慶応、六高［現・岡山大学］などに、学生の大本グループができた。学生たちは「おふでさき」にくりかえしでてくる「人民」ということばに感動し、「ますかけひきならす」という平等世界実現の思想に、わかい血をわきたたせたのであった。学生たちは、天皇制を批判し、人民政府を論じた。特高（治安維持をはかる特別高等警察）はもちろん大本を注視した。大本の学生には尾行がつき、大本の出版物は校正刷の段階で提出を命ぜられた。

（註）　出口王仁三郎（著）『道の栞』一九二五年八月　天声社

人類同胞主義

これだけの背景のもとに、大本は国をこえたのである。国家・民族をこえた世界主義、人類同胞主義が展開していった。『道の栞』のなかに、すでにその芽ばえはでている。

一、……世界中神の無き国はなし。太陽の光の届く限りは神あらざるはなし。また日本人と西洋人とは毛色こそ変《かわ》れ、表面《うわべ》の色こそ異なれ、同じ天帝の分霊である。……

一、天帝が人種《ひとだね》を世界に降したまうや、黄色い人種《じんしゅ》もあり、白き人種《じんしゅ》もあり、黒き人種《じんしゅ》もあり、赤銅色《あかがねいろ》の人種《じんしゅ》もあれども、天帝の慈《いつくしみ》を垂れたまう事においては、別《わ》け隔てなし。みな同じ神の子であるから、どの人種《じんしゅ》は可愛《かわいい》、どの人種《じんしゅ》は憎いとの差別を為したまう道理なし。

そして、きわめてはっきりと「日本だけが尊いわけがない」といいきったのである。

これはもちろん、開祖出口ナオの排外的国粋主義とはあいいれなかった。教団のふるい幹部たちは、開祖を擁して、いり婿の王仁三郎の世界主義に猛烈に抵抗した。

大本の世界主義、人類同胞主義がおおきく表面にでてくるのは、だから、開祖が死んで、王仁三郎の独裁が成立してからである。第一次世界大戦がおわって、人びとが心底から世界平和をもとめているとき、そのいきおいにのって、大本の世界主義は、まっしぐらにはしりだした。

今日にいたるまで、文化的国粋主義と人類同胞主義は、大本の思想における二大支柱となっている。戦後、復興につれて、一方では純粋に日本的な感覚の世界をふかめながら、他方では、国をこえ、民族をこえて、世界連邦運動そのほかの国際平和運動にひじょうなエネルギーを発揮するというのも、やはりそれだけの歴史的根拠があった。

世界をむすぶことば

エスペラントの採用

アメリカやフランスのまねをすることが、日本の芸術の国際化ではあるまい。むしろ逆に、純粋に日本的なるものをふかめることこそ、世界に通ずる道である。ちかごろの世界的な日本ブームは、そうかたっているようにみえる。大本の国際主義には、はやくからそんなところがある。固有文化の保持においては断固として非妥協的でありながら、いっぽうでは超民族的世界主義にむかってすすむ。ことばの問題にしてもそうだった。大本は、片ことの英語を教団のなかにもちこんだりはしなかった。もっとラジカルであった。大本は、人工的国際語エスペラントを採用したのである。

現在の日本のエスペラント運動におけるもっともおおきい組織として、日本エスペラント学会というのがある。会費をはらいこむと、毎月『エスペラント——ラ・レヴーオ・オリエンタ』（東洋評論）という雑誌をおくってくる。日本および外国のエスペラント界のうごきや、語学上の問題をのせている。初等講習的記事がおおくて、エスペラント語の部分よりも日本語のほうがおおい。全文エスペラントのよみもの雑誌というのは、日本にはない。

ところが、いつのころからか、全文エスペラントの、それも堂々たる名文の、うつくしく印刷された雑誌をうけとるようになった。わたしは会費をはらったおぼえはない。ただである。内容は、しばしば神についてかたり、また日本の美術についてかたっていた。発行所は、亀岡の天声社、雑誌名は『オオモト』。これが、大本および人類愛善会の国際的機関誌であった。

わたしは戦後派のエスペランチストだから、むかしのことはしらなかった。ふるいエスペランチストにきくと、大本とエスペラントの関係は、ずいぶんふかいものがあったようだ。はじまりは一九二三年にまでさかのぼる。

大本の側からいえば、第一次大本事件による挫折のあと、保釈出所中の王仁三郎は、大本を国際平和運動の方向にもってゆこうとしていた。そして、『日本エスペラント運動史料』そのほかによって、エスペラント運動の側からみると、この時期は日本のエスペラント運動の二回目のもりあがりの時期である(註)。この国際語が日本に紹介されたのは明治の末年であるが、一時流行して、その後はのびなやんでいた。それが、第一次大戦後の国際的平和思想の波にのって、急速に支持者をふやしていった。とくに学生のあいだに、おどろくべきいきおいでひろがっていった。

京都は、その運動のひとつの中心であった。一九二二年には、京都学生エスペラント連盟が結成された。京大の八木日出雄《やぎひでお》（のちの岡山大学長）、三高［現・京都大学］の桜田一郎《さくらだいちろう》（のちの京大教授、繊維化学）らが活躍した。かれらは、学内だけでなく、一般市民のあいだにまで運動の手をのばした。一九二三年五月、校外運動の担当校は同志社であった。市民のためのエスペラント初等講習をひらくという記事が新聞にのった。綾部の出口王仁三郎はそれをみたのである。

（註）日本エスペラント運動五〇周年記念行事委員会（編）『日本エスペラント運動史料Ｉ　一九〇六―一九二六』一九五六年一一月　日本エスペラント運動五〇周年記念行事委員会（発行）　財団法人日本エスペラント学会（発売）

ホマラニスモ

開祖は、「おふでさき」が漢字まじりに翻訳されることさえもきらうという国粋主義でありながら、いっぽうでは、

「世界のいろはが一つになるぞよ」

という、普遍主義的予言をものこしているのである。

「世界のいろはが一つになる」とは、どういうことか。世界主義者王仁三郎は、これを世界語の出現と解した。そこへ、その「世界語」があらわれたのである。国際語エスペラントの

講習会の新聞記事がでているではないか。かれはただちに、側近のひとり、加藤明子《かとうはるこ》女史を派遣して、そのエスペラントというものを研究させた。加藤は、岡山県で女学校の先生をしていたインテリ女性であるが、講習をうけて、エスペラントにすっかり傾倒してしまい、綾部にかえると感激をもってその研究結果を報告した。

エスペラントは、よくしられているとおり、ポーランドの眼科医ザメンホフが、一八八七年に発表した人工語である。それは、何百とあるさまざまな国際語の提案のなかで、成功し、実用化された唯一のものである。それは、まなびやすいこと、中立的であること、じゅうぶんに豊富な語彙《ごい》をもつこと、などの点で、国際語に必要なすべての条件をそなえていた。それは、運動の分裂、改訂などの危機とたたかいながら、一九二〇年代には、全ヨーロッパにゆるぎのない基礎をうちたてていた。

エスペラントは国際語として、当然のことだが、さまざまな用途につかわれた。政治家がつかい、商人がつかい、革命家がつかい、警察がつかった。どのような思想、どのような用途につかわれようと、それはエスペラント主義のかかわりしらぬことである。フランスを中心として発展したエスペラント運動は、そういう実用主義をプリンシプルとしていた。

しかし、もともとザメンホフの発想の根源には、もっとはげしい理想主義があった。かれは、その故国ポーランドにおいて、ロシア人、ポーランド人、ドイツ人その他の、かぎりないにくしみとあらそいを、そしてユダヤ人の虐殺を目のまえにみてきたのである。ザメンホフは、人類がおたがいに理解しあうために、民族のあいだにたちはだかることばの壁をたおすことに、その全生涯をささげたのだった。すべての人類は同胞である。民族と宗教をこえて、人類はおたがいにむすびあわなければならない。エスペラントは、さまざまな民族がおたがいに自分たちの民族的なものを他におしつけることなく、平和に、兄弟のように通じあえる中立的な土台をあたえるものである。

この思想はホマラニスモ（人類人主義）とよばれ、また、エスペラントのインテルナ・イデーオ（内的思想）とよばれた。公式には、一九〇五年のブーローニュ宣言において、この思想はザメンホフ個人のものであって、エスペラントの宣伝だけを目的とする「エスペラント主義」とはべつものであるとされたけれど、なおそのつよい理想主義が、世界のたくさんの人びとの胸をうって、エスペラントへの情熱をかきたてる役をしたのだった。

同志社の講習会で、加藤女史が感動したのも、その報告によって王仁三郎がうごかされたのも、このホマラニスモであり、内的思想であった。大本はのちに人類愛善会を設立するが、その思想および名称の発想の基礎には、あるいはホマラニスモの影響があるかもしれないと、わたしはかんがえている。

金はターメン

王仁三郎はふみきった。大本とエスペラントの関係は、急テンポですすんでゆく。六月には、はやくも、大本エスペラント研究会が創立され、七月には、綾部において第一回講習会がひらかれる。講師は、同志社の学生・重松太喜三《しげまつたきぞう》であった。受講者は、大本幹部や奉仕者をふくむ老若男女百数十人。昼夜二部制であった。受講者のなかに、王仁三郎自身もくわわっていたことはいうまでもない。

重松講師が綾部に到着して、はじめて王仁三郎にあったとき、かれはすでにエスペラントのアルファベットだけはおぼえていたという。たいへん熱心で、居間のいたるところに、エスペラント書きの半紙をはりめぐらしていた。初等講習から一ヵ月後、かれははやくも、『記憶便法エス和作歌辞典』という本の執筆をはじめた。外国語の素養のないひとでもらくにエスペラントの単語がおぼえられるようにと、ひとつひとつの単語とその意味を和歌におりこんだものである。

これは、世にもおもしろい本である。わらいなしに一ページもよむことはできない。エスペラントを読みこんだ和歌というのは、たとえば、こういうのだ。

tamen「とは言ふものゝ」
吝嗇《ケチ》な奴とは言ふものの淡白で、思ふた程に金はターメン（貯めぬ）

nigra「黒き」
毛色黒き牛の背中にニーグラ（荷鞍）を乗せて農夫が薪運ぶかな

なかなかうまいものである。ずいぶん強引なのもある。

zoologo「動物学者」
私は動物学者にてゾオろーゴ（候御）指導仰ぐと馬（うま）い挨拶

また、ところどころ、このひとのイデオロギーが、ちらと顔をだすところもある。

nobelo「貴族」
貴族とて恐るゝ事は要らないよ、遠慮せずして意見ノベーろ（述べろ）
こじつけができなくなると、こんなのもある。
universitato「大学」
大学の名詞はエスペラントにて「ウニヴェルスィタート」と称呼するなり
こういう調子で、三六〇〇首の歌をつくった。おどろくのは、これをたった一五日間で完成していることである。これは一種の天才だ。とうてい常人にできるわざではない。
この本はなかなかよくうれたようだ。わたしがみたのは第三版であった。(註)増補されて四五〇〇首にふえている。

（註）出口王仁三郎（著）『記憶便法エス和作歌辞典』一九三三年八月　エスペラント普及会
なお、この書物の初版は、一九二四年二月に刊行されている。

新精神運動オオモト
とにかく、総帥出口王仁三郎の号令一下、大本の青年たちはエスペラント運動にばく進した。「エスペラント研究会」は「エスペラント普及会」と改称し、活発な宣伝活動を開始する。記録によれば、その後の一〇年間に、講習会二二七回、講演会一四五ヵ所、展覧会三七回とある。おそるべき活動力である。

当時のひとにきいたところによると、大本青年たちは、ほんとうに猛烈な勉強をしたそうだ。独身寮では日常生活をエスペラントでやっていた。だから、大本の人たちは、ひじょうに会話がうまかったという。わたしはたずねた。

「そのエスペラントで、大本の布教をやったのですか」

「いいや、わたしたちはただ、エスペラントをまなぶことだけに、うつつをぬかしていたらよかったんです。聖師は、いまに世界じゅうがエスペラントになるから、おまえたちはいまのうちにしっかり勉強しておけ、といわれたのです」

それは理解できる。大本のエスペラント採用は、布教のためというような実用主義からではなく、エスペラントのもつ内的思想、人類人主義に対する共感からであったのだから。

やがてしかし、エスペラントを武器として、大本がいよいよ海外布教にのりだす時期がきた。

一九二三年の九月、大本の大祭のときに、京都におけるエスペラント指導者八木日出雄は桜田一郎らとともに綾部にきて、講演をする。それが機縁となって、八木はまもなく、「オオモト——日本における新精神運動」と題するエスペラント語の論文を執筆する。それが、一九二四年にいたって、ジュネーブで発行されていた世界エスペラント協会の機関誌『エスペラント』に掲載されると、海外からの手紙や照会が続々とまいこみはじめた。このころから大本はエスペラントによる文書宣伝時代にはいる。普及会は、国内むけ月刊の『ヴェルダ・モンド』(緑の世界)を発行し、大本海外宣伝課は外国むけエスペラント雑誌、月刊

『オオモト』誌を発刊する
パリにて

いったんはしりだしたとなると、たいへんなところまでつっぱしってしまうのが、この教団の特徴である。一九二五年の六月、海外宣伝課長西村光月《にしむらこうげつ》師は、王仁三郎からヨーロッパ出張を命ぜられる。使命は、

「八月にジュネーブで世界エスペラント大会があるから、そこへいって、大本を代表してきたと、ひとことといえばよい」

ということだった。しかし、それだけではとどまらないのは、はじめからあきらかであった。

第一七回万国エスペラント大会は、ジュネーブ一のヴィクトリア劇場の、金色燦然《こんじきさんぜん》たる大ホールでひらかれた。極東の同志ニシムラは、拍手のうちに副議長のひとりに指名され、和服姿で高座の前面に着席する。かれは、総会におけるあいさつのほかに、「オオモト」という分科会を主宰し、宣伝戦を開始する。分科会には各国人が五〇人もあつまった。大会後、西村師はジュネーブにおいて『大本教祖伝』を出版する。海外において日本人が出版した最初のエスペラント文献である(註)。

西村は創意と行動力にみちた有能な人材であった。本拠をパリにうつすとともに、ここでエス語の月刊雑誌を発行することをおもいつく。綾部の本部におうかがいをたてる。王仁三

郎から返電がきた。「金おくる。やれ」西村は大車輪で準備をはじめる。一九二六年一月、『オオモト・インテルナツィーア』(国際大本)第一号がパリに誕生する。大判のうつくしい印刷、堂々たる雑誌である。

部数は五〇〇〇部である。五〇〇〇部といえば、たいした数である。世界各国のエスペランチストの住所を、あちこちからあつめてきて、発送した。宛名がきから、郵便局への運搬まで、かれはひとりでやった。しかし、やがてそのうちに協力者があらわれてくる。なかでも、ブルガリアの青年シシコフは、誠実な大本信徒として、西村師のよき助手となる。日本からも助手が赴任してくる。

西村は、月刊誌を発行しながら、いっぽうではヨーロッパ各国を歴訪する。フランス、ドイツ、オーストリア、チェコスロヴァキアの各地で、かれは精力的な伝道活動をつづける。講演会をひらき、エスペラントで、神の道を説くのである。支持者はしだいに増加し、人類愛善会の要綱は一二ヵ国語に翻訳されるにいたる。

パリにおける大本ヨーロッパ本部は、その後一九三二年まで活動をつづけた。一九三一年九月、満州事変の勃発とともに、日本貨は大暴落し、西村はついに帰朝のやむなきにいたったのである。しかし、このあしかけ八年のあいだにかれののこした足跡はおおきかった。その後の大本のさまざまな国際活動の基礎は、おおくはかれのこの当時の奮闘によってきずかれたものである。

西村光月師は、いまも健在で、松江郊外に居をかまえている。

(註)　NIŜIMURA, Koogecu, *Origino de Oomoto: sankta vivo de Nao Deguĉi*, 1925.

東洋のかがやける星！

いまわたしの机のうえには、一冊の本がある。表紙には金文字で「Sinjoro Laŭdata」とある。「たたえられたる君」というほどの意味であろうか。したに漢字で「讃美集」としされている。六年にわたる西村のパリでの仕事の、ひとつの成果をしめす文献である(註)。

第一次大本事件は、一九二七年に七年ぶりで解決した。全員免訴であった。青天白日の身となった王仁三郎に、世界各国から祝辞がよせられた。この本は、それをまとめたものである。わたしのもっているのは一九三二年の増訂再版本で、それには、一九三一年の王仁三郎の六〇回誕生日の祝辞をいっしょにおさめている。

寄稿者は、ヨーロッパ各国および北米・南米にわたり、二〇ヵ国、八〇人におよんでいる。エスペラントと日本語の対訳で、詩が大部分である。

「東洋のかがやける星！」
「平和の戦士」
「鳳凰をたたえよ！」
「世界の王者」
「暗き谷路を輝かしたまえ　わが救主、人類の燈火よ!!」

「大本思想のために働かむ」

たとえ請われてかいたものにせよ、こんな最大級の讃辞の連続はみたことがない。日本人で、これだけ多数の外国人から、これだけの讃辞をあつめえたものがほかにあっただろうか。西村らの努力によって、オニサブロ・デグチの名と、大本の人類愛善思想とは、そうとうの浸透ぶりをみせていたのである。

しかし、わたしの机のうえにある本をよくみると、表紙に、はり紙がある。「証第一〇九五号、被疑者被告人、出口王仁三郎」とある。この本も、第二次大本事件に際して、ひとつの証拠物件として、検事局に押収されたのであった。検事は、よみながらどうおもっただろうか。

（註）NISIMURA, Koogecu (komp.), *Sinjoro Laŭdata*（讃美集）, 1932, Oomoto-Propaganda oficejo, Kameoka.

神がみの国会

人類愛善

西村たちがパリでやった仕事は、いちおう中断した。それぱかりか、大本そのものも弾圧によって中絶した。しかし、世界にまかれた種は死ななかった。戦後の教団の復活とともに、大本はふたたび活発な海外宣伝を開始した。一九五〇年一一月には、全文エスペラントの国際雑誌『オオモト』が復刊され、各国の同志との積極的な文通連絡がはじまる。ブラジルには宣教のため特使が派遣され、愛善堂が建設される。一九五六年には、本部から出口栄二《でぐちえいじ》（現大本総長）、広瀬静水《ひろせやすみ》の両氏が、欧米各地を巡訪し、戦前の連絡を回復し、あたらしい宣教の端緒をひらく。雑誌『オオモト』の購読者はしだいに増加し、ソ連圏におけるエスペラント運動の復活にともない、雑誌は、共産圏にもはいりはじめる。

日本の宗教が世界性にとぼしいことは、定評づきである。それらは、あまりにも民族的である。とうてい異民族のあいだでの布教に成功する見こみもないし、その気もない。もちろん、各教団とも海外布教をおこなっているが、たいていは在留邦人相手であって、現地民に対するものではない。その点、大本はかなり性質がちがうようにみえる。ブラジルの場合だって、在留邦人以外の現地ブラジル人のほうがはるかにおおいという。

それは、大本が宗教というよりはむしろ、ひとつの思想運動のような面をもっているからでもある。その面では、もっぱら人類愛善会が表面にたつ。その綱領は、

一、世界は一つ、人類は同胞
一、人権の尊重、人類愛善
一、宗教・思想・民族・階級の偏見をのぞこう
一、戦争と暴力の否定、軍備の撤廃

一、科学は人類の福祉増進のためにのみ利用されるべし
一、民族固有文化の尊重、人類大家族的世界機構の実現

これなら、どこの国のひとにもわかるわけだ。

万教同根

もうひとつ、大本には「万教同根《ばんきょうどうこん》」という思想がある。すべての宗教は、根本においておなじであって、共通の使命にむかって協力すべきである、というのである。全人類をひとつの宗教にぬりつぶそうというのではない。それぞれの宗教をそのままにみとめながら、その協力と提携をはかろうというのである。

だから、大本の運動にくわわるには、ほかの宗教のように、転宗を必要としないのだ。キリスト教徒のままで、大本を信奉することができる。これは、既成宗教が世界の救済と平和をとなえながら、じっさいは、その排他性とドグマ性によって、しばしば、きわめてしばしば、偏見と闘争の原因となったという実状に対して、ひとつの実際的な解決策を提出したものということができる。この思想もまた、第一次世界大戦後の国際的平和思想とともに、確立し、展開していったものとおもわれる。

ただし、この思想がはたして大本の独創であるかどうかは、わからない。王仁三郎の著書などについて、精密な年代学的調査をしてみなければならない。この点は、思想史的に重要だとおもう。どこからこの観念がでてきたか。もちろん、「おふでさき」のなかにも、かん

がえようによっては、それといおもわれるような表現はあるかもしれないが、このことばと思想をはっきりうちだしたのは、王仁三郎である。それには、あるいはすでにバハイ教や道院《どういん》の影響があったかもしれない。

イランにて――バハイ教

わたしがはじめて全日本エスペラント大会に出席したとき、その分科会のひとつに「バハイスト」という名があるのを発見した。わたしがバハイ教徒というものの存在をしったのは、このときがはじめてであった。

バハイ教とはなにか。一八四四年五月、西アジアのイスラーム世界のまっただなか、イランのシラーズにおいて、突如としてひとつのあたらしい信仰が発生する。教祖バーブの名をとって、それはバーブ教とよばれる。それは、イスラームのつよい伝統にささえられながらも、既存のイスラーム教団に対しては、はげしい改革運動の性質をもっていた。それは、国教に挑戦するものでなくてなんであろうか。新興宗教おさだまりのコースがはじまる。皇帝ナスレッディーン・シャーの政府は、秩序と信教の破壊者バーブの教団に対して、迫害と弾圧を開始する。一八五〇年七月、バーブはタブリーズにおいて、帝国陸軍の兵士たちの手で銃殺に処せられる。

その後継者バハーウラーは、国外にのがれ、バグダード、コンスタンチノープル（現イスタンブル）、アッカを遍歴する。バハーウラーにおいては、バーブの信仰はいっそう発展し、普遍性をおびる。それはもはやイスラームの一派ではない。世界全人類の、ひとつの信仰、ひとつの秩序を主張する、世界同胞主義に拡大される。いまやそれはバハイ教の名のもとによばれる。バハーウラーの子、アブドゥル・バハーは、ヨーロッパ、アメリカを巡歴し、愛と信仰の生活と全世界の平和を説く。そして、アメリカではかなりの信者を獲得する。全世界にしだいにひろがりつつあり、日本にもそうとうの信徒がいる。

バハイ信徒は、あらゆる宗教的背景をもった人びとからなり、バハーウラーのおしえをうけいれることにより、自分が信じていた宗教をいっそうよく理解するとともに、他の宗教に属していた人びとと、共通の信仰の対象「唯一の神」と信仰の場所を見いだすことができる。

アブドゥル・バハーは一九二一年にイスラエルのハイファで死んだ。地中海にのぞんで、壮麗な殿堂をたてて、バハイ信仰の本部とする。アメリカでは、シカゴ郊外に、巨大な建物がある。「地球は一国なり。人類はその市民なり」とかいたネオン・サインが、はるかとおくからでものぞまれるという。

バハイの教義のなかには、「世界平和は世界共通語によってもたらされる」という一項がある。そして、バハイ教徒はそれを実行にうつす。各国の教徒は、それぞれ自国語のほかにエスペラントをまなぶ。バハイ信仰は、ふかくエスペラント運動とむすんでいる。

ここまでみると、まるで大本とそっくりである。世のなかには、よくにたものもあるものだ。はたして両者はむすびついた。一九二三年四月、ふたりのアメリカ人バハイ教徒、フィンチ女史とルート嬢は、綾部の大本を訪問し、王仁三郎師と会談、おたがいに、たいへん意気投合した。そのとき、大本はまだエスペラントを採用していなかった。ふたりの女性バハイストは、もちろんエスペランチストであった。この事件が大本のエスペラント採用のひとつの機縁になったようである。

その後も大本とバハイの連携は、現在にいたるもつづいている。

ドイツにて――白旗団

西村光月がパリで活動していたころ、かれは、ドイツをおとずれている。一九二四年、第一次大戦後のドイツの腐敗した社会のなかで、人類愛を主張する人びとのあつまりが発生した。かれらは、キリスト教、仏教、イスラーム教、道教などの各教義を研究して、そのすべてを超越したあたらしい精神運動にすすんでいった。かれらは、「ディー・ヴァイセ・ファーネ」（白旗団）と名のり、『ノイガイスト』（新精神）という雑誌を発行した。本部は、南ドイツのシュツットガルトにちかい、プフリンゲンの町におき、ドイツ国内に数十の支部があった。

白旗団は主張する。従来の諸宗教の、独断的・排他的な教義にはいっさい拘泥《こうでい》せず、世界の和合統一に積極的に精進しよう。霊肉の調和をおもんじ、唯物主義の迷夢から脱却し、世界連鎖の「神の愛」の生活にはいろう。

その説くところは、大本とかなりちかいものがある。日本における新精神運動「大本」がエスペラントによって全世界に紹介されはじめるやいなや、ドイツ白旗団は、いちはやく大本との提携を、書状で熱心にもとめてきた。

ドイツ白旗団は、ドイツにおいてはたいした団体ではなかったが、チェコスロヴァキア、ハンガリー、オーストリア方面に、この運動を支持する数十万の人たちがいた。機関誌はドイツ語でかかれているが、白旗団もまた大本とあい前後して、正式にエスペラントを採用し、全世界にむかって、国際語による教義の宣布にのりだした。

一九二六年、西村光月はドイツにはいるとさっそく、プフリンゲンにドイツ白旗団の本部をおとずれた。白旗団の団長――このあたらしい精神運動の首唱者――は、S・シュヴァイツァ博士といった。教団の書記、『ノイガイスト』の編集長シュミット氏と西村とのあいだで、大本と白旗団との提携が具体的に協議される。その結果にもとづいて、両者は正式に契約書をかわす。「提携」契約のひとつの見本として、つぎにその一部をかかげよう。

一、大本と白旗団は機関誌に寄稿を交換する。

一、白旗団は大本の支部になる。パリの大本欧州本部に白旗団の支部を設ける。

一、白旗団は大本に関するドイツ語の図書を発行する。

じっさい、白旗団は大本に関する本を七〇〇〇部発行し、ドイツ国内に配布した。

しかし、ドイツ白旗団もまた、激動する世界の波のなかにのまれねばならなかった。大本とおなじ運命がまちかまえていたのである。大本が大日本帝国警察の弾圧のもとに潰滅したように、ドイツ白旗団はナチの弾圧のもとについえさった。しかし戦後は、これも復活した

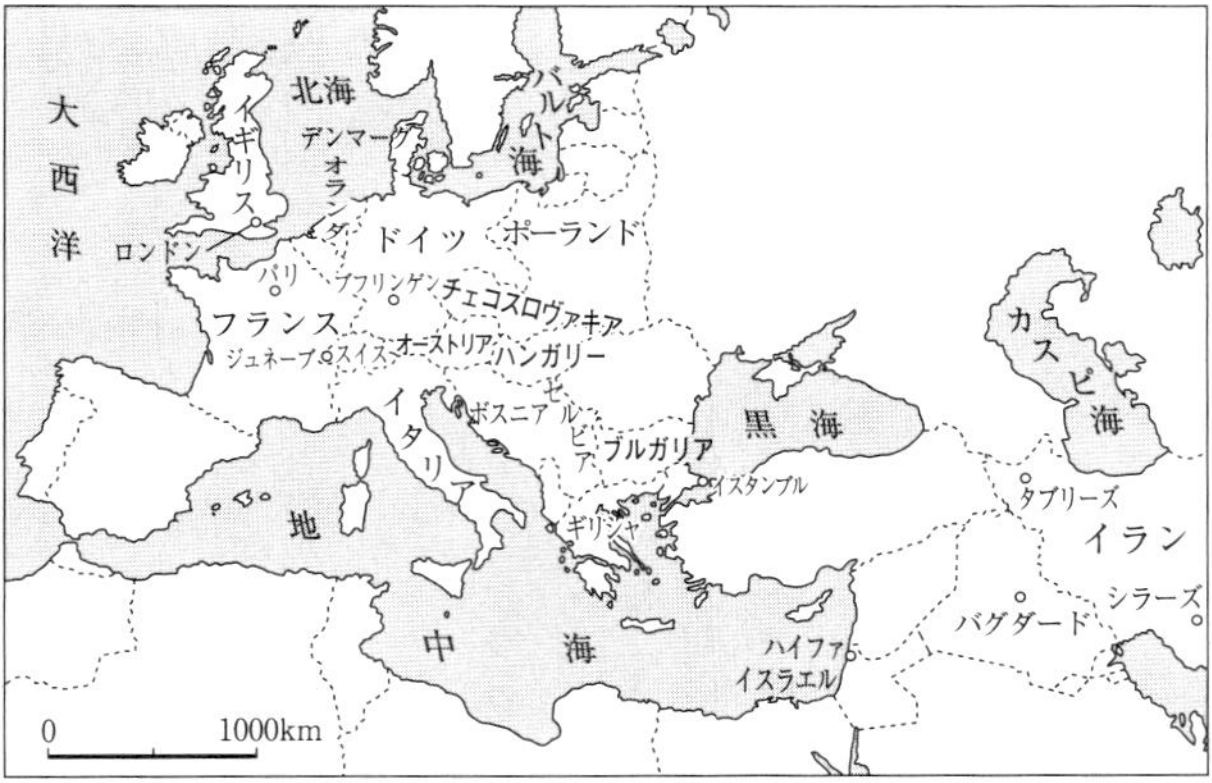

バハイ教、白旗団、白色連盟とヨーロッパ世界

ようである。シュミット書記は、いまは教団の指導者となり、『ノイガイスト』誌は、現在も刊行をつづけている。

ブルガリアにて――白色連盟

パリにおいて、ブルガリアの青年シシコフが、西村の仕事をたすけたことはすでにのべた。シシコフはもちろん、エスペランチストである。かれが『オオモト・インテルナツィーア』の編集を手つだっていたせいかどうかわからないが、ブルガリアのエスペランチストたちで、大本をもとめてくるものがおおく、なかには、大本の「宣伝使」に任ぜられたものも数人ある。宣伝使というのは、宣教師のような役であろうか。

そのうちに、ブルガリアにおけるあたらしい宗教運動「ウニヴェルサーラ・ブランカ・フラターロ」（万国白色同胞運動）と大本とのあいだに、しだいに親密な関係が発生してきた。大本では、これを「ブルガリア白色連盟」とよんでいた。

ブルガリアというところは、古代においてボゴミル派の発生したところである。ボゴミル派というのは、一〇世紀ころに展開しはじめたキリスト教の一派であるが、つよい神秘主義的傾向をもち、正教の立場からは、異端とされていた。信徒は、圧迫をうけながらも、西のほうへ、セルビア、ボスニア、イタリア方面にまでひろがった。しかしその後、ブルガリアはトルコの侵入をうけたため、ボゴミル派の運動もまた五世紀にわたって中断した。

二〇世紀にはいってから、このふるい伝統的神秘主義にあたらしいよそおいをきせて、復活をはかろうとした人物があらわれた。ペーテル・ダノフである。「ウニヴェルサーラ・ブランカ・フラタ一ロ」はこうしてうまれた。それは、ブルガリアの伝統的宗派ボゴミル派の後継者をもって任じながらも、その名のしめすとおり、すでにあたらしい普遍主義、世界同胞主義をつよく身につけていた。第一次大戦後のブルガリア国内で数万の信徒をえたほか、アメリカなどでもかなりの成功をみた。ヨーロッパ各国のエスペランチストに、信奉者がときどき発見される。

西村はダノフの高弟たちと面会している。やがて大本の機関誌には、ダノフの教説が掲載されはじめる。戦後の消息によると、ダノフは死んだ。あたらしい政府のもとでは、運動の復活はむつかしいようだ。『オオモト』には、いまでもダノフの論文がのることがある。

ブラジルにて――『精霊の書』

話は、南米にとぶ。わたしは、ひとりのフィラテリストとして、世界で発行される切手に、いつも関心をもっている。ブラジルという国は、あんまりうつくしくもない切手を、むやみと発行する国だが、一九五七年に、ひとりの人物の肖像と、地球儀と、書物の図案の、一枚の記念切手を発行した。人物は、アラン・カルデックというひとである。スコットの『標準郵便切手カタログ』をしらべてみると、

「アラン・カルデック――本名はレオン・イポリート・ドニザール・リヴェイル――をたたえ、その著『心霊主義《スピリティズム》の法典』の出版百年を記念して発行」

とある(註1)。

アラン・カルデックは、一八〇四年、フランスのリヨンにうまれた。自動書記現象、物体浮動現象、霊媒現象などをふかく研究した心霊主義者である。その主著『心霊主義の法典』は、日本では『精霊の書』の名でしられ、文字どおり心霊主義者たちの最高の聖典となっている(註2)。

わたしはいままで、心霊主義などというものには、いささかの興味もなかった。そんなばかげたことには、かかわるだけむだだとおもっていた。しかし、いまこのカルデックの著書をみて、わたしはいくらかかんがえなおしている。これはこれとして、なかなかおもしろいのだ。それは、「神」、「宇宙の一般要素」から説きおこして、精霊の世界の、詳細な見とり図を展開してゆく。それは、経験的方法では実証不可能というだけであって、それはそれな

りに、高度に論理的な書物である。いわば、非ユークリッド幾何学のようなものであって、ユークリッド幾何学の公理系を一歩もゆずらぬかぎり、荒唐無稽《こうとうむけい》の話ととるほかないが、人間の精神活動が展開しえたひとつの成果として、やはり興味をそそられるものがある。

霊の世界の実在を信ずる心霊主義者たちは、世界各国にいるが、とりわけブラジルでは、ひじょうな勢力である。一〇〇にあまる心霊主義の雑誌が発行されているという。そして、ついに政府にせまって、前記のアラン・カルデック切手を発行させるにいたった。もちろん、ブラジルはカトリック国であるから、その教団との摩擦なしというわけにはゆかない。とくに、僧職者たちの妨害ははげしいようである。しかし、一般大衆は、カトリックといえば単なる宗旨であって、無信仰というのと同義にちかい。宗旨と信仰はべつのものである。

(註1) Harmar, Gordon R. & Eugene N. Costales, (eds.), *Scott's standard postage stamp catalogue 1959*, vol. 1. p. 575, 1959, Scott Publications, Inc., New York.

(註2) この書の一部は、のちに日本語訳がでている。

アラン・カルデク(著) 梅田善美(訳)『精霊の書——神と霊に関する一〇〇〇の問答(霊界篇)』一九七一年一月 天声社

ブラジル心霊主義者協会

ここでもまた、新興の教団「ブラジル心霊主義者協会」は、つよい世界主義的傾向をしめす。心霊主義がなぜ世界主義につらなるかというと、かれらは精霊の再生を信ずるからである。つまり、いまはブラジル人であっても、つぎの世ではアフリカ人に再生するかもしれない。世界はひとつである。逆に、かれらに対するカトリックの迫害も、その点にからんでいるのだ。もし心霊主義者たちの説をみとめれば、かれらは、つぎはかれらのきらうアジア人やアフリカ人に再生するかもしれないことになる。カトリック教徒は、それをおそれているのだ、という。

とにかく、ここでもまた、心霊主義者たちのあいだでは、国際語エスペラントはきわめてさかんである。あるひとりの霊媒《れいばい》がかたったところによると、エスペラントはザメンホフのうまれる五〇年もまえに、すでに霊界においてつくられていた、という。ヴィクトル・ユーゴーは、霊界において熱心なエスペランチストであるが、最近ひとりのブラジル人の霊媒を通じて、エスペラント原文の長篇を完成した。かれはやがて地球上に再生して、かつてフランス語でかいた著作を、時代の進歩に適合するようにエスペラントで改作するという。ブラジル心霊主義者協会は、第二次世界大戦前から大本と提携している。われわれはここで、大本をめぐる世界の諸団体のうちの第二種、すなわち心霊主義者の団体に当面したようである。

アラン・カルデックの著書は、戦後、エスペラントから日本語に翻訳されて、大本の日本語機関誌『おほもと』に連載されている。ブラジルにおける大本の信徒会員の八割までが、非日系ブラジル人という現象の裏には、こういう事情がひそんでいたのである。

イギリスにて——至大世界

一年ほどまえ、日本のエスペラント界に、ウースター女史というイギリス女性があらわれて、大活躍をした。各地のエスペランチストの会合に、ひっきりなしに出席し、しゃべりまくる。これはいったい、どういう人物であろうかと、たいへんふしぎにおもっていた。それが、綾部へきて疑問がとけた。彼女はまた心霊主義者であって、王仁三郎の霊がみえるという。熱烈な大本の信奉者なのだ。奉仕のため、ロンドンからはるばる綾部にやってきた。

イギリスには、彼女のような心霊主義者がすくなからずいて、大本は、その団体のひとつと提携している。それは「至大世界キリスト教心霊主義者連盟」(The Greater World Christian Spiritualist League) とよばれ、イギリスでは有名な団体らしい。

これもまた、第一次大戦後に発展した。一九二一年、ロンドンの霊媒ウィニフレッド・モイエス女史が降霊術をおこなっているとき、ソディアックと名のる高級精霊がくだった。それは、聖書マルコ福音伝に名がでているキリスト時代の学者だという。これがもととなってあたらしい教団が結成され、一九三一年には連盟にすすんだ。組織は国外にもひろがり、週刊機関誌『ザ・グレーター・ワールド』をだしている。貧民救済事業や社会福祉事業をさかんにおこなっている。一九三三年に大本と提携した。戦後は、この東洋の盟友の復活をよろこんで、機関誌は機会あるごとに大本の記事を掲載する。

心霊主義者の団体は、ほかにもすくなくない。デンマークにおいては、マルチヌス師のひきいるマルチヌス心霊科学教会がある。フィリピンには、フィリピン心霊主義協会がある。われわれにはうかがうことのできない世界であるが、かれらはかれらなりに、心霊の世界を通じて、大本と、がっちりと国際的連携の手をくんでいるのである。

ベトナムにて――カオダイ教

舞台は東南アジアにうつる。一昨年（一九五八年）の春、わたしは南ベトナムにいた。サイゴン［現・ホーチミン］から北へ、ベトナムを縦断して自動車旅行をしようと準備中であった。手つづきのつごうで、数日間のゆとりがあったので、そのあいだに、サイゴンの西北七〇キロばかりのところにあるタイ・ニンをおとずれた。そこは、ベトナムにおける最大の新興宗教、カオダイ教の本部のあるところである。

カオダイ教の本部は、タイ・ニン郊外の広大な敷地のなかにある。本殿というか、礼拝堂といおうか、巨大な殿堂があった。様式は、カトリックのようでもあり、イスラーム教のようでもあり、仏教寺院のようでもある。内部は大理石をしきつめ、両側の柱には、極彩色の竜がまつわりついていた。白衣の教徒たちがいのりをささげていた。

わたしがベトナムにいたのは、みじかい期間であり、とくにカオダイについて研究したわけでもないから、それが、どのようにして民衆を組織してきたのか、くわしいことはしらない。しかし、南ベトナムのいたるところに、ずいぶんいなかにも、「大道《ダイダオ》三期《タムキ》普度《フォド》」とするしたカオダイの教会があり、その民衆への浸透ぶりがうかがわれた。

大道三期普度というのは、このおしえが、人類における三ど目の、そして最後の救済であることを宣言したものである。キリスト教でいえば、第一回はモーゼ、第二回はキリストである。仏教も、儒教も、道教も、みんな先駆である。いまやいよいよ、各種の宗教を統一する真の宗教がベトナムに出現した。カオダイがそれである。カオダイ（高台）とは、「至高のもの」を意味する。カオダイ本部のひろい玄関のうえには、巨大な一眼（天眼）をえがいた旗がゆれている。「天眼」は至高の神を象徴する。

日本の、きわめて現世的な新興宗教に慣れているわたしにとっては、カオダイは、いくらか性質がちがうもののようにおもえた。このおしえも、あるいは病気をなおしたり、そのほかの「おかげ」があるのかもしれない。しかし、すくなくとも書物のなかには、それはかいてない。印象からいえば、カオダイはむしろ一種の精神運動にちかい。フランス語あるいは英語でかかれたカオダイ教の解説に目をとおすが、神秘的な形而上学に閉口して、わたしは巻をとじる。

反仏闘争のなかから

教祖ゴ・ヴァン・チェウは、一八七八年、サイゴンのとなりのショロンの町にうまれた。フランス支配下のコーチシナ政府の下級官吏となる。一九一九年南方の離島フー・コック島に勤務しているあいだに、突如として神の啓示をうける。一九二五年にいたり、かれはあたらしい教団を組織しはじめる。サイゴンを中心として、コックリさんを信仰していた一群の人びとがこれにくわわる。詩聖《しせい》［詩仙］李太白《りたいはく》の霊が、しばしばかれらにかたりかける。カオダイストは、はじめから心霊主義者である。

一九三五年ごろから、カオダイは中部および北部ベトナム方面にひろがりはじめる。しか

大本教、カオダイ教、紅卍字会とアジア世界

し、当時のアンナン帝国は、要するにフランスの植民地である。官憲は、強大になりつつある新興教団の、民族主義的傾向に警戒の目をひからせる。教団は反フランス、親日的傾向をおびる。一九三六年以後、おさだまりの弾圧と迫害がはじまる。集会は禁止、教会閉鎖。信徒は強制収容、入獄のうき目をみる。カオダイは、なんども日本にむかって救援をもとめる。しかし、日本政府はもちろんたたない。民間団体も、どうしようもない。一九四〇年、ついに武装反乱、教主ファム・コン・タクは五人の幹部とともにマダガスカルに追放される。日本軍の進駐とともに、指導者たちはベトナムにかえってくる。

終戦後も、この教団のあゆんだ道は多難であった。ベトミン勢力下にあっては、徹底的な弾圧をうけ、多数の信徒が虐殺されたという。しかし、南ではバオダイ皇帝による新政府の支柱となった。教団は、すでにかなりの武装兵力をもっていたが、その司令官は同時に、政府軍の司令官をかねていた。そのときの政府主席が、先日賠償で問題になったトラン・バン・フー（チャン・ヴァン・フー）氏である。

しかし、バオダイ皇帝はおっぱらわれ、ゴ・ディン・ディエムによるベトナム共和国が誕生する。カオダイ教の有する私兵団は、「封建勢力」の名のもとに、共和国軍の攻撃をうけ、一九五七年には武装解除される。わたしがタイ・ニンの本部をおとずれたのは、その翌年であった。教団はすでに武力を放棄し、平和のうちに布教をすすめていた。

この特異な新興宗教もまた、大本と密接な関係がある。すでに一九三五年、大本からの使者はタイ・ニンをおとずれ、提携の条約を交換している。戦後も、両方から使者を交換し、カオダイからの留学生もきている。

中国にて――道院

最後に、中国大陸におけるうごきをたどろう。終戦の当時、わたしは張家口《ちょうかこう》にいた。奇妙な話だが、張家口は終戦とともに戦場になった。くろい不気味なソ連機がやってきて、爆弾をおとした。民家が破壊され、なんにんもの中国人が死んだ。わたしたちの使用人もやられた。

そのとき、町のどこからか、しろい制服に身をかためた一群の人びとがくりだしてきて、テキパキと爆撃のあとをかたづけはじめた。年とった人たちもいた。少年ばかりの一団もあった。かれらは、やはりしろい帽子に、あかい卍《まんじ》の印をつけていた。これが有名な紅卍字《こうまんじ》会《かい》であった。

日本では一般に、中国最大の秘密結社としてしられているが、公然と活動しているのだから、秘密結社というのはおかしいだろう。とにかく、さかんに難民救済、救貧、孤児院などの社会事業をやっていた。主として、都市の商人、軍人、官吏などがこれを支持していたようである。

紅卍字会は、じつは道院《どういん》という新興宗教の外郭団体である。その関係はちょうど、大本と人類愛善会の関係にあたる。道院は、一九一六、七年ごろに、山東省の武定府におこった。ここでは、コックリさんのかわりに、扶乩《フーチ》という方法がもちいられる。ふたりのひとが一本の棒を水平にもつ。そのまんなかに丁字形に一本の棒がさがっている。そのしたに砂をいれた盤がある。天意は、垂直の棒が砂のうえにかく文字によってかたられる。これを壇訓《だんくん》という。一種の自動書記現象である。一九二一年には、宗教団体「道院」は正式に設立され、済南城内に本部をおく。信徒は、急速に増加してゆく。

道院においては、宇宙の主宰神は「至聖先天老祖」である。そのもとにおける「大同世界」をかんがえ、「五教同根」の原理にもとづいて、老子、釈迦、キリスト、マホメット、項先師（儒教・孔子の師）の五大宗祖をまつる。

一九二三年、東京は大地震におそわれる。扶乩により壇訓はくだる。「道院信徒代表は、米二〇〇〇石、銀五〇〇〇ドルをたずさえ、ただちに東京救援におもむくべし」。ふたりの代表は、神訓のままに日本にくる。

そのとき、壇訓はさらにつけくわえている。

「日本には、道院と同種の宗教団体がある。それを探しあてて、提携をはかるべし」

ふたりの代表は東京震災救護局に救援物資をわたすと、壇訓にあらわれた宗教団体をさがしはじめた。神戸まできて、大本のことをきき、綾部をおとずれた。壇訓にでたのは、どうもこれらしい。王仁三郎と道院代表とのあいだには、提携合同の調印がおこなわれる。

その後、大本と紅卍字会とのあいだの関係は、きわめて密接である。おたがいに、おたがいの支部をつとめ、人間の交流もさかんである。道院からは、王仁三郎には「尋仁」、その女婿の日出麿《ひでまる》には「運霊」という道名がおくられた。戦後もその関係はつづき、先日の伊勢湾台風に際しても、道院からは見舞金六五万円を送金してきている。

しかし、中国本土においては、革命の進行にともない、道院および紅卍字会はその地盤をうしない、役わりはなくなってゆく。組織はついに中国本土をさり、いまは本部は香港《ホンコン》にある。済南にあったもとの豪壮な本部の建物は、新中国の博物館になっているということだ。

モンゴル大本王国

道院・紅卍字会と大本との関係をめぐって、しかし、ひとつの珍妙な事件が発生した。一九二四年のことである。当時、王仁三郎は第一次大本事件で起訴され、保釈中であったが、突然姿をけしてしまった。そして、満州の奉天《ほうてん》にあらわれたのである。

当時の満州には、独裁者張作霖《ちょうさくりん》が君臨していた。その部将のひとりに盧占魁《ろせんかい》というのがいた。綏遠《すいえん》馬賊の頭目だが、追われて満州に逃げこみ、張の配下になっていた。いわゆる満州浪人のひとりが仲介にたって、この盧占魁と王仁三郎をむすびつけたのである。王仁三郎は、この機会に満州にわたり、紅卍字会と手をにぎって、モンゴル方面に大本教王国を建設するという途方もない夢をいだいた。そしてかれはそれを実行にうつしたのである。王仁三郎は盧占魁の軍隊をひきいて、モンゴルに進軍しはじめた。

当時の新聞によると、

「盧の陣営には、大本の紋章たる日地月星の軍旗がひるがえり、その旗下には精鋭三〇〇〇余騎が、出口王仁三郎氏を擁していた」

という。すすむにつれて、「聖者きたる」のうわさはたちまちにひろがり、人民はむらがりあつまって王仁三郎をおがんだ。モンゴルにおける大本王国は、実現の端緒についたかにみえた。

しかし、張作霖は満州の独裁者である。その勢力圏内に、奇怪な別勢力の成長することをよろこぶわけはない。盧軍はたちまち張軍の追撃をうけ、バインタラにおいて包囲せん滅されてしまう。頭目の盧占魁以下は銃殺、王仁三郎はとらえられてバインタラの監獄にいれられる。張作霖は日本のひもつきだから、日本人をころすわけにはゆかなかったのだ。鄭家屯《ていかとん》の日本領事館から出むかえがでて、日本につれもどすということになる。

当時の新聞は、例によって王仁三郎に対してはきわめて冷笑的であった。

「夢の王国をおわれた王仁」

とか、

「二十六万円つかい果たした王仁、すごすごと送還。天国はちかづけり。王仁の天国は刑務所であった」

という調子である。おひざもとの綾部で発行されていた『蚕都《さんと》新聞《しんぶん》』だけは、

「回天の偉業むなしく、張保安司令の毒牙にかかる」

と報じた。回天の偉業かどうかしらないが、とにかくこのひとがかんがえること、やることにはどこか一けたはずれたところがあった。けたはずれという点では、西本願寺の大谷光瑞《おおたにこうずい》と好一対である。

世界宗教連合会

モンゴルにおける大本王国の夢は失敗におわったけれど、王仁三郎は、なお理想を放棄しない。理想というのは、万教同根の思想の具体化である。国をこえ、民族をこえて、世界じゅうのすべての宗教の連携と協力によって、世界に平和をもたらそうというのである。

一九二五年五月、大本は北京において、世界宗教連合会というものを設立する。世界の宗教団体の連携協力組織をつくることは、大本の、いわば悲願であった。総本部を北京に、東洋本部を亀岡天恩郷においた。しかしこの世界宗教連合会は、ひとを得なかったせいか、その後あまり発展はしていない。ただ大本をめぐる各宗教団体の国際的協力組織は、着々として形成されていった。朝鮮においては、すでに侍天教《じてんきょう》という新興宗教と提携していたが、さらに大田《たいでん》にちかい、全羅北道井邑郡《ぜんらほくどうせいゆうぐん》に本拠をもつ普天教《ふてんきょう》とむすんだ。開教の動機・教義等において、大本と類似のものとかんがえられたからである。中国においては、道院・紅卍字会を通じて、その姉妹団体である悟善総社《ごぜんそうしゃ》、万教大同会などという組織とむすび、一九三一年には「在理会」と提携議定書をとりかわしている。中国全土に数百万の会員をもつと称する大新興宗教である。また、一九三二年には、奉天においてラマ教代表との会見があり、これとも提携した。

『大本神諭』によれば、大本とむすんで神わざを完成せしむるはずの、同種の宗教団体は世界におおきいのが一二ある。そのほかちいさいのが七五ある。大本は、それらを発見しながら提携をつづけてゆくはずであった。

しかし、一九三五年の弾圧とともに、すべてはきえさった。世界宗教連合会は、いまはあとかたもない。

宗教世界会議

だが、大本は悲願をすてさりはしなかった。戦後の復活とともに、大本はまた、世界の宗教の連絡組織をつくりにかかる。一九四六年には、京都に国際宗教懇談会をつくり、それはやがて国際宗教同志会という組織にすすんでゆく。

やがて一九五五年、宗教世界会議がひらかれる。神道、仏教、キリスト教、新興宗教の各宗派を網羅し、国外からも、アメリカ、イギリス、ベトナム、セイロン［現・スリランカ］、台湾、ギリシャ、インド、ドイツ、インドネシア、朝鮮、マラヤ、ネパールなどから、さまざまな宗教団体を代表して、六〇人をこえる出席者がある。会議は、世界の各宗教にいかに対処すべきかなどの議題をめぐって討論がおこなわれ、原水爆禁止、宗教の国際的協力機関の結成、などが決議される。

率直にいって、参加した各宗教団体のなかにも、この会議に熱心なものもあればお義理のつきあい、という程度のものもあったにちがいない。平和を口にしても、ほんとうにどれだけが、反戦運動の先頭にたつ決意をもっているかうたがわしい。そういう点については、現代の宗教はおおむね信用できないのである。大本の場合は、しかし、とにかくもこの会議にきわめて熱心であった。とくに、宗教の国際的協力機関の結成は、北京の世界宗教連合会以来の、三〇年来の夢ではなかったか。その点だけをとっても、この宗教世界会議は、まさに大本ごのみのものであった。東京での本会議がおわってから、大本はその本拠に会議を誘致する。亀岡および綾部において、大会が開催される。それは、念願の「神々の国会びらき」への序曲であったかもしれない。『大本神諭』のなかにあるのである。

「国会《こくかい》開きは人民がいつまでかかりても開けんぞよ。神が開かな、開けんぞよ。開いて見しょう」

国をこえるもの

新興宗教の見かた

以上、大本をめぐる国際的な連絡とうごきをかなり克明にならべてみた。正直にいって、これだけの事実をしらべあげ、関係をつきとめるのには、かなり骨がおれた。日本国内の立場からみた教団の発展史なら、まとまった文献がいくつもあり、たいへんすぐれたものもある。しかし、その国際的なひろがりを追求したものというと、まとまったものはひとつもない。零細な記述から事実をたぐりよせ、当事者にきき、構成してゆかねばならなかった。頭がいたいのは、宗教特有の論理である。それは、わたしたちが日常つかいなれている論理とかなりちがう。表現もずいぶんことなる。その点では、大本の本はふつうのインテリでわかる部分がほとんどだから、よほどましである。それでも慣れるまでに時間がかかる。

　大本というひとつの宗教団体については、いままでは、それを日本のほかの新興宗教とならべてかんがえ、日本の社会的発展の背景のもとにその発展をとらえる、という見かたがおおかったとおもう。あるいは、出口王仁三郎という一個の人物の、異常なパーソナリティの爆発としてとらえる見かたもある。それぞれにただしいけれど、もうひとつ、世界の新興宗教との比較のうえにたって、それを世界の文明史のうえに位置づけようというこころみもなされてよいはずである。

　世界の新興宗教や精神運動は、ここにあげたものどころではない。わたしの探査線上にうかんできたものだけでも、まだまだたくさんある。しかし、そのなかからここに、大本につながりのあるものとして一連の団体がたぐりだされたのである。それをならべてみると、そこにはおのずからいくつかの共通の特徴がうかびあがってくるようだ。

国際平和主義宗教版

　第一に、ほとんどすべてが、つよい国際主義、世界同胞主義である。国をこえ、民族をこえてのむすびつきが強調される。そこではしばしばエスペラントが重要な役わりをはたす。それは、国際補助語としての実用性のほかに、人類愛への理想主義的性格がかわれている。

　第二に、従来の宗教のもつ、排他的独善性に対する反省がつよい。その理論的表現として、「万教同根」的教理を発展させる。従来の宗教の立場からいえば、ただしい信仰はかならず排他的自己主張をともなうものであった。その立場からみれば、世界宗教連合会だの宗教世界会議だの、こんな異教同席はひとつのおどろきである。とくにキリスト教的立場からは、シンクレティズム（重層信仰）は低級な信仰とみられてきたが、万教同根論はまさにそのシンクレティズムの理論化である。排他的信仰のとどのつまりに、そのすくいとしてもちだされたシンクレティズムである。評価はかえられなければならない。

第三に、おおくのものが心霊主義とむすびついている。霊媒、自動書記現象など、さまざまの心霊現象が重要な役わりをはたし、その理論として、怪奇な心霊世界が構想される。反唯物論的態度が、この傾向をいっそうつよめている。

第四に、歴史的にいって、ほとんどすべてが第一次世界大戦のあとで展開している。大本についても、ふるいのは起源だけで、右のような性格はいずれも一九二一年以後に表面化する。この同時代性は重要である。右にあげた特徴はすべてこの歴史的状況のなかからあらわれてくる。戦後の社会の混乱と退廃に対して、精神的なてこいれの性格をもつとともに、当時のはげしい唯物論的社会主義思想に対する反動の役わりをはたす。それでいながら、それ自身も国をこえ、民族をこえた国際的平和主義にはしってゆく。それは、戦後の国際的平和主義の宗教版である。

とくに大本についていえば、大本はこの時代に、外国の同類とともに、はげしい世界思想の波にあらわれながら発展したために、日本の宗教としてはめずらしく、国をこえ、民族をこえることができたのであった。そのことは、その後の大本の根本的性格を決定した。大本の神学理論家はいう。民族宗教たるユダヤ教から、世界宗教たるキリスト教がでた。おなじように、バラモン教からは仏教がでた。イスラーム教からはバハイ教がでた。道教、儒教からは道院がでた。そして、日本の民族宗教たる神道からは、世界宗教たる大本がでた。大本はすでに民族宗教からぬけてしまった。大本は世界宗教たるほかはない。たいへんなっとくしやすい説明といわなければなるまい。

新興宗教の思想史

大本のなかにはさまざまな観念がある。王仁三郎の著書のなかにも、数ページをへだてて論理的にまったく逆のことがかいてあったりして、その思想はかなり混乱している。その行為をみても、国際平和主義かとおもうと、対外侵略にむすびついたり、ずいぶんよろめきがあった。

また、現在の大本のなかにも「人型《ひとがた》」による厄ばらいのような素朴な呪術的要素がのこっている。心霊主義はいうにおよばず、数字の暗合に感動する神秘主義的傾向もある。そういうものの不合理を指摘するのはやさしい。しかし同時に、そういうものに対するはげしい宗教的情熱が、大本の果敢なる行動性と思想的硬質性をささえていることも否定できない。

わたしたちは、新興宗教をひとつの社会現象としてみる見かたに、慣らされてしまっている。それは、社会心理学的現象としてもきわめておもしろいし、大衆組織論としてもたいへん重要である。しかし、だからといって、これを思想史においてとりあつかわないとしたら、それはまちがいだ。わたしは、綾部と亀岡をおとずれて、そうおもった。

現に、大本の思想は世界連邦の思想につながっている。思想ばかりか、大本は世界連邦運動において、つよい実践力をしめしている。世界連邦運動には、すでに国会委員会があり、保守・革新をとわず、多数の国会議員が名をつらねている。それはもう、単なる思想というよりは、現実的なひとつの力である。ここには、日本の思想史における、重要な糸の一本があるようにわたしはおもった。

もし、くわしく比較してみることができるならば、あるいはフランスあたりの世界連邦運動や核兵器禁止運動のなかにも、あるいはおなじ色の糸が、ずっととおっているかもしれない。世界連邦運動に署名し、核兵器反対のデモ行進にプラカードをもってあるいているフランス人のおじさんが、あんがい三〇年まえの「オオモターノ」（大本教徒）のひとりであるかもしれないのだ。大本は、日本の思想運動のなかで、国際的にかなりの成功をおさめたほとんど唯一のものである。この糸は、たぐってみる値うちがある。日本の思想史をあきらかにするためにも。

大国の論理・小国の論理

大本は、これからも国をこえてすすむほかあるまい。それはもう世界宗教なんだから。しかし、国というひとつの機構のなかにあって、それをこえることが、いかにむつかしいかは、大本自身の歴史がしめしている。国家権力との衝突は、さけることができなかったのである。

大本教の普遍主義は、じっさいはやすぎた。国家はまだ解消していなかったし、解消への気配もなかった。国家権力の時代はまだおわっていなかったのだ。国家権力は、個と世界とのあいだに介在して、個が普遍化することをさまたげようとする。そこでは、個と世界のむすびつきは、すべて国家の組織と体制を通じてでなければならない。普遍主義は、世界に対する個の密通行為である。密通は処罰される。権力は、だしぬかれることがきらいである。

それは、大本ばかりの運命ではなかった。各国の世界主義宗教が、それぞれに経験したところである。宗教ばかりではない。たとえばエスペラント運動のようなものでもそうだった。それも権力をだしぬいて、個が世界に無媒介的につながろうという運動であった。その結果、第二次大戦中に、ナチ・ドイツにおいて、またソ連において、日本において、エスペラント運動はついに息の根をとめられたのである。

国家をこえるということは、その所属する国が大国の場合は、きわめてむつかしいことである。国の権力がつよいということのほかに、ひとりひとりの個の生きかたとしても、祖国の強大な権力に依存したほうが、万事好都合だということがある。その場合、個は国家そのものによって普遍化しようとする。みずからの国自身の拡大によって、世界帝国を建設しようとする。それが大国および大国民の論理である。

小国の場合は、国家は世界である見こみはない。小国においては、普遍主義は国家をこえて、国家を否定してすすまねばならない。エスペラント運動そのほかさまざまな国際的普遍主義運動が、どちらかというと小国においてさかんであるのは、理由がある。

日本は戦前、まぎれもない大国であった。そこでは、大多数の国民も、もちろん新興宗教も、大国の論理にしたがったままだ。大本だけが、どうしたかげんか小国の論理を採用した。ときには大国の論理のほうにもよろめいたけれど、けっきょくは小国側におちついた。日本の思想史上における稀少価値という点からもこれは研究してみるねうちがある。

日本のクエーカーたち

はしりだしたらとまらぬのが、この教団の特徴だといった。それは、ものすごいエネルギーである。わたしは、日本のなかにこんなエネルギーのかたまりが存在することをしらなかった。それは、体制の秩序をとおさぬエネルギーである。綾部から世界に直通するエネルギーである。しかし、日本にはちゃんと体制が存在するかぎり、それは密通である。体制との問題をめぐって、大本はこれからもなお、なんべんも深刻なおもいをしなければならないかもしれない。すでに大本は経験があるだけに、警職法改正のうごきなどに対しては、きわめて敏感である。

わたしは、大本教徒の将来は、日本のクエーカーになるかもしれないとおもった。クエーカーたちは、すでに三〇〇年の歴史をもっている。そのあいだ、はげしい迫害にあいながらも、かれらはその信仰をまもりぬいた。クエーカー（ふるえるもの）というのは、いのりに際して、宗教的感動のあまり身をふるわすところからきたという。その宗教的感動が、かれらのかたい信念をささえてきた。戦争絶対反対。兵役拒否！

大本教徒は、まだ六〇年の歴史しかもたない。しかしすでに、二どの大迫害を経験した。かれらの信仰のかたさは、弾圧に際しての非転向率のたかさで、すでに証明ずみである。かれらも強烈な宗教的感動の経験をもって、戦争反対、核武装反対にむかって突進する。

兵役拒否はどうだろうか。いまは日本には徴兵はないから、問題はおこっていない。しかし、こういう事実はある。綾部市では自衛隊の志願者がすくない。こんども二六人が試験をとおったが入隊したのはたった八人だった。よくかんがえてみて、やっぱりやめだ、とかれらはいったそうだ。もちろんかならずしも大本のせいとはいわない。自治体としての綾部市自体が、戦争反対・軍備反対の平和都市なんだから。

しかし『人類愛善新聞』をめくっていたら、わたしは、「良心的反戦者」についての各国の制度をしらべた記事を発見した。国際反戦者連盟というものがあり、すべての国が良心的反戦者をみとめる法律を承認するように運動しているという。大本教徒は、なにごとか心に期するところがあるのであろうか。

イギリスにおける迫害をのがれて、ウィリアム・ペンらにひきいられたクエーカー教徒たちは、自由の天地をもとめてアメリカにわたった。そしてそこに、「同胞愛の都市」フィラデルフィアを建設した。

大本教徒は、一九三五年一二月八日の夜襲によって潰滅した。かれらには逃げ場がなかった。解放後また、かれらは綾部にかえってきた。そしてそこにふたたび聖地をきずきはじめた。国をこえ、民族をこえて、世界につらなる平和の地をきずきはじめた。後世、はたして綾部市は、「人類愛善の都市」とよばれているであろうか。

追記 「大本教」その後

わたしのこの論稿「大本教」は、戦前の大弾圧当時につくられた大本教についてのあやまったイメージを訂正するのに、多少は効果があったようである。その点は大本教団の人たちからも評価された。以後、わたしは、この教団の人たちとの交友がいまにいたるまでつづいている。とくに、王仁三郎師の直孫、出口京太郎《でぐちきょうたろう》氏とは、親交をむすぶこととなった。

この文章は、大本発行の文書のなかでなんどか引用あるいは再録されている。(註1) また、この全文はエスペラントに翻訳された。(註2) 万教同根の思想にもとづく大本教の国際的活動は、現在もさかんにつづけられているようである。

(註1) 梅棹忠夫(著)「国を超えるもの」 大本教学研鑽所(編)『大本のおしえ』 三四二―三四四ページ 一九六七年四月 天声社
梅棹忠夫(著)『日本探検・大本教』「研修資料」一九七〇年一一月 大本本部青年部

(註2) UMESAO, Tadao, "Esplorado en Japanio–Religio Oomoto (1)", Eizo ITOO (Eljapanigis), *Oomoto*, N-ro 427, pp. 26–33, 1988, Oficiala Organo de Oomoto Kaj U. H.

A., Kameoka.

Umesao, Tadao, "Esplorado en Japanio–Religio Oomoto (2)", Eizo Itoo (Eljapanigis), *Oomoto*, N-ro 428, pp. 32–40, 1988, Oficiala Organo de Oomoto Kaj U. H. A., Kameoka.

Umesao, Tadao, "Esplorado en Japanio–Religio Oomoto (3)", Eizo Itoo (Eljapanigis), *Oomoto*, N-ro 429, pp. 28–32, 1989, Oficiala Organo de Oomoto Kaj U. H. A., Kameoka.

Umesao, Tadao, "Esplorado en Japanio–Religio Oomoto (4)", Eizo Itoo (Eljapanigis), *Oomoto*, N-ro 430, pp. 24–29, 1989, Oficiala Organo de Oomoto Kaj U. H. A., Kameoka.

Umesao, Tadao, "Esplorado en Japanio–Religio Oomoto (5)", Eizo Itoo (Eljapanigis), *Oomoto*, N-ro 431, pp. 28–33, 1990, Oficiala Organo de Oomoto Kaj U. H. A., Kameoka.

北海道独立論

解説

一九六〇年の春、わたしは北海道にわたり、根釧原野《こんせんげんや》のパイロット・ファームをおとずれた。当時、北海道大学文学部に在職中であった富川盛道《とみかわもりみち》博士が、学生たちをひきつれて、パイロット・ファームの社会学的調査をおこなうという。わたしにもそれに参加しないかとさそいがあり、くわわることにしたのである。

取材の結果にもとづいて、執筆をはじめたのだが、北海道の農業政策の推移から、ついに、「北海道独立論」というようなところにまで筆がおよんでしまった。そのままの題で『中央公論』五月号に「日本探検」第三回として掲載された。[註1] そのときには「根釧原野」という副題がついていたが、のちに単行本『日本探検』に収録されるに際して、副題をはぶいた。[註2]

（註1） 梅棹忠夫（著）「日本探検（第三回） 北海道独立論―根釧原野」『中央公論』五月号 第七五年第五号 第八六九号 一四八―一七〇ページ 一九六〇年五月 中央公論社

（註2） 梅棹忠夫（著）「北海道独立論」『日本探検』 一一七―一八八ページ 一九六〇年一一月 中央公論社

津軽海峡のかなたに

北の色

津軽海峡をこえたのは、くらくなる直前だった。あおずんだ空気が、機体をやわらかくつつんでいた。津軽の海は、圧延された鋼鉄板のように、つめたく眼下にあった。うごくものはなにもない。この飛行機だって、このままどこかへむかってすすんでいるとおもうのは錯覚のような気がする。それはただ、ほのぐらい気体のなかにうかんでいるだけなんだ。すべてが、空間をみたす透明な冷凍ゼラチンのなかに凝固してしまっている。

しかし、わたしたちはやっぱりすすんでいたのである。鋼鉄色の海のひろがりのかなたに、しろい線がみえはじめる。北海道の海岸線である。いつもの航空路は、下北半島からまっすぐに海をわたって苫小牧《とまこまい》をめざすのだが、この日は、ずっと西よりにとんだ。みえてきたのは、渡島半島《おしまはんとう》の南岸であった。

北海道はまだすっかり雪におおわれていた。海岸にも、平野にも、雪があった。山はもちろんまっしろだった。「まっしろ」といういいかたは、あまりにも観念的ではないか。ひさしぶりに、わたしの目のまえに北海道が展開しはじめているというのに、その色を、「まっしろ」などという粗雑な表現でかたづけたのでは、わたしは北海道を裏ぎることになる。北海道の色は、そんなのではない。落葉樹林がすっかり葉をおとして、はだかになる。その幹とこずえが、あわく色づいた雪の面ととけあって、地表を、パステル調の灰褐色にぬりつくしているのである。

それは、北の色である。北の国に特有の色である。ながい単調な冬を、すべての生命が、自己凝結と忍耐とでのりこえなければならぬ北の国の、運命の色である。そこには、おどろくばかり緑がない。わたしは、数時間まえにみてきたばかりの関東平野の景観をおもいうかべる。それもまた、くろずんだ冬の色にはちがいないが、この北の国にくらべると、それはなんとゆたかな生命の色どりにみちていたことか。わたしは、北海道へくるたびに、日本という国の緯度的な長大さに、いつも感嘆する。おなじ季節でありながら、南と北とでは、生命の息づかいがあまりにもちがう。

灰褐色のパステル・カラーは、しだいにうすずみ色をくわえてきた。それはやがて灰黒色となり、そしてまもなく、なにもみえなくなってしまった。午後七時、わたしは千歳空港《ちとせくうこう》についた。

札幌

札幌。ひさしぶりだ。五年ぶりだろうか。

この都市にはなんどもきたけれど、三月中旬というこの季節ははじめてである。家をでるとき、なにをきてゆこうかとまよったが、けっきょく冬じたくにした。きてみると、それでちょうどよかったようだ。たいしてさむいというほどではないが、日によっては、外出のときに耳や手の指がすこしピリリとする。

札幌はまだなかば雪におおわれている。郊外の山やまはいうまでもないが、市中でもまだ膨大な量の雪が街路をうめている。それは、ふみかためられ、泥によごれて、雪というよりはまっくろな氷である。大どおりや繁華街は、いちおう除雪してあるが、それでも歩道にはくろい氷山がある。人びとは、長ぐつをはいて、その氷山の起伏をこえてあるく。横丁にはいると、数十センチのあつさの氷板が、街路をぎっちりとうめつくしている。タクシーにのったら、その数十センチの氷板のうえに勇敢にのりあげ、道のうえにころがるおおきな氷塊をつきとばしながら突進するので、おどろいてしまった。

わたしは、冬の札幌をしっている。一二月のはじめと一月の末にきたことがある。戦前のことだった。もちろん、雪はまっしろだった。わたしは、駅のまえからウマぞりにのったようにおもう。そりはちょうどタクシーのように箱型で、むかいあわせに四人のるようになっていた。ウマがはしると、鈴がなった。窓ガラスはたちまち息がこおりついて、町はみえなかった。そりが横ゆれすると、したの雪がキュッキュッとなった……。

ずいぶんまえのことだから、記憶がひとりあるきして、かってにうつくしいイメージをつくりあげている点があるかもしれない。しかし、タクシーがくろい氷塊をつきとばしながら突進しているいまの情景は、わたしの記憶にある雪の札幌の、北方的ロマンチシズムのイメージとあまりにもちがっている。わたしはすこし戸まどいする。厳冬と初春との季節のちがいだろうか。それとも、札幌はすっかりかわってしまったのだろうか。

もはや開拓地都市ではない

札幌はたしかにかわったようだ。二〇年まえ、わたしがはじめてこの都市をおとずれたころは、札幌はまだ、なんとなく開拓地的な空気をもっていた。街路はたしかに近代都市らしくひろびろとしていたが、それに見あうだけの建築もすくなく、かえっていかにも新開地的な空虚さがあった。狸小路《たぬきこうじ》の繁華街といっても、内地の大都市を見なれた目には、映画館がいくつかならんでいる程度では、なんともわびしいというほかなかった。映画をみにはいったら、画面にむかって拍手がおこり、やじがとんだので、ひどくおかしかったのをおぼえている。内地の大都市では、すでにこういう習慣はなかった。

いまはどうだ。ひろい道の両側を、堂々たる大建築がうめつくしている。このまえ、数年まえにきたときにくらべても、建築物はずっとふえた。建築ブームである。巨大な建造物の工事現場が目だつ。中央の大どおりにはテレビ塔がたっている。町はうつくしくなり、にぎやかになった。人口もふえた。二〇年まえには函館《はこだて》のほうがおおきかったのが、いまは函館二五万に対して、札幌は五〇万。札幌は、名実ともに北海道の首都になった。

町をゆく人びともかわったようだ。二〇年まえも、服装はけっこう近代的だったが、それでいてやはり開拓地的なふうがあった。たとえば、ルックザックをもったひとがやたらにおおかった。小学生はまいにち学校へルックをかついでいったし、家庭の主婦が買いものにゆくのにもルックをもっていった。ところが、いまはどうだ。ルックをかついだひとなんて、どこにもいやしない。みんな、東京あたりでみるのと本質的におなじである。ちがっているのは、長ぐつあるいはスノー・シューズをはいたひとが圧倒的におおいだけだ。

北海道要図

ひとくちにいうならば、札幌は内地化したのである。内地にも数すくないほどの、内地的近代都市になったのである。それはもはや、開拓地都市というようなものではない。

アイヌとクマ

もうひとつの点で、微妙な変化があったことを、わたしは感じている。札幌に到着して、いちばんはじめにはいった建物は、日航のサービス・センターだった。その広間のふとい柱に、いっぱいにアイヌ模様がえがかれている。札幌はアイヌの都市ではない。しかし、アイヌはいまや北海道のシンボルである。ポスターに、パンフレットに、アイヌはいたるところに姿をあらわす。それからクマである。クマもまた、あたらしい北海道のシンボルである。

二〇年まえは、こんなことはなかった。二〇年まえも、たしかにアイヌとクマは存在した。しかし、アイヌはなお民族同化政策の対象としての微妙な存在であり、クマは、人畜におおきな被害をあたえるところの、退治すべき相手であった。どちらも、なんらかの意味において、シリアスなものをふくんでいた。いまや、そのいずれもがシリアスさをうしなって、単なる観光北海道のシンボルと化したのである。それは、内地には存在しないもの、したがって内地に対して北海道を特徴づけるものとなったのである。

この変化は、さきにのべた内地化の傾向とは、むしろ逆の方向への変化である。さきのを、内地に対する同質化の方向とすれば、もうひとつのは、内地からの異質化の方向である。

このような内地からの異質化の傾向は、もちろん戦前からもあった。北海道のひとは、津軽海峡から南を、「内地」とよんで、自分たちのところと区別するけれど、それはそもそもおかしいではないか。官制のたてまえからいえば、カラフトはたしかに外地であったが、北海道はどこまでも内地のはずだった。それを承知のうえで、北海道人は津軽の海の南を「内地」とよび、みずからを特殊化したのである。そこには、うちは「府県」ではない、「道」だぞ、という「道産子《どさんこ》」としての自覚があった。そのような、内地とはちがうという点の強調が、戦後は、ある意味でいっそうつよくなったように、わたしは感じたのである。

辺境化と内地化

北海道の位置の、戦後における相対的な変化が、その特殊化、あるいは異質化の傾向をつよめたのではないかとおもわれる。札幌は、以前はいわば、ただの都市であった。いくらか開拓地的様相をのこしているにせよ、その規模に大小があるにせよ、とにかく日本列島の北部における諸都市群のなかのひとつだった。ここからさきには、まだ旭川《あさひかわ》があり、大泊《おおとまり》があり、豊原《とよはら》があり、敷香《しすか》があった。わたしは、北海道をとおってカラフトへいったことがある。わたしはそのとき、札幌をすどおりした。カラフトという存在をかんがえにいれるとき、北海道は単に通路でしかなかった。開拓前線はカラフトにあった。札幌は、いわば中継基地にすぎなかった。

ところがいまや、カラフトはない。北海道は、そして札幌は、それ自身が「終着駅」化したのである。戦後の札幌は、大都市として成長するとともに、北のはての都という性格を、ますますつよめてきたのである。そして、北海道そのものも、あらためて日本のあたらしい「辺境」という役わりをになわされることとなった。すくなくとも、ほかのすべての辺境をうしなった内地の人たちは、北海道にあたらしい「辺境」の夢をおいはじめた。奇妙なことだが、北海道の辺境化は戦後にはじまるのである。

これはいわば、内地の立場からの見かたであるが、北海道の内部においてさえ、おなじポーズがあらわれてくるようだ。戦後になってからはじめて、「異国北海道」とか「辺境北海道」などと題する単行本が、道内で続々と出版されたという。北海道は、みずからを異国に仕たてることによって、戦後の日本における自分自身のあたらしい価値を発見しつつあるようだ。それはじゅうぶん、内地において北海道観光ブームをまきおこすにたるものであった。

もちろん札幌人が、アイヌとクマをシンボルとする異国化・辺境化に、全面的に身をゆだねているとはかんがえられない。こういう話をきいた。朝日新聞がファクシミリ版をもって札幌に進出したとき、北海道支社を象徴するマークを制定することになった。そのときでたいろいろの案のなかで、「朝日の旗をもってたつクマ」というアイディアは、札幌人のあいだではもっとも評判がわるかったという。クマやアイヌは、北海道人にとって、しょせん内地向けの観光用のシンボルでしかない。自分自身を、本心からそういうものになぞらえる気もちはぜんぜんないのである。本心は、志向の主流はむしろどこまでも内地との同質化にある。異質化の傾向は、同質化をすすめるためのスプリングボードにすぎない。戦後の北海道は、そして札幌は、そのあたらしく発見された価値、異国性と辺境性を売ることによって、じつは、いっそうふかい内地化をおこないつつある、とわたしはみたのであった。

根釧原野をたずねて

根釧原野

狩勝峠《かりかちとうげ》を夜のうちにこえた。朝、目がさめると、汽車は海岸線ぎりぎりの波うちぎわをはしっている。北には、凍結した広大な谷地《やち》（湿地）があった。

北海道を旅行するには、内地とはすこし気がまえのスケールをかえてかかる必要がある。内地からながい旅をつづけて札幌につくと、やれやれこれで北海道へきた、という気になる。しかし、じつはこれからである。札幌は拠点にすぎない。札幌をでてから、あらためてちがったひとつの旅行に出発しなおすだけの覚悟が必要である。札幌から釧路《くしろ》までは、京都から東京へゆくより、時間的にはまだとおいのである。

谷地がうんざりするほどつづいたあげく、煙突が林立し、材木でいっぱいのいきいきした市街、釧路が、まったく忽然とあらわれる。

釧路で根室《ねむろ》にはいり、厚床《あっとこ》でもう一どのりかえる。ここから、ちいさいディーゼル・カーで根釧原野《こんせんげんや》をつっきって、北へはしる。

「原野」というと、わたしたち内地の人間は、つい緑の草原をおもいうかべる。だが、いまわたしの眼前にあるものは、そういうイメージとは、はるかにとおい。それは、雪と落葉樹の疎林におおわれた、はてしのない波状地形にすぎない。

北海道では、要するに未開拓地のことを原野というのである。未開拓地でさえあれば、草があろうと木がはえていようと、それは問題ではない。北海道には、大原野がいまなおいくつかのこっている。天北原野《てんぽくげんや》、湧払原野《ゆうふつげんや》、篠津原野《しのつげんや》などとよばれているのがそれである。そして、その最大のものが、根室の国から釧路の国にまたがって展開する、この根釧原野である。

鉄道は、疎林をつっきって、一直線に北へはしる。原野は、どこまでもつづく。内地の人間にとって、これはひとつのおどろきである。未利用地がある！　土地があまっている！　北海道にはまだ、こういうところがあったのだ。

根釧原野では、いま大規模の開拓が進行している。この未開の大原野をひらいて、耕地にかえようというのである。強力な国家資本の背景のもとに、もっとも近代的な方法をもちいて、あたらしい方式の開発をやろうというのである。ここは、現代日本における最大の開拓地である。これは、みておく値うちがあるのではないか。わたしは、そのモデル開拓地、根釧パイロット・ファームをたずねようとしている。そこではなにがおこなわれているであろうか。かなりの期待をもって、わたしは、開拓基地中春別《なかしゅんべつ》の駅におりる。

駅には、北海道大学社会学研究室の人たちがむかえにきてくれていた。社会人類学の富川盛道博士を隊長に、かれらは積雪期の開拓地の調査をつづけている。わたしはそれに合流する。

開拓基地

北海道には、村がない。原則として散村《さんそん》であり、内地のような塊村《かいそん》がない。広大な地域に各戸が散在している。いくらか人家があつまっているところは、それは農家の集合ではない。それは、農民が買いものをしたり、その他の所用をたすための、第三次産業従事者の集合点なのだ。北海道では、それを「市街地」とよぶ。市街地ということばで、じっさいに堂々たる近代都市の市街を想像してはいけないのである。

中春別も、そんなちいさな市街地のひとつだった。いまは、根釧パイロット・ファーム床丹《とこたん》第一および第二地区の開拓基地である。これが設置されるまでは、国鉄中春別駅は、乗降客もほとんどない、原野のなかのちいさな駅にすぎなかった。利用者があんまりすくないので、駅の廃止の話もあったという。そこに突然に開拓ブームがやってきた。役人とその家族たちが移住してきて、人口は急激にふえた。

人口はふえても、火山灰の道はどうしようもない。雪どけで、ひどいぬかるみになる。雪と泥とをこねあわせたまっくろな海のなかに、役所と、役人の住居と、倉庫のむれが、ぽっかりとうかんでいる。ここは、官営開拓地である。

役所の建物のなかには、三つの機関が同居している。ひとつは、北海道開発局。これは、中央政府の北海道開発庁の現地機関である。それから、営農指導所。これは北海道庁の出先機関である。もうひとつは、農地開発機械公団である。あたらしい方式の開拓は、この三つの役所の協力作業によって、進行中なのである。

機械開墾

役所のまえには、開墾用の重機械が、ずらりとならんでいる。機械開墾の精鋭部隊である。開発機械公団は、どろんこの開発基地における花形である。雪がきえたら、これらの作業機械には、公団のオペレーターたちがのりこんで、ふたたび原野に出動する。ブルドーザーは土をかきのけ、かきならす。レーキドーザーは、立木をたおし、木の根株をひきぬき、土をほりかえす。原野には、みるみるうちに畑地がつくられてゆく。それは、従来の開墾方式ではとうてい想像もつかない、おどろくべき成果といわねばなるまい。

従来の開拓というのは、それはひどいものであった。とくに、戦争中および戦後に、緊急開拓の名のもとに入植した人たちの生活は、悲惨なものであった。開拓に応募すると、土地のわりあてがあり、なにがしかの補助金をもらって入植する。入植者の眼前にあるのは、わたしたちが汽車の窓からみたような、立木におおわれたとりとめのない波状地である。入植者は、まず木をきり、根っこをほりおこし、畑をつくらねばならない。すべてが人力であり、せいぜいが家畜の力しかなかった。作物をつくるまえに、開墾だけで、おおくの入植者は精根つきはてる。安定した収穫をえるようになるまでには、資金も、補助金もつかいはたしてしまう。こんな情況から、入植者のなかには、わりあて地の立木をうり、あるいは炭にしてうりはらい、補助金をもらうだけもらって姿をけすという人たちもでてくるのである。

入植者の惨状は、ようやく世の批判をあびるようになってきた。機械開墾は、それを解決する方式として登場してきたのである。とにかく、一日もはやく開墾を完了して、営農を開始しなければならない。そのためには、機械力をもちいて、原野を急速にきりひらくほかはない。戦後の、農業土木機械の発達が、この方式の実現を可能にした。

しかし、その発想と実現のきっかけは、日本のなかからうまれでたのではなかった。一九五五（昭和三〇）年一月たまたま世界銀行調査団が北海道にやってきた。かれらは、この根釧原野をみて、「すばらしい酪農の適地だ」というおりがみをつけ、その開墾用機械とジャージー種乳牛の輸入に対して融資を約した。一九五五年一〇月、農地開発機械公団は誕生した。

世銀の調査団はたまたまやってきた、といったけれど、もちろんそれにはいきさつもあったはずだ。世銀というものは、なんにでも融資してくれるものではない。かれらは、特定の条件にあう農業開発に対して融資したがっていたのである。特定の条件というのは、かれらの指定する開墾用の機械をかい、かれらの指定する特定の乳牛を導入することである。かれらは、そういう開拓適地をさがしていたのだ。根釧原野は、その適格地だった。根釧原野は、いわば世銀による「開発」のマーケットのひとつになったということができる。

しかし、根釧原野が世銀のくいものにされているというのではもちろんない。日本側からの要請もあったことだろうし、調査もおこなわれていた。そして、明治以来のトライアル・アンド・エラーによって、この土地にはこの土地なりの、ひとつの結論はでていたのである。それは、ここではいくら畑をつくり雑穀をつくっても、絶対に経営は成立しない、要するに酪農に徹する以外に道はない、ということである。しかしそのためには、そうとうの大面積——一戸あたり二〇町歩の土地と多額の資金が必要である。それには、機械開墾以外に方法はない。機械でひらいた土地に多額の低金利長期の資金をあたえて、農家を定着させる。それ以外に方法はない。世銀借款の話は、そこへまいおりたのである。ここから、パイロット・ファームという方式が発足することになる。

パイロット・ファーム

中春別の基地からジープで約三〇分、パイロット・ファーム床丹第二地区のセンターにゆく。道はひどいぬかるみだった。ジープは、泥のなかをおよいでゆく。徐行していても、車はたえずスリップして横にずれる。運転手は、ハンドルにしがみつき、ハンドルと格闘しなければならない。

まもなく、第二地区にはいると、ようすは一変する。坦々としたりっぱな道路になる。開発地域内と地域外との差を、われわれはいきなりみせつけられる。お役人というものは、こっけいなくらいはっきりしたものだ。地区内の道路は、国営である。これは、中央政府機関である開発局が建設する。地区外の道路は、それは地方道である。内地の府県道に対し、ここでは、北海道の道、つまり「道道《どうどう》」とよばれる。国家機関は、道道についてはしらん顔である。たとえそれが、地区内にはいるために、どうしてもとおらねばならぬ道であっても。

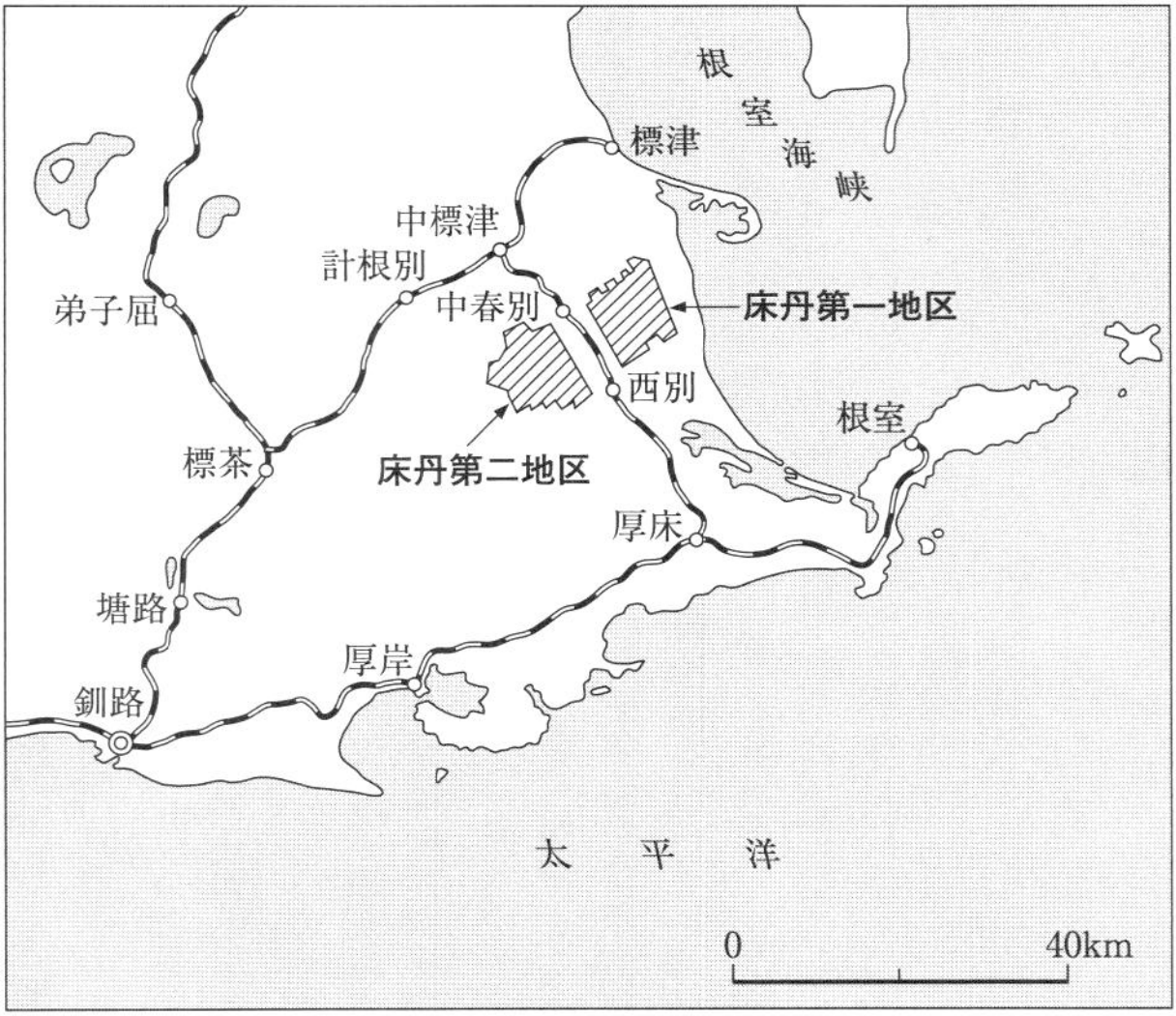

根釧パイロット・ファーム

パイロット・ファームのセンターというのは、まさに荒野のまっただなかにあった。十字路には標柱がたっていて、そのあたりが、公共施設のための公有地であることをしめしている。開墾地を各戸に分割する際に、公有としてのこしたという意味である。片側に平屋の中学校および小学校があり、そのむかい側に、開協（開拓組合協議会）の事務所と農機具の陳列場がある。

センターの十字路にたって見まわしても、どこにも村なんかはない。どちらの方向をみても、ただ、雪におおわれた、ひろびろとした原野が、ゆるやかな起伏でひろがっているばかりである。わたしは、うっかり「原野」といってしまった。「原野」などといったら、パイロット・ファームの人たちにしかられるだろう。原野どころではない。これこそは、機械開墾の威力でひらいた床丹第二地区の広大な農耕地のひろがりなのである。

わたしたちは、ここに数日間いて、まいにち、パイロット・ファームの農家をたずねてあるいた。道は、雪がきえてかわいているところもあったが、ふきだまりになって、まだしろくおおわれているところもおおかった。

雪のうえに、あるいは道ばたに台をつくって、おおきな牛乳缶がいくつもおいてある。農家では、毎日しぼった牛乳を、そこまでもってきておいておく。雪のうえをトラックが、まいにち牛乳缶をあつめてまわるのである。

道は、ゆるやかな起伏をこえて、どこまでもまっすぐついている。ひとつの波の頭にたつと、またつぎの波がみえてくる。どこもかも、なれないわたしには、おなじにみえる。はるか西北に、うつくしい雪の連山がみえる。知床半島《しれとこはんとう》につづく山なみだ。いちばん右にみえるのが、羅臼岳《らうすだけ》である。

景色はうつくしい——とはいいかねるが、すくなくとも雄大である。そこには、あらけずりだが、魅力にとんだ自然がある。風はつめたい。風にふかれてあるくのは少々つらいが、それでもあえて、わたしたちをひきつけて戸外へさそいだすなにものかがある。

しかし、いったい人間はどこにいるのだ。一時間くらいあるいたって、だれにもあいはしない。家はどうだ。家はある。ぽつり、ぽつりとある。ゆるやかな起伏のどこかに、まばらな立木にかこまれて、北欧ふうの家がある。傾斜のつよい屋根の住宅と、おおきな畜舎、そして、サイロ。住居の屋根の煙突からは煙がでているけれど、だれもそこにはいない。パイロット・ファームの農家たちは、まだ冬ごもり中である。

Oさん一家

Oさんは六〇歳にちかい。みじかくかった頭はゴマ塩だが、顔はわかわかしく、声にはりがある。Oさんは伊予《いよ》のひとである。松山《まつやま》でうまれた。商業学校を卒業して、大阪の商事会社につとめた。やはり松山出身の奥さんと結婚して、大阪の郊外にすんでいた。空襲で大阪の勤務先がやけた。そして終戦である。本店は天津《てんしん》だったので、店が消滅してしまった。途方にくれているところに「緊急開拓」者の募集があったので、これに応募し、家をたたんでちいさい子どもたちをひきつれて、北海道にわたった。入植地はオホーツク沿岸の斜里《しゃり》にちかい村だった。かつて軍用地であったため、立木をきり、根っこをおこす苦労はなかったが、しかし、そこに小屋をたて、農業生活をはじめるとなると、一から一〇まで既存農家におそわらねばならなかった。「既存《きぞん》」——入植者に対して、先住農家をこうよぶ——の人たちは、かならずしもOさん一家をあたたかくむかえいれてはくれなかった。なあに、そのうちにへこたれてやめるだろう。そしたら、あの耕地はおれがもらう——そういう目がいつもOさんをみているようだった。

Oさんの大阪の私宅はさいわいにも戦災にあわなかったので、家財は荷車に一ぱいもっていた。そこで衣類を売るタマネギ生活をつづけながら農業をおぼえた。こうして一〇年、子どもたちもおおきくなった。Oさんの家は既存にまけない農家になった。

そこへ、パイロット・ファームの計画がつたえられた。しらべてみると、いまの土地よりも、よほど将来性がありそうにおもえた。しかし、慎重を期して、一年は見おくり、二年目に息子を応募させた。だいじょうぶというので、ことし一家をあげてうつってきた。Oさんは、ここにうつってきてよかったとおもっている。将来はあかるいし、息子たちは健康でよくはたらく。

鉄筋ブロックの住宅はあたたかい。入口にちかい六畳の板間と、奥のやはり六畳の座敷に、Oさんはおおきなストーブをいれた。奥の座敷の片すみには神棚がある。床の間に掛軸《かけじく》はない。ご真影《しんえい》はないが、ふすまには皇太子と美智子妃の写真の切りぬきがはってある。Oさんは、板間のすみの棚のうえにあるラジオにむかって、おおきな声で、「大学の先生がまっているから、みなさん、あつまってください」とさけんだ。ラジオとみえたのは、「組」の有線放送である。

“洗脳”された農民

パイロット・ファームの募集に応じて、各地から——そのほとんどは北海道内だが——応募者があつまってきた。しかし、入植者の基準はかなりきびしかった。それは、農業経験者でなければならない。そして、二・五人以上の労働力をもたなければならない。男のおとなは一、女は〇・八と換算される。世帯主の年齢は二五から四〇歳くらいがのぞましい。そして、二〇万円くらいの資金をもっていなければならない。入植二年くらいは、いかにしても赤字は必至だから、それをおぎなうためである。そして、なによりもまず、この仕事に情熱をもったひとでなければならない。

入植希望者のなかから選考がおこなわれた。選にはいった人たちのうち、世帯主の全員があつめられて、まず、弟子屈《てしかが》の講習所にいれられる——このことに、開拓当局のなみなみならぬ決意がみられるのであるが——ここで、四五日間、酪農のイロハから農家経営にいたるまで、みっちりおしえこまれる。課目には、たとえば、パイロット・ファームのありかた、開拓計画の説明、現地の気象、作物、ジャージー種の性質、開拓者組合などについてである。この講習のあいだに、実習はもちろん、開拓現地の視察もおこなわれ、組合も結成してしまっている。最終日には、卒業テストもおこなわれ、農業から畜産にいたるまで、論文をかかせられたりした。また、参加者たちの年齢はまちまちで、老年者もいれば、青年もいたのだが、かれらはここで、年齢をこえたディスカッションを身につけた。こうしたことのすべては、この開拓理想を徹底的にうえつけることを意味しており、こうしてここに、完全に〝洗脳〟された農民が誕生する。

講習をおえた戸主たちは、現地へおくられ、そこで、まず居小屋をくんで合宿する。そこで自炊しながら、土建業者といっしょになって、自分たちの住居から道路までを建設する。住宅は、寒地建築研究所で考案された鉄筋ブロック建築で、それぞれのわりあて地内の適当なところへ、協力しながら建築する。住宅ができあがると、家族をよびよせる。なかには、家財道具を荷馬車につんで、家族一同が、石北峠《せきほくとうげ》をこえてやってくる、という、西部劇をおもわせるシーンもあった。

営農ははじまった。農業といっても、ここのは完全な酪農である。かれらはみずから「ウシ飼い」と称している。畑はウシのための畑である。人間のくうものをつくる畑ではない。入植者には、北海道出身者がおおいが、これだけ徹底した酪農は、みんなはじめてである。実験ははじまった。パイロットは機能しはじめた。

営農、軌道にのる

パイロット・ファーム入植者たちには、一般の入植者たち以上の、特別の資金補助があるわけではない。住宅補助金、土壌改良補助金などがでるだけである。しかし、この場合には、多額の営農資金の融資がある。建物、農機具、家畜などが、現物あるいは現金で融資され、一戸あたり二五〇万円くらいになる。逆にいうと、ここの入植者たちは、自動的にそれだけ国家に対する債務を背おうことになる。長期低利の資金だが、返却しなければならないことはいうまでもない。そしてそれは、計画によれば、年々の営農成績のなかから支はらっていくシステムになっている。

いままで、開拓地入植者といえば、借金がつきものだった。かれらにも、多額の国家資金が融資されている。オホーツク海沿岸の開拓村においても、軒なみに数十万円の債務を政府に対して負っているだろう。そして、それは従来の開拓農家にあっては、まず返却の見とおしのない借金なのである。だから、従来の開拓農家の人たちが、パイロット・ファームの計画をきいても、とても自分らには縁がないもの、と感じたのはむりもなかった。二五〇万の借金ときいただけで、たいていは絶望したのである。

しかし、パイロット・ファームの開拓者たちは、自分らの将来について、たいていはあかるい見とおしをもっているといってよい。なぜなら、計画はかなりよく計算されたもので、そのプランどおりにすすめてゆけば、成功はほぼうたがいないだろう。計画をきいて応募にふみきった人たちは、だから、そのへんの可能性をよくみやぶることのできた秀才たちなのである。おまけに、さまざまな選考条件でふるいにかけられ、ここにはいっているのは、北海道農業における優等生たちだ、ということができる。

役所のほうの意気ごみと準備も、いつものおざなりとはちがっていた。いままでは、開拓や入植というと、一種の棄民政策にしかすぎなかった。土地をわりあて、なにがしかの資金をあてがって、入植者を原野にほうりだしたのである。こんどは、ちがっていた。なんとしてでも、パイロット・ファームだけは成功させねばおかぬという、熱意と計画性があった。ここでは、指導するほうも、されるほうも、一所懸命だった。

機械開墾の効果にはいちじるしいものがあった。機械は土地をふかくたがやす。炭酸カルシウムによる土壌酸性の改良も効果があがった。原野は、みるみるうちに耕地になった。成績は着々とあがり、一戸あたりの粗収入の額は、はじめの計画を年々うわまわるほどになった。営農は軌道にのったのである。

うしなわれた開拓線

開発のショウ・ウィンドウ

根釧パイロット・ファームの名は、いまや全道になりひびいていた。北海道の開発をかたり、北海道農業をかたるほどのものなら、根釧パイロットをみないではすまないことになった。それは、あたらしい北海道開発のショウ・ウィンドウとなった。

季節がよくなると、見学者はひきもきらないそうだ。かれらは、団体をくんで、観光バスにのってやってくる。見学者がくれば、営農指導所は説明をしなければならない。指導員は、マイクを片手に、見学者につきそってあるく。見学者はつぎつぎにやってくる。営農指導所は、いまや観光案内所である。パイロット・ファームのなかでは、いつのまにか、見学者用の観光ルートができあがってしまった。きまった農家を、きまった順序でみせるのである。皇太子も、歴代長官も、みんなこの観光ルートをたどって、根釧パイロット・ファームを見学していったのである。

わたしもまた、北海道の開発についてかんがえながら、根釧原野へきて、パイロット・ファームをみた。もっとも、わたしはかってにあるきまわったのだから、「観光ルート」をとおっていった見学者たちが、なにをみて、なにをかんがえたかはわからない。しかし、わたしはわたしなりに、これはじつにおもしろい見ものだ、とおもったことは事実である。

根釧パイロット・ファームの開拓の成果は、たしかに目ざましいものがある。五年まえには、この床丹第二地区の区域内には、なにもなかった。そこにはただ、火山灰と疎林との原野があるばかりであった。そのおなじ土地に、いまでは縦横に道が通じ、排水溝、防風林ができ、あたらしいスタイルの酪農家たちの家がある。ここには、近代的開拓地の理想的見本がある。

ここはこれで、軌道にのった。開拓は成功するであろう。しかし、話はここだけではおわらないのである。ここは、パイロット・ファームの名がしめすように、本来は一種の試験地である。この背後には、膨大な北海道開発計画が横たわっているはずである。

人びとは北海道を、「あたらしい日本のホープ」とよんだ。そして、巨額の国家資本を投じてその開発にとりかかったのである。根釧パイロット・ファームは、そのあたらしい開発のモデル・ケースとして注目されているのである。それはまさに、開発のショウ・ウィンドウである。わたしは、ショウ・ウィンドウをのぞきこんでいる。わたしはここに、ゆきづまった日本の突破口をさがしている。ここに、日本の未来がありはしないか。

サラリーマン開拓者

未開の原野を開拓して、あたらしい楽園を建設する。それは壮大な夢である。やりがいのある仕事である。根釧原野では、現実にそれがおこなわれつつある。パイロット・ファームの未来には、かがやかしいものがある。

わたしはしかし、ここをみにきて、なんとなく妙なものたりなさを感じている。わたしはここになにをみにきたのだ。わたしは開拓地をみにきた。そして開拓者にあいにきた。これが、この人びとが、その開拓者なのであろうか。

開拓者――このことばから、人びとはなにをおもいだすだろうか。わたしの心のなかには、ルイ・エモンの小説『マリア・シャプドレーヌ』(白き処女地)がうかんでくる(註)。それは、カナダの森林における開拓者の一家の話である。かれらは原始林をひらき、土地をたがやし、開拓地をつくる。一どは教会のあるような町にすんでみたいというのが、この一家の母親の口ぐせである。そのくせ、まもなく自分たちの開拓地に隣人がすみつき、町ができはじめると、かれら一家は、もうこの土地に興味をうしなって、あたらしい土地をもとめて森のなかにうつってゆく。そこにあるものは、安定と束縛からのたえざる脱出と、未来に対する不撓不屈のたたかいである。

しかし、この床丹第二地区に、そういうものがあるだろうか。ここにあるのは、よほどたちのちがうものではないだろうか。

あるひとにいわせると、パイロット・ファームの人たちは、開拓者ではなくて、サラリーマンだという。じっさい、パイロット・ファームのわかい農民の夢をきいてみると、「椅子にこしかけて、ワイフといっしょにコーヒーをのむ、いこいのひととき」などというのがでてくる。かれらの生活の理想像は、月づきの安定した収入、平穏な生活のムードであり、体制内でのささやかな幸福という点で、現代都市のサラリーマンとなにほどのちがいもないとさえいえる。わたしは、パイロット・ファームの農家を歴訪しながら、しばしば、大都市郊外の公団住宅居住者をたずねているような気がした。そこには、規格化された家計簿的人生がある。

（註）ルイ・エモン（著）山内義雄（訳）『白き処女地』一九五一年三月　新潮社

オリのなかのライオン

わたしはパイロット・ファームの人たちが、サラリーマン的であってわるいとはすこしもおもわない。むしろ、日本の農民のなかから、そういう都市サラリーマン・タイプが出現してきたことを、たいへんおもしろいとおもう。また、かれらがカナダの森林の開拓者たちとおなじ精神をもちあわせていないからといって、非難する気もちも毛頭ない。ただ、現代の日本における最大の開拓地にあるものが、もっぱら官僚体制内のバランス・シート主義であって、個人のレベルにおける開拓者精神でないとすれば、これは、開拓史上かなり注目にあたいする現象ではないかとおもうのである。

既存農家の不安定な生活からみれば、パイロット・ファームの生活は、なんというめぐまれたものだろうか。しかし、既存農家の人たちがパイロット・ファームの人たちをうらやんでいるとはかぎらない。パイロット・ファームには、道庁の営農指導所がついていて、作物の種類から作付面積にいたるまで、いちいちかなりこまかな「指導」をする。だから、まったく自由気ままな営農をやっている既存農家からみると、

「あれはオリのなかのライオンだ」

という見かたもでてくる。みかけはりっぱだけれど、自由がない、というのである。

パイロット・ファームは、たしかに官製開拓であった。そこでは軌道の設計から敷設《ふせつ》まで、全部「官」がやった。個々の農家は、ただその敷設された軌道に、ゲージをあわせてはしるだけだった。ここで必要なのは、自己を体制にうまくあわせるだけの要領と才覚であった。農民の優等生たちは、それをなしとげたのである。

ここではむしろ、いわゆる開拓者精神は必要ではない。あってはこまるのかもしれない。「安定と束縛からのたえざる脱出」をやられてはこまるのである。それは、束縛によって安

定にいたるコースなのだから。

「伝統の開拓者精神」

中春別では、わたしは開発局の寮にとめてもらった。寮の食堂にテレビがある。最近にＮＨＫの釧路局がテレビ放送をはじめたので、ここにも電波がとどくようになった。大都市のテレビで、鮮明な画面をみなれたものの目には、輪郭のぼけた、雨ふりの、みるも無残な映像ではあるが、ともかくもなにかがうつる。寮では、みんな熱心な聴視者である。

わたしはおかしくなってしまう。なんということだ。わたしは、飛行機にのり、鉄道にのり、雪道をあるいて、はるばるとオホーツクのはてまで開拓地をみにきた。ここは開拓前線である。人間とむきだしの自然とが、正面からぶつかって、もみあっているはずの前線である。しかしわたしは、そこにテレビを見いだす。テレビは、大阪もののホーム・コメディーをやっている。これが日本である。これが現代日本における開拓なのである。現代においては、われわれは開拓というもののイメージを、かえなければならないだろう。

わたしはなおもテレビに見いる。テレビは、北海道の首都札幌におけるニュースをうつしだす。北海道大学の卒業式である。杉野《すぎの》目《め》晴貞《はるさだ》学長がうつる。学長は壇上にたって、あたらしい卒業生たちをまえにして最後の訓示をのべる。「伝統の開拓者精神をいかして、諸君の社会における活躍を期待する」と。うつくしい北大の建物。ひろい講堂。いならぶ学生たち。そして、フラッシュ。

　わたしはそれを、雪と疎林にかこまれた原野の開拓地の一隅できいている。「伝統の開拓者精神」か。そして開拓地では、現代の開拓者たちのサラリーマン気質をみてきたばかりである。「伝統の開拓者精神」は、開拓地にはなくて、むしろはなやかな札幌の北大のなかにあるのだろうか。しかし、あったところで、卒業生たちはそれをなににつかうのであろうか。いったい、北海道にまだ開拓前線があるというのだろうか。

あるのは面積だけだ

ショウ・ウィンドウをのぞきながら、わたしはかんがえる。パイロット・ファームはりっぱなものだ。根釧原野の開発はうまくゆくかもしれない。しかし、そもそもいま根釧原野の開拓をするということに、どういう意味があるのだろうか。なぜ、根釧原野を開拓しなければならないのであろうか。

　われわれは、北海道というと開拓をおもい、開拓というと北海道をかんがえる。明治以来のくせで、このふたつをむすびつけるのに、なんのふしぎも感じていない。しかしわたしは、根釧原野の一角にたって、はじめて、深刻な疑問を感ずるようになる。

　根釧原野は、べらぼうにひろい。その一部、根室国野付郡別海村《のつけぐんべつかいむら》［現・別海町］だけで、ほぼ香川県の面積に匹敵するという。そして、この広大な面積に、人口はわずかに一万二〇〇〇。これだけの事実からすれば、このような広大な土地が、このまま放置されているという手はないように、だれでもたしかにかんがえる。ここを開拓しようというのは、当然のことではないか。

しかし、問題はそれほどかんたんではない。これだけのひろい土地が、今日までのこっていたのには、それだけの理由があった。ひとくちにいうならば、ここは、開拓の不適格地なのである。

広大な原野の西の地平線のかなたに、白雪にかがやく山やまのつらなりがみえる。阿寒《あかん》から知床半島《しれとこはんとう》につづく火山群である。その火山群の、なんどもの噴火の影響をうけて、根釧原野は全土が火山灰なのだ。その生産性はひくい。

根釧原野の東は海である。根室海峡である。オホーツクと太平洋の潮がぶつかりあって、夏にはガス（濃霧）をつくる。ガスは陸上にはいのぼり、おしよせてくる。作物の成育にはいちばんたいせつな夏の季節に、太陽にベールがかけられている。だから、ひと夏かかっても、この土地が太陽からうけとるエネルギー量は、決定的に不足している。根釧原野は、ふつうの意味では安定した農業が成立するための条件を欠いている。ここは、ひろいけれども、あるのは面積だけである。

開拓は必要か

北海道には、まだ広大な未開拓地がある、というわれわれのおもいこみは、まちがっているようだ。たしかに地図をみると、おおきな原野がいくつかのこっている。しかしそれはみ

ろ

んな、谷地《やち》か、火山灰か、気候条件が劣悪か、なんらかの決定的な欠陥をもっているところばかりである。ふつうの方法でひらける土地は、もうとっくにひらきつくされていた。根釧原野の開拓は、こういう不適格地に対する、機械力による強引な開拓なのである。

わたしの疑問は、こうである。なぜこんなひどい土地まで開拓しなければならないのか。むりをしてひらかなくても、原野のまま、ほっておいたってよいではないか。

たしかに機械力によって開拓ができるなら、開拓したほうがよいにきまっている、というかんがえかたもあるだろう。しかし、それにはずいぶん費用がかかる。パイロット・ファームの農家には、一戸あたり二五〇万円もの政府資金がかしつけられているのである。もし、都市の労働者たちにそれだけの資金をあたえ、適切な指導をあたえれば、そうとうな工場が育成できるのではないか。そのほうがよいではないか。

計画が順調に進行すれば、ここの営農はいちおう安定はするであろう。しかし、農業というものは保護産業である。とくにこんな生産力のひくいところでは、つねに国家による手あつい保護がなければやってゆけまい。いちおうは安定したようにみえても、凶作がつづいたり、おおきな経済変動がきたりしたら、ひとたまりもあるまい。わたしは、巨額の国費を、こういうアクロバチックな事業につぎこむことの意味を、疑問におもったのである。

北海道においても、開拓時代はとっくにおわっているのである。そういう意味では、内地も北海道もたいしたちがいはない。そして内地では、農業はあきらかに斜陽産業である。農業人口は、おおきく減少しつつある。ところが北海道では、まだこれから開拓をやろうとしているのだ。農民たちが、先祖伝来の土地に理屈をこえてしがみつく気もちは、わからないでもない。しかし、ここは先祖伝来の土地ではない。これからあたらしく土地をひらこうというのだ。わたしは、北海道の人たちが、なぜ、これほどまでに、農業に執着するのか、それがわからない。

終着駅化の農村版

根釧原野の開拓を、もっぱら北海道人の農業ずきの性癖に帰するのは、すこしひどいだろう。こういう事業がはじまるためには、内地の人間も、あきらかにひと役かっている。

わたしは、ここでつぎのようなことがおこったのだとかんがえている。カラフト・千島をうしなって、日本の開拓前線は大はばに後退し、ふたたび北海道内にもとめられることになった。それにくわえて、戦後の食料不足、人口問題である。人びとは北海道をしゃにむに「開拓地」に仕たててしまったのだ。人びとは、あたらしい移住植民地として北海道に期待をかけた。

それは、あらぬ期待であったかもしれない。しかし、北海道は期待にこたえなければならなかったのである。もはや開拓の余地もないのに、開拓をやってみせなければならなかったのである。やってみせれば、内地のひとは満足するであろう。それには、いままでは不適地としてみすてられていた土地をも、むりやり開拓するほかはない。こうして、根釧原野みたいなところの開発が、最近になっておおきくうかびあがってくる。

それは、明治以来の、北海道開拓の単純な延長ではない。それはいわば、戦後における北海道の辺境化、終着駅化の農村版である。それは、北海道が内地むけにとらされている異質的ポーズの一種である。そして、北海道もそれを承知で、その異質的ポーズを売っている。その意味では、クマやアイヌをシンボルに、観光北海道をうりだしているのと、実質的にはおなじことである。根釧パイロット・ファームは、やはり商品としての異質的ポーズのショウ・ウィンドウであり、本質的に観光性をもった事業ではないだろうか。

戦後日本のホープだなどというものだから、なにかおおきな期待をもつのである。日本の未来に通ずるなにものかが、ここにあるように想像するのである。ここにあるものは、はたして日本の未来であろうか。わたしは、根本にもどって、北海道の理想と運命について、かんがえてみなければならない。

異質化と同質化

緯度の試練

北海道。日本にとって、あるいは日本文明にとって、それは、いったいなんであったか。北緯四二度。それは、大陸の西縁部ヨーロッパにもってゆけば、ようやく南欧ローマの線である。さむさが問題になるような緯度ではない。しかし、ここ日本列島がよこたわっているのは、大陸の東縁部である。ここでは、緯度の影響は、比較にならぬほど深刻である。北進する日本文明は、北海道において、はじめて、異質の環境という重大な試練に直面したのであった。

厳密にいうと、日本文明が緯度による試練に直面したのは、北海道がはじめてではない。もっとふるい歴史があった。もともと、文明というものは、基本的には生活様式の体系である。それは、生産様式と生活技術にふかくむすびついている。だから、ひとつの文明が地域的に拡大する場合には、ふつうはまず、同種の環境のところをえらんでひろがるものだ。とくにふつうは、おなじような気候のところをえらんで、緯度に平行に、東西にのびる。緯度に直角に、南北にひろがることには、つねにかなりの困難をともなうものである。

日本文明は、もともと三五度線の文明であるということができる。古代以来、日本の文明の中心的地域は、すべて、この線にそってならんでいた。そこには、温暖で湿潤な、生産力に富んだうつくしい国土があった。それをたどって、日本文明は、北九州から、瀬戸内、近畿、東海、関東と、着々とその領域をひろげてきたのであった。

もし日本列島が、さらにその線の延長上に、太平洋にむかって、東にまっすぐにのびていたとしたら、日本文明は、その坦々たるエコロジカル・ハイウェイをたどって、西から東へ、なんのつまずきもなくのび、ひろがっていったにちがいない。しかしじっさいは、日本列島は、関東からさきは、北へおれまがっていたのである。そこには、より適応のむつかしい、未知の環境があった。そこでは、瀬戸内や畿内においてとおなじようなやりかたでは、生活を確立することができないのである。日本の歴史において、東北は、ずっと後世まで、辺境であり、開拓前線としてのこる。

北海道は、その東北のそのまた北にあった。そこでは、環境はいっそうきびしく、いっそう異質である。その異質の環境のもとに、あたらしい自然を開拓し、生活を確立すること。それは、日本文明におけるひとつの壮大な実験であった。実験は成功したであろうか。

北海道思想

いまから一〇〇年まえ、この広大な島の内陸部にはなにもなかった。そこにはただ、とうてい切りつくせない——と当時はおもわれていた——森林と、そこにすむ少数のアイヌたちがいるばかりであった。その、おなじ土地に、いまでは鉄道と道路が通じ、耕地がひらけ、市街ができた。そして、五〇〇万の人間がすんでいる。その人たちは、日本の各地から移住してきた。故郷の村の生活と文化をさまざまな程度にたもちながら、ここにひとつのあたらしい生活と文化の体系をきずきあげたのである。実験は、成功したといわなければならないであろう。

実験はたしかに成功した。わずか一世紀のあいだに、これだけの成果をあげたということは、世界の開拓の歴史においても、おそらくは、おどろくべき成功というべき部類に属するであろう。

これはこれでりっぱなものである。しかし、これによって北海道はその理想的なかたちを実現しえたかどうかという点になると、まったく別問題である。日本文明とのかかわりあいのもとにおいて、北海道開拓の歴史と現状をどう評価するか。それについては、むかしからさまざまな意見と思想がある。評価は一致しているとはいえない。

日本の思想史のうえで、北海道という土地は、きわだった性質をしめているように、わたしはかんがえる。それは、たくさんの思想家たちを、中央の思想界におくりだしたという意味ではない。むしろ、そういう中央の思想界からはなれたところで、北海道の土地そのものに関した独特の思想を、この土地ははぐくんできたからである。日本の各地方のなかで、その地方の理想と運命についての想念を、北海道ほどゆたかに、そして体系的に展開しえた例がほかにあったであろうか。

東海思想とか九州思想などというものは、いってみたところで、実質的な内容が存在しえるものではない。しかし、北海道思想は存在するのである。日本思想一般ではおおいつくせない、独特の思想が、ここにはあるのである。北海道思想史などというこころみは、まだなされたということをきかないが、それは、日本思想史のなかでも、特異なひとつの系列として、注目されてよいものだと、わたしはかんがえている。

トインビーの北海道観

日本文明とのかかわりあいのもとに、北海道の文明をどう評価するか。これがわれわれの問題であった。北海道思想の展開をしらべるまえに、ここにひとつの興味ある評価の見本が存在する。それは、西欧の文明史家トインビー氏の北海道観である。

　一九五六年の秋、かれは世界一周旅行の途中、北海道にたちよる。その旅行記『東から西へ』のなかに一章をもうけて、かれは北海道における経験と思索をかきしるす[註]。

　北海道において、かれはいくつかの農場をおとずれ、農夫たちとかたった。かれは、北海道において日本の未来をみた。そして、北海道をもって日本の「心の革命」とよんだ。かれがここで発見したものは、西欧人によって指導され、オランダ人やデンマーク農夫ののこした住宅にすむ、伝統にそむいた日本農民たちであった。そこには、西欧化開始以前の日本的なものはなにもない。そこにあるものはまさに西欧である。そしてトインビーは、そこに未来の日本をみたのである。

　トインビーはまた、酪農をいとなむ農夫において、北海道農民の進歩的未来像をみる。そして、米作農場において、過去にしがみつく保守的農民の姿をみる。北海道のような寒地において、熱帯作物たるイネをつくることは、経済的なはなれわざである、とかれはかんがえる。米作が北海道において禁止され、あらゆる耕作地がライムギ、カラスムギ、牧草などの生産にむけられるならば、この島の食糧生産高の総量を相当に増加させることができ、北海道は富裕になる。しかし、こういう実利主義的提案をすることは、米作を宗教的義務とする日本人農夫にとって、反逆罪というよりもむしろ、冒瀆《ぼうとく》なのであろうと、トインビーはみた。

　これはいわば、伝統的な日本文明史との断絶において北海道を評価する見かたである。そして同時に、西欧との接続において、北海道および日本の未来をみる、という見かたである。この見かたにたてば、北海道開拓の成功は、日本文明の挫折と、生態学的転向のうえにたって、はじめてかちえられたものだということになる。それは、いかにも西欧の文明史家らしく、西欧の伝統に対する自信にみちた考察である。しかし、事実はどうであろうか。日本の文明史家もまた、この評価に同調しなければならないであろうか。

(註) A・トインビー(著) 黒沢英二(訳)『東から西へ』一九五九年五月　毎日新聞社
これはつぎの「トインビー著作集」に収録されている。
A・トインビー(著) 長谷川松治(訳)「東から西へ——世界周遊記」『歴史紀行』「トインビー著作集」第七巻　三一—三二三ページ　一九六七年一一月　社会思想社

ケプロン構想

日本の伝統と絶縁し、西欧的伝統との接続のもとに北海道の開拓をすすめようという思想は、じつは、開拓の歴史のそもそものはじめから存在した。それは単に、鹿鳴館《ろくめいかん》的な欧化主義思想からばかりではない。そのまえに、北海道と本土との環境的な異質性が、つよく認識されていたのである。伝統的な日本の生活様式をそのままもちこんでも、成功はおぼつかない。環境のちがいにどのように対処するか。それが北海道開拓のはじめからの根本問題であったのだ。

北海道の気候・風土は、ニューイングランドや、北欧に似ているとかんがえられた。北海道開拓に、アメリカ開拓の経験を利用するというアイディアは、徳川幕府がすでにかんがえていたところである。明治新政府も、おなじかんがえをもつ。明治政府における北海道開拓の責任者は、開拓次官黒田《くろだ》清隆《きよたか》である。かれは、それを実行にうつすために、アメリカまで顧問をよびにゆく。ときの大統領グラント将軍の推薦によって、アメリカ連邦政府の農務長官ホラース・ケプロンみずからの出馬がきまる。ケプロンは、多数の部下をひきいて日本にやってくる。北海道開拓の外人教師六〇名中、四二名がアメリカ人である。

　ケプロンは東京にきて、ひじょうな熱意をもって北海道開発計画の立案にとりかかる。部下をつぎつぎに北海道に派遣、みずからも視察におもむく。かれはここに、まったくあたらしい理想社会を建設しようという意気ごみをもっていた。そしてその点では、黒田開拓次官もまったくおなじであった。

　ケプロンはやがて、開拓の指導者の養成について黒田に重要な進言をする。黒田は、やがてみずから開拓使長官に就任するとさっそく、東京に開拓使仮学校を開設する。これはのちに札幌にうつり、札幌農学校と称する。初代の教頭として、アメリカから、マサチューセッツ州立農科大学の学長ウイリアム・S・クラーク博士が赴任してくる。一八七六（明治九）年のことである。

　こうして、ケプロン・黒田ラインによってうちだされてきたあたらしい開発方式は、まさに北海道の異質性の認識のうえにたった、きわめて理想主義的傾向のつよいものであった。そこにかんがえられている生活様式は、主畜農業である。そこでは、日本人の衣食住の、根本的な変革がもくろまれている。それは、日本の伝統的な生活慣習との妥協を排し、つよい西欧化の方向をもつものであった。そして、それでゆくかぎり、北海道の未来はこの世における理想郷となるはずであった。

すでにあきらかなように、さきのトインビーの北海道観は、まさにこのケプロン・黒田構想のあとをうけるものである。それはつまり、ケプロン・黒田構想が実現されたかぎりにおいて、北海道の開拓を評価しているのである。米作から酪農へと、日本人の生活様式が根本的に変化し、異質化・西欧化したかぎりにおいて、北海道の価値を評価したのであった。

北海道エリートの系譜

官僚理想主義は、札幌農学校の卒業生や、先進的な農民を通じて、しだいに土着化していった。それは、北海道には北海道に適した生活様式があるのだ、という主張となり、「うちは内地とはちがうんだ！」という、内地に対する異質性の自覚的認識となっていった。

札幌農学校の初期の卒業者たちのなかには、内村鑑三《うちむらかんぞう》、新渡戸稲造《にとべいなぞう》、志賀重昂《しがしげたか》のように、北海道をすてて内地に活躍の舞台を見いだした人たちもすくなくないが、同時にまた、佐藤《さとう》昌介《しょうすけ》、伊藤《いとう》一隆《かずたか》、宮部金吾《みやべきんご》、町村金弥《まちむらきんや》のように、北海道にのこって、その発展の歴史におおきな足跡をのこした人びともおおかったのである。かれらは、新天地北海道における、あたらしい土着エリートとなっていった。

北海道異質主義者の主流は、これらの土着エリートたちによってつくられてゆく。札幌農学校という名がしめすように、かれらははじめからつよく農業への親近性をしめす。北海道の開発は、農業的開発である。内地に対する北海道の異質性は、とくに農業的異質性として自覚されてゆく。そしてかれらが、その異質性を自覚すればするほど、かれらは北海道農民の味方になっていったのである。

札幌農学校およびその後身の北海道大学がうちだしてきたものは、しょせん官僚ないしはエリートのレベルにおける理想主義にすぎず、民衆レベルにおける北海道開拓に直接に役だつたちのものではなかったかもしれない。じっさい、初期の札幌農学校の教科課目は、マサチューセッツ州立農科大学の教科内容をそのままもってきたというむちゃなものであった。その非現実性に対しては、農民の側からも、官僚の側からも、批判がたえず、農学校廃止論がくりかえしおこってくる。それにもかかわらず、土着エリートの北海道異質主義者たちは、農民の味方として、ここに特徴ある北方農業のながれをうみだしていった。

酪農とデンマーク主義

ケプロン・黒田から札幌農学校につづく官僚理想主義は、いうまでもなく、明治の日本をつよく色どる近代主義の一種である。西欧化方式による日本の近代化というのが、その基本線である。それは、日本全国をひろくまきこんだ明治的近代主義の北海道版であるということができる。

しかし、明治的近代主義の北海道版には、ほかの地方版にみられぬいくつかの特色があった。ひとつは、その近代主義が、北海道の風土そのものとむすびつけて理解されたことである。ほかの地方では、近代主義は単なる時代の推移の一般的原理であって、空間性・地理性をもたない。北海道では、近代主義はいっそう本質的な全生活の展開原理であった。

もうひとつは、ここでは近代主義が農業にむすびついた。日本のほかの地方では、近代化は工業化あるいは都市化にむすびつく。農業、農村、農民は、それ自体が反近代的存在である。それらは、近代主義からみはなされて停滞する。北海道では、農業そのものの展開のなかに、近代主義の夢がもりこまれていたのである。

ケプロン・黒田以来の、北海道近代主義の花は、酪農である。その発想は官僚レベルにおいてはじまるが、やがてそれもいくらかずつ民衆レベルに浸透し、土着化していった。そこには、伝統の重圧からのがれてあたらしい生きかたをこころみようとする進歩的農民たちの、心をとらえてはなさぬひとつの夢があった。家族単位の小農経営、徹底した合理的土地利用、政府管理による重農政策、そして組織としては農民の協同組合というのが、その夢の内容をなす。

それはあきらかに、デンマーク農業を模範としたものである。明治的近代主義の伝統をになう北海道主義者たちは、現代においては、デンマーク主義者としてあらわれる。わたしは、現代の日本において、デンマーク主義というような思想が、現実にいきて作用している地方があろうとは想像もしなかった。しかし、北海道においては、それはいきている。北海道におけるデンマークのよび声はたかい。わたしは開拓地の一農家において、『私は見たデンマーク農業』全四巻、というような叢書がよまれているのをみてびっくりする。(註)農民たちの、デンマーク農業についての知識は、なかなかたかいものがある。

ここにはもはや、単なる官僚理想主義ではもりきれぬ農民の夢がある。そこには、官僚体制以外の農民運動のうまれる土壌があり、官僚以外の農民指導者のあらわれる地盤があった。酪農学園園長、黒沢西蔵《くろさわとりぞう》氏は、その典型というべきか。北海道農民は、かれを先生とよび博士とよぶが、かれは学者ではない。しかし、もとより官僚ではない。それは、北海道特有の型の農民指導者である。そして、そのおなじ土壌、おなじ地盤のなかから、「雪印」酪農工業がうまれてきたのであった。それは、農民の協同組合による企業として、やはり北海道特有の企業であった。

わたしは、わたしの北海道論を、根釧原野におけるパイロット・ファームをきっかけにして展開しはじめた。わたしはいまやっと、あの仕事の背景をなしている思想的水脈のひとつにつきあたったのではないかという気がする。あれは、現代における北海道異質主義の、みごとな開花である。そしてそれはまさに明治以来の官僚理想主義の系譜の、もっとも正統な継承者ではないだろうか。西欧的伝統にたつ世界銀行が、ケプロン・トインビーとおなじ思想のながれに共鳴して融資したとしても、それはふしぎではない。しかもそこには、単なる官僚の机上プラン以上の、進歩的農民たちのデンマーク農業への夢がもられていたのである。

（註）太田正治（著）『私は見たデンマーク農業』全四巻　一九五三年一―一一月　日本デーリィマン協会

北方文化論

北海道異質主義は、農業においてたいへん特徴的なものをうみだしたが、北海道知識人たちの思想のなかにも、あきらかにその系譜をたどることができるように、わたしはおもう。たとえば、ここにはすでに戦前からつよくその存在をあらわしていた北方文化主義者たちを見いだすことができる。かれらは、北方には内地とはことなる独特の文化がありえるのだ、という確信をもつ。札幌農学校の伝統をひく北海道大学は、北方文化主義者たちのひとつの拠点であったかもしれない。北大名誉教授の高岡熊雄《たかおかくまお》氏は、その代表のひとりである。かれには、文明はつねに北進するという、独自の史観がある。かれには、北海道においてこそ、未来の日本文明を創造しなければならぬという使命感がある。内地に対する異質感が支柱となって、ここにあたらしい北海道文明形成への情熱がたぎる。

北大教授高倉新一郎《たかくらしんいちろう》氏および北海道学芸大学［現・北海道教育大学］教授河野《こうの》広道《ひろみち》氏らの名まえを、わたしはまえからしっている。この人たちの、情熱にあふれた、精力的な北海道研究は、とおくはなれた内地にすむわたしたちのところまでも、くりかえしきこえてくる。

河野氏は、先代以来の北海道エリートのひとりであり、強烈な北方文化主義者である。その情熱はついに凝結して、終戦直後に北海道独立論をとなえるにいたる。（註）終戦直後には、日本の各地において、なかば冗談のように、なになに独立論が論議された時期がある。四国独立論から屋久島独立論まであった。そのおおくは、要するに中央政府の制約をうけたくない、という程度のものであった。しかし、北海道における独立論の底流には、もっと根ぶかいものがあったのである。北海道異質主義者たちは、単なるプロヴィンシャリストではない。かれらには、北海道のもつ地理的特殊性の文明史的自覚があったのである。

（註）河野広道（著）「北海道自治制と長官公選論」『北海道新聞』一九四五年一〇月二五—二六日
なお、この文章はのちにつぎの「河野広道著作集」に収録されている。
河野広道（著）『続 北方文化論』「河野広道著作集Ⅱ」一九七二年二月 北海道出版企画センター

官僚理想主義の挫折

しかし、ケプロン・黒田以来、昭和の北方文化主義者にいたるまでの、これらエリートたちの主張と努力にもかかわらず、歴史の現実においては、北海道民衆の大部分は、異質主義の道をあゆまなかったようである。かれらがもたらしたものは、むしろ反対に、内地との同質化への傾向であった。

開拓の初期においては、比較的教養の程度もたかい士族の移民団がおおかった。かれらは、ケプロン・黒田ラインによってうちだされてくるあたらしい理想主義を、比較的よく理解もし、実行もした。しかし、その後の歴史の現実は、しだいにその理想主義からはずれてくる。移民と開発の計画をたてるのは、理想にもえた明治新官僚たちである。しかし、じっさいに移民してくるのは、「無知な」民衆である。その後の北海道の歴史は、それら官僚理想主義の、民衆レベルにおける挫折の歴史であるとさえ、いうことができる。

ケプロンはアメリカ西部に、そしてクラークは自分の出身校アマースト大学に範をとって、さまざまの理想像をえがきだす。しかし、現実に生活する民衆の生活の場においては、それらの理想像はしだいに色あせてすてられてゆく。民衆は、生産面においては、サイロの採用、酪農、主畜畑作などを、比較的はやくまなびとったが、生活面では、日本の伝統はほとんどゆるがなかった。かれらは依然として、フスマ・タタミの日本家屋にすみ、日本ふうのきものをきて、そして、おどろくべきことだが、コメをくったのである。

コメと伝統

改革が比較的はやくすすんだ生産面においても、米作が発展したということは重要である。北海道では米作はできないといわれ、ケプロン・黒田構想ではもちろんそんなものは排除されていた。開拓初期には、米作は禁制である。その後もくりかえし酪農は奨励されている。それにもかかわらず、民衆のおおくはコメをつくった。もちろんそれには、ひじょうな困難があった。まさに苦心さんたん、さまざまな方法——直播種法《じかまきしゅほう》、寒冷地に適した品種の改良など――を発明しながら、しだいに米作を実現していった。現在においては、水田米作は北海道におけるもっとも安定した営農形態のひとつである。今日において、これを禁止するなどということは、おもいもよらない。

北海道の米作に対してトインビーがしめした反応は、さきにのべた。それは基本的にはケプロンとおなじであるが、かれは、北海道において現実に米作がきわめて生産力のたかい安定農業であるという事実をみとめようとはしない。米作をやめて酪農にかわれとすすめることは、伝統にしがみつく日本農民にとって、反逆罪というよりはむしろ冒瀆なのだ、とかれはみた。しかし、そういうトインビーのなかに、わたしは、ヨーロッパ農民の伝統をみることができるようにおもう。かれこそは、その伝統のうえにたって、寒地における米作を、反逆罪であり、冒瀆であるとみたのではなかったか。しかし、事実において北海道の米作は完全に成功し、したがって日本人はその基本的生活様式をかえることなしに、北海道に植民することに成功したのであった。その点をこそ評価しなければならないであろう。

悲痛なる失敗感

あたらしい北方文化の実現をゆめみる北海道エリートたちは、たしかに道理のわかった理想主義者たちであった。しかし、かれらが現実に目のまえにみてきたものはなんであろうか。かれらが北海道独特の文化の建設という使命感をもてばもつほど、現実にあるものは、それとはほどとおい、不合理きわまる民衆の姿である。開拓がはじまってすでに一世紀。ここにはなにかあたらしいものがありえたはずである。しかし、現実にはあたらしい文化はうまれてこなかった。理想は実現しなかったのである。

なかには、さんたんたる開拓農民の姿をみるにみかねて、「いっちょう自分でやってやろうか」と、みずから開拓者のむれに身を投じて入植する、一種の開拓エリートも出現した。坂本直行《さかもとなおゆき》、松川五郎《まつかわごろう》というような、偉大な開拓者たちの名を、わたしたちは以前からきいている。かれらは、大学出の堂々たるインテリである。しかもみずから家族とともにはげしい農業労働をやりながら、北海道的生活様式の理想的イメージを、そこに実現しようとしたのであった。

理想の生活をもとめて、酪農の夢はくりかえしあらわれてくる。酪農重視は、北海道エリートたちにおける、一種の神聖なる復古思想である。同質化への中央攻勢がつよまるたびに、かれらは「札幌農学校にかえれ」とさけぶ。わたしは、根釧パイロット・ファームを企画し推進してきた思想のなかに、やはりこの北海道的理想主義のよみがえりをみることができるようにおもう。

ただし、もう一どもとへもどっていうならば、パイロット・ファームはどこまでも官僚理想主義の延長線上にある官営開拓地である。そこに収容された農民たちは、官僚体制によって敷設されたレールに、自分のゲージをあわせてはしることをしっている優等生農民である。そして、その他の大多数の北海道農民は、明治以来官僚理想主義を裏ぎりつづけたのである。じつは、いまのパイロット・ファームの秀才たちだって、いつまたみずからの知恵にもとづいて、エリートたちを裏ぎるかもしれない。すでに、あたえられたジャージー種の乳牛にかわって、ホルスタインの自主的導入がはじまっている。民衆は、現実主義者である。

内地からは、たえざる同質化のはたらきかけがある。北海道エリートたちが主畜農業を主張しても、民衆レベルでは米作がかつ。都市は都市で、独自の北方的都市が発展するかわりに、いちじるしい東京化の傾向をたどりつつある。理想は実現しなかった。理想主義のエリートたちには、悲痛なる失敗感がつきまとっているのではないかと、わたしは想像する。

日本文明の亜種

ケプロンは、その開発構想をたてるにあたって、北海道にヨーロッパやアメリカからの移民をよんでくることを主張した。米作になじんだ日本農民を、かれは信用することができなかったのである。もし、かれの主張が実現していたならば、北海道の文明はまさに西欧的なものになっていたかもしれない。しかし、現実の移民は、すべて日本人であった。日本人は、あたらしい土地において、適応のために西欧的要素をとりいれた。しかし、かれらがここに建設したものは、けっきょくは西欧ではなかったのである。

トインビーが北海道においてみたと信じた、伝統にそむいた農民たちのあたらしい生活様式こそは、北海道の異質主義エリートたちが、理想としてかんがえていた北方文化にほかならないであろう。その点で、北海道エリートたちとともにトインビーもまたあやまりをおかしたのである。それは、理想からたちのぼったまぼろしにすぎなかった。現実の北海道の主流は、べつな方向へながれていったのだから。

トインビーは、北海道において「日本の未来像」をみたと信じた。日本の近代化がすすむにつれて、内地もまた西欧的北海道のようになる、という意味であろうか。しかし、じっさいは反対に、日本の内地の姿が、北海道の未来像をしめしているのではないだろうか。開拓時代はおわった。北海道の文明が安定し、成熟するほど、内地との同質化はすすみ、北海道は内地に似てくるのではないだろうか。

現実に、ここ北海道にあるものは、日本内地の伝統の本流とはいくらかちがうけれど、しかしまったく異質のものではない。それは伝統的な日本文明の、あたらしい環境に対する適応であり、特殊化である。それは、日本文明のひとつのヴァリエーションであり、変種である。地方的変種を「亜種」と名づける生物学上の命名法にしたがうならば、北海道文明は日本文明の一亜種にすぎないのである。

分離か、統合か

日本の新世界

日本文明にとって、北海道はいかなる存在であるか。日本文明とのかかわりにおいて、北海道の理想と運命をかんがえようというのが、わたしの課題であった。そしてそれには、外国における事例がいくつかの暗示をあたえてくれるようにおもう。

日本という国は、その歴史のダイナミックスにおいて、もともと西ヨーロッパ諸国とさまざまな類似性をもつ国であると、わたしはかんがえている。西ヨーロッパと日本とは、ユーラシア大陸の両端にあってとおくはなれていながら、しばしばおどろくほどよくにた歴史を、平行的に発展させてきたのである。北海道のたどった道もまた、その例のひとつではないだろうか。

近世において、イギリスやフランスは、アメリカ、カナダ、オーストラリア、ニュージーランドなどに、新世界植民地をもった。それは、アジアやアフリカにおけるものとおなじく、植民地ということばでよばれているけれど、性質はかなりちがうものである。かれらが到着したとき、そこにはふるい文明はなにもなかった。そこにあるものは、広大な未開の自然であった。かれらは開拓者であり、移住植民者であった。

それらの植民地は、ふくれあがる本国の人口を収容し、伝統からの脱出者、脱落者、反逆者を収容しながら、しかもその文明の大綱においては、母国のそれのヴァリエーションであるような、そういう新世界に成長していったのである。

こういう新世界をもったということが、世界の歴史における西ヨーロッパ諸国のきわだった特徴であるように、ふつういわれている。しかし、日本の場合はどうか。近世の日本もまた、それに似たものをもっていたのである。わたしは、北海道こそは日本の新世界であったとかんがえる。アメリカやカナダが、ある意味において、ヨーロッパの派生体であるように、北海道は日本の派生体であり、そこにあるものは日本文明のヴァリエーションである。その規模においては、北海道はアメリカ大陸にくらべるべくもないが、その文明史的位置づけにおいては、まったくの対応物とかんがえてよいではないか、アメリカやニュージーランドを西の新世界とすれば、北海道は東の新世界であった。

新世界の法則

その開拓の歴史においても、東と西の新世界は、たがいにおおくの共通点をもっている。たとえば、オーストラリアがイギリスの流刑地であったように、北海道は日本の流刑地であった。アメリカやオーストラリアで金鉱が発見されると、開拓前線をこえて人びとは殺到し、ゴールド・ラッシュがおこった。日高《ひだか》、枝幸《えさし》の砂金もまた、農業開拓にさきだつゴールド・ラッシュをまきおこしたのであった。

新世界にはふるい文明はなかったといった。しかし、先住民たちはいた。先住民との関係をめぐっても、西と東で、よくにたことがおこった。イギリス人たちがニュージーランドに植民を開始したとき、そこには先住民マオリ族がいた。両者は当然衝突した。土地をめぐるあらそいから、二どにわたってマオリ戦争がおこる。そしてその結果、マオリの人口は激減したのである。アメリカ西部においても、移民たちはインディアンと衝突した。植民は、インディアンの抵抗を排除しながらすすんだ。

北海道において、日本人が当面したのは、いうまでもなくアイヌであった。北海道はエゾが島であり、アイヌの国であった。そこで、おさだまりのコースがはじまる。日本人によるおどろくべき圧迫、あざむき、いつわり。そしてやがて武装反乱となる。数度にわたってアイヌ戦争は勃発し、その結果、アイヌ人口は激減するにいたる。マオリも、アメリカ・インディアンも、アイヌも、いまでは少数の人口が、ほそぼそと限定された区域のなかで生きながらえているにすぎない。

新世界の開拓はすすみ、植民地は充実してくる。アメリカにもカナダにも、ニュージーランドにもオーストラリアにも、本国と肩をならべるほどのりっぱな社会が成立し、文明が発展するにいたる。そしておおくの場合は、本国とのあいだにさまざまな矛盾をはらみはじめる。やがて独立戦争をへて、あるいは平和のうちに本国とのはなしあいによって、新世界の各地域は、あるものは完全主権国家となり、あるものは連邦内において独立し、あるものは自治領となる。その形はさまざまであるが、なんらかの程度において自立の道をあゆむことになる。それが新世界の法則である。

日本の新世界、北海道においてはどうであったか。そこにおいても、植民と開拓は、みごとな成功をおさめた。そこには、本国に肩をならべるような、りっぱな文明社会が成長した。それだけの成功をおさめ、実力をもちながらも、ただひとつ、北海道がなしえなかったことは、本国からの政治的独立であった。それは、今後の北海道にのこされている最大の課題ではないだろうか。

官営開拓にさきだつもの

しかし、北海道の歴史をふりかえってみると、そのなかにはなんどか、独立への可能性とうごきがあったことを、みとめないわけにはゆかない。

わたしたちはともすれば、北海道の歴史を、明治以後のものとかんがえがちである。そして、わずか一世紀のあいだにここまで発展したことに感嘆したりする。しかしそうかんがえたのでは、まさに明治官僚の中央集権的なかんがえかたに乗ぜられていることになる。ほんとうはちがうのである。地方政権ないしは民衆のレベルでは、北海道の歴史は、はるかにはやい。一六世紀末にはすでに日本人の実質的進出がはじまっている。その点では、一八世紀後半にはじまるオーストラリア、一九世紀前半にはじまるニュージーランドの植民よりもはるかにふるく、むしろイギリスによる北アメリカの植民とほぼおなじ時代である。

西の新世界と東の新世界とは、もちろんちがう点もあった。ヨーロッパ人は新世界において、本国と同程度、あるいはそれ以上に気候条件のよいところを発見し、そこに植民していったのだ。そういうところでは、どこでも主として自営農民による開拓が主流となった。それに反して日本の新世界は、本土より条件がわるいことはうたがうべくもなかった。あたらしい気候に適応するには、かなりの年月を必要とした。そこでは、自由なる個人のレベルでの農業開拓は、ずっとのちまでもちこされる。北海道における初期の日本人移民は、主として漁業移民と交易商人であった。

漁民たちのおおくは、北部日本からの移民であった。かれらは、東北・北陸地方の生活様式をほぼそのまま保存しながら、着々と北海道の海岸地方に植民していった。かれらの生活をささえたものはニシン漁であった。ほかにサケをとり、コンブをとった。これらの先駆的移民たちによってつくられた漁業開拓地は、一七世紀、一八世紀を通じて発展し、明治以前にすでに沿岸づたいに北海道全道をとりまいて成立していたのである。そこには、農業とはべつの意味での開拓前線があり、「西部」があった。

標準語と浜弁

その意味において、明治初年の北海道はかならずしも未開発地ではなかった。しかし、明治以後の新官僚方式による開発は、自由なる個人のレベルにおける、漁業移民を主とする先駆的開拓者たちには、ひどくそっけなかったようだ。明治の官僚たちは、ここでも伝統のうえに近代化をはかることをしなかった。まったくあたらしい方式を採用した。それはもっぱら、内陸部の農業開拓だけをめざすものであった。

だから、明治以後の北海道は、じつは二重の構造になっている。明治以後の開拓がつくりだしたあたらしい文化圏を内陸文化圏とよぶならば、それに先行して、もうひとつ沿岸文化圏が、すでに存在したのである。内陸文化圏は、どちらかといえば官製の文化圏である。それは、明治の中央集権的官僚体制とふかくむすびついている。それに対して、漁業労働者、商人、ながれものの自由労働者たちによって建設された沿岸文化圏こそは、自由なる個人のレベルでの民衆の文化圏である。それがそのまま発展していったとすれば、北海道の現在は、よほどことなるものになったにちがいない。

ふたつの文化圏は、今日においても存在する。わたしたちはしばしば、北海道のことばは標準語にちかくてわかりやすいという。それは、札幌などの内陸文化圏に関するかぎり事実である。しかし北海道にはもうひとつ、浜弁《はまべん》とよばれることばがある。それはよほど東北弁にちかく、われわれにはわかりにくい。わたしは北海道を旅しながら、汽車のなかでしばしばそれをきく。はなし手は、一見して都会ふうではない。あるいは近代ふうではない。しかしそれこそは、官僚開拓がはじまるまえに北海道に土着した、沿岸文化圏の光栄ある共通語であったのである。

松前藩

沿岸文化圏は、もちろん松前《まつまえ》体制とともに発展したものである。松前藩は、北海道の南端、渡島半島を拠点として成立した辺境政権である。もともと、日本史における東北辺境は、中央からとおくはなれて、しばしば自立的な地方政権の成立の地盤になった。一一世紀における安倍《あべ》政権、一二、三世紀における藤原《ふじわら》政権、一四、五世紀における安東《あんどう》政権などがその例である。一六世紀以後、安東の地盤をうけついで、津軽海峡のかなたに松前政権が成長する。

徳川幕府の成立以来、松前政権はいちおうその幕藩体制のなかに組みこまれ、ひとつの藩ということになるが、それは、この体制のなかにおけるきわめて特殊な存在である。たとえば、対中央政府の関係において、この藩には参勤交代がない。藩内の体制において、この藩には、禄高制による藩士の知行がない。コメがとれない土地である。藩士は知行を、一定地域における漁業権、交易権というかたちでうけとった。かれらはしばしば漁業、交易業を自営した。武士とはいいながら、漁師か商人かわからないような存在であった。そしてそこに、京阪の商業資本が、日本海沿岸経由で、直通ルートでながれこんだ。その中心地、江差《えさし》、松前は繁栄し、「江戸にもないにぎわい」と称せられた。それは、この北辺につくられた、日本史上例のない新型のコロニーだった。

松前体制は、日本近世史上いろいろと考察にあたいするものをもっていると、わたしはかんがえている。それは、きびしい鎖国の世にあって、めずらしく外にむかってひらいている。アイヌを仲介にして、大陸との交易はおこなわれ、漁場、交易、砂金、伐材の利をもとめて、民衆は前進してゆく。

しかしそれは、内にむかってはとざされた体制である。中央に対しては、松前は秘密主義であり、分離主義である。日本の反対のはし、薩摩藩《さつまはん》の姿勢がややにている。それは、琉球貿易を通じて外にひらき、内に対しては秘密的鎖国主義である。薩摩はしかし、中世以来、あわよくば日本の支配者たろうとする中央志向的野心家である。松前にそんな野心はない。それは純粋に遠心的な分離主義者である。

エゾ地には、松前の政治権力と京阪商業資本との二本柱がある。しかも続々とやってくる移民大衆がいる。これがこのまま発展していったなら、きっと本国の中央政府とのあいだに矛盾をひきおこしたにちがいない。じっさい、一八世紀以来、松前藩はしばしば反政府的でさえある。中央政府から派遣された官僚たちと現地松前政庁とのあいだには、しばしばトラブルがおこる。そこには、かならずしも中央政府の意のままにはならぬ、独自の体制が成長しつつあったのである。

松前批判

それは、中央政府による統合主義に対する、北海道現地政権の分離主義の芽であった。みずからの血をながして数次にわたるアイヌ戦争をたたかい、この辺境に特異な生活の秩序をきずきあげてきた松前人としては、それは当然の権利擁護であったかもしれない。

ところが、中央政府の強力な統合主義政策は、北海道の分離主義を、芽のうちにつみとってしまった。幕府は、エゾ地を松前藩からとりあげて、みずから直接経営にのりだしたのである。それはひとつには、北方からせまってくるロシアの勢力に対する考慮からであったが、もうひとつは、開発による利益の、直接の流入をはかるためであった。軍事的防衛と経済的収奪は、その後の日本の中央政府による、北海道政策の二大原理となってゆく。こうして、田沼意次《たぬまおきつぐ》以来の徳川幕府は、明治政府あるいは戦後の日本政府の模範となったのである。

北海道の近世史において、松前藩はたいへん評判がわるい。開発については独占的秘密主義で、外交については無能で、アイヌ政策については非人道的であるというのが、ふつうの評価である。それは主として一八世紀末以来の中央言論界においてくだされた評価が、現在でも踏襲されているのであろうが、どうも一方的な見かただといわざるをえない。

北方問題は、当時の知識階級における話題の花形だ。北方の緊迫した情勢をうれえて、言論はわきたつ。経世家をもって任ずる人たちはもとより、自然科学者や探検家のなかにも、志士的言動が流行する。しかし中央の言論人というものは、いつの時代でもそうだが、けっきょくは中央中心の統合主義者である。政府の怠慢を批判することはあっても、地方の味方になったわけではない。地方の伝統や権利については、政府とともに無理解であり、無遠慮であり、無情である。

松前分離主義の立場にたつならば、べつな評価があってもよいはずだ。秘密主義というけれど、ひとの領地のなかへ、中央をかさにきてずかずかとふみこんでくるエクスペディションに対して、非協力的なのも当然ではないか。アイヌ政策についても、異民族統治のじっさいの経験が、松前以外にどこにあるというのか。中央知識人たちの公式的ヒューマニズムによって、同化主義政策がとられてのちも、アイヌの生活はどれほどよくなったかはうたがわしい。松前藩を批判するのなら、かれらが中央に協力的でなかったことをせめるよりも、現地政権としての分離主義をもっと強力にうちだせなかった、そのふがいなさのほうが、むしろ批判されてもよいとおもうのである。

北海道共和国

北海道独立の第二のきっかけは、明治維新のときであった。このときには、可能性ばかりか現実に北海道は独立し、共和国の成立にまですすんだのであった。

明治元（一八六八）年、戊辰戦争《ぼしんせんそう》の余波は北海道にまでおよぶ。幕府の海軍副総裁榎本釜《えのもとかま》次郎武揚《じろうたけあき》は、江戸城あけわたしに際し、全海軍をひきいて江戸湾を脱走する。かれらは北にむかい、同年一〇月北海道に上陸、箱館五稜郭《はこだてごりようかく》を占領する。北海道における明治新政府の代表機関の箱館裁判所も、本来の北海道領主松前藩も上陸軍のまえに簡単にやぶれて津軽《つがる》に逃亡する。こうしてここにエゾ地における事実上の政権が成立することになる。かれらは、仮政府を樹立する。当時の函館は開港場で各国のコンスルがおり、この仮政府とかれらとのあいだに各種の接触がおこなわれる。

仮政府結成にあたって、注目すべきことは、「札入れ」による大統領（総裁）、副大統領（副総裁）などの選挙がおこなわれたことである。——選挙の結果、榎本釜次郎一五〇点、松平太郎《まつだいらたろう》一二〇点でそれぞれ大統領、副大統領に当選、各国の駐在官から、デ・ファクトの政権としてみとめられる。こうして、日本の一角に「共和国」が出現したのである。

この共和国の思想的背景はおもしろい。榎本は当時の海軍ではならぶもののない権威者であったばかりではなく、オランダがえりの近代主義者であった。共和国の樹立というアイディアは、もちろんかれの発想にちがいない。かれは共和国設立に際し、なにをかんがえていたのか。幕臣であるかれは、当然ながらまず徳川家の運命をかんがえている。天領八〇〇万石と称せられた徳川家は、明治維新によって駿府《すんぷ》七〇万石の一大名に転落し、それによって全幕臣をやしなわなければならなくなっている。榎本は、朝廷にエゾ地開拓を出願、徳川家永久あずかり地にしてほしいという要求をだしていたのである。

榎本政権は、明治二年五稜郭の開城により、わずか半年でその命をおわった。しかし、とにかく、それはアジアにおける最初の共和国であった。もし榎本のおもわくどおりにことがすすんでいたら、どういう事態になったであろうか。それは要するに、大日本帝国の北どなりに、それと双生児の北海道共和国が存在するということになったはずである。北海道共和国は、その後の大日本帝国との相互交渉のもとに、はたしてどのような近代化の道をたどったであろうか。

榎本構想による北海道共和国が、徳川家の子孫を大統領にいただくという点で、現代の共和制とはことなっているということを、さほど気にする必要はないだろう。この榎本構想は、一八二二年にブラジルがポルトガルの皇太子を擁立して本国から独立したのに似ている。ブラジルはその後、王制から立憲王制をへて、連邦共和国への道をあゆんだ。王制はひとつの過渡期的体制にすぎなかったのである。

ゆがめられた新世界

榎本が幕府の海軍をひきいて江戸湾を脱走するとき、ゆくさきについて、きまった心あたりがあったわけではなかった。佐渡《さど》へゆこうとか、対馬《つしま》がいいとか、いろいろの案がでた。そのとき、北海道こそは分離主義をささえる唯一の場所であることをみやぶったのは、さすがに榎本の見識であった。佐渡や対馬に拠ったところで、そんなものは問題にもならない。

独立の可能性ははじめからないのである。

しかし、北海道が日本の北辺にあり、しかも北方からは強大なロシアの勢力がせまってきているという事情は、この場合もまた、北海道における分離主義の成長をはばんだのである。じつは、榎本自身が、そのことをもって共和国設立の理由としている。ロシアに対する防衛の第一線にたちたいということで、かれらの行動を正当化しようとしたのである。朝廷あての嘆願書に、そのことがみえている。

しかし、まったくおなじ理由にもとづいて、明治新政府は榎本の嘆願を拒否したのである。政府は北辺に独立勢力の存在することをゆるさなかった。その理由は、榎本政権がロシアとむすんで徳川幕府の再興をはかることをおそれたのであるといわれている。この場合、明治革命政府は旧幕府勢力を目のかたきにしているが、北海道政策に関するかぎり、どちらも基本的にはおなじである。北海道に芽ばえる分離主義勢力をたたき、政府直轄という強力な統合主義政策をとったのである。

いつの場合も、中央政府の強力な統合主義の理由になっているものが、北方ロシアに対する政治的・軍事的考慮であったということは、注目にあたいする。これがなければ、北海道分離主義は、もっと成長したであろう。北海道は、その意味において、ゆがめられた新世界である。中央政府の政治的・軍事的考慮によってゆがめられたところの新世界である。春秋の筆法をもってすれば、北方におけるロシアの存在が、日本の新世界、北海道の独立をさまたげたのである。

軍事的植民

北海道史におけるロシアの軍事的圧力の影響は、はかりしれないほどおおきい。その南進の姿勢は、北海道のうえに、つねに緊張のくらい影をなげかけている。第二次大戦の終結にあたって、スターリンは北海道分割案をもちだす。留萠《るもい》と釧路《くしろ》をむすぶ線で分割し、南半分はアメリカが占領し、北半分はソ連が占領する、というのである。しかし、トルーマンはそれを拒否した。

明治のはじめ、おなじ事情ははたらいている。自由の新天地、北海道に設立された札幌農学校は、全国にさきがけて、軍事教練を実施する。首唱者はウイリアム・クラーク先生である。かれは、一朝ことあるときには農学校の学生たちは、移民団義勇軍を指揮する将校たらねばならないとかんがえている。

当時まだ、日本は人口過剰ではない。北海道の官営開拓の主眼点は、むしろ軍事的植民にある。明治八(一八七五)年、政府は北海道に対する屯田兵《とんでんへい》募集を開始する。屯田兵制は、革命後の激動する社会にあって、いきる道を摸索しつつある失業士族たちに、あたらしい希望をあたえるものであった。かれらは、家族とともに移住して、各地に屯田兵村をひらいた。かれらは、開拓民とはいうものの、武装した世襲の現役軍人である。男たちは兵として毎日訓練にでる。その留守に家族が開墾する。しかも、その家族たちのこまかい私生活にいたるまで、上官の監視と統制がおよんでいる。これは、おどろくべき開拓民である。

屯田兵村は各地にひらかれた。かれらは、開拓の先駆者となった。開拓がすすむにつれて、世襲の現役制は予備役となった。村むらは兵器を返納し、士官はひきあげ、兵村はしだいにふつうの農村に変貌していった。明治のはなやかな近代主義開拓をささえたもののひとつは、じつは、中央政府によるこのような軍事的移民であったのである。

屯田兵でなくても、明治の開拓移民には、ふしぎなくらさがある。わたしが本庄陸男《ほんじょうむつお》の『石狩川』という小説をよんだのは、ちょうど高校時代、はじめて北海道にきたころだった。(註)それは、仙台支藩伊達英橘［邦直《くになお》］の家中が、石狩当別に開拓団として新生するまでの、苦難の道をえがいたものであった。それは、石狩の大自然を背景にした壮大な叙事詩であるとともに、権力から見はなされ、おいつめられた人間たちがたどらねばならぬ苦悩の記録でもあった。かれらは、官軍に反抗したという理由で、明治新官僚制からおいたてをくったのである。そこには、明治政府による北海道開拓の理想主義とはうらはらな、なんともいえぬ非人間性があった。

(註)　本庄陸男（著）『石狩川（上）』（角川文庫）一九五三年六月　角川書店
本庄陸男（著）『石狩川（下）』（角川文庫）一九五三年九月　角川書店

土着化する官僚たち

北海道の分離独立は失敗し、中央による強力な統合主義的支配がつづけられる。しかし、その後も、北海道の経営をめぐって、分離主義的な北海道志向と、統合主義的な中央志向とが、微妙にもつれあいながら、北海道の歴史をつくってゆく。

ここでおもしろいことは、北海道には、中央権力を土着化させるふしぎな力があることだ。新官僚たちがここにのりこんでくるときは、傲然《ごうぜん》たる中央の使者である。しかし、かれらはやがて現地化し、北海道のためにはたらきはじめる。中央は、北海道のとりこになって分離主義的傾向をしめしはじめた現地機関に業《ごう》をにやして、あたらしい中央の使者をおくる。北海道の歴史は、そのくりかえしである。

はじめの、北海道開拓使《ほっかいどうかいたくし》からしてそうだった。それは、強力な明治政府の機関であり、成立の根本において中央志向的統合主義である。しかし、開拓使長官黒田清隆は、中央志向というにはあまりにも北海道に熱中したようだ。かれは、北海道の開拓にその情熱をかたむけつくした。開拓使は、北海道のための、北海道の機関となっていった。じつは、その分離主義的傾向は、はやくから内包されていたかもしれない。ひらかれたばかりの札幌に、開拓使の庁舎がたったとき、その堂々たる洋風建築のドームのうえにひるがえっていたのは、日章旗《にっしょうき》ではなかった。青地にあかい星をそめぬいた北辰旗《ほくしんき》であった。それは、北方の独立政権「開拓使」の象徴であった。

やがてしかし、土着化した開拓使の分離主義は、中央からの統合主義の攻勢をうける。一八八二（明治一五）年、開拓使は廃止され、北海道は内地なみに県に分割されることになる。函館、札幌、根室の三県ができる。北海道の独立性はまったくうしなわれる。北海道史における、いわゆる三県一局時代である。

これはさすがにむりだった。三県一局体制は、さまざまな矛盾と欠陥を露出して、ついに敗退する。一八八六（明治一九）年一月、県制は廃止され、北海道庁が設置される。すでに北海道には、「府県」とおなじにはかんがえてもらいますまいという、北海道モンロー主義が成長している。

北海道の開発と行政は、その後ずっと道庁の手によっておこなわれることとなるが、道庁の立場は微妙である。道庁はもちろん、官僚であり、これまた中央の使者である。しかしそれとともに、三県一局的統合主義の敗退のあとをうけて、それは、北海道モンロー主義の代弁者たらざるをえない。道知事は、ふたつの顔をもつ。中央に対しては統合主義、道民に対しては分離主義の顔である。そして、道庁もまた、しだいに土着化し、北海道のとりことなってゆく。

開発論争

戦後の北海道

北海道の理想と運命は、戦後はどのような道をたどり、いまどうなっているであろうか。

わたしはこの文章を、最近の北海道の印象からかきはじめた。わたしがそこにみたものは、札幌に象徴されるいちじるしい内地化の進行ぶりと、それにもかかわらず、またもやはじまった、あらたなる開拓の進行とであった。いわば矛盾するこのふたつの動向を、北海道思想史のながれのなかで、どのようにとらえるべきであろうか。

戦後の日本における北海道の立場は、はじめに指摘したように、ひじょうにかわってきている。カラフト・千島をうしなったため、いまや北海道は終着駅となった。また、大陸・南方からの総退却によって、ゆき場のない日本資本主義は、北海道にそのあたらしい活動の場所をもとめたのであった。北海道は、戦後になってから、いやおうなしにあらためて投資植民地の立場にたたされたのである。

そのとき、日本資本主義は、もちろん北海道の自立というようなことはなにもかんがえていない。植民地が独立するなど、おもいもよらないことだ。じつは、歴代日本政府のつよい統合主義の背後には、軍事的・政治的考慮のほかに、この経済の問題があった。分離主義は、資本主義的収奪のつごうと矛盾するのである。日本資本主義は、「北海道はオレたちのもの」と、当然のように土足で、ふみこんできた。それは、現代における中央統合主義のはげしい攻勢であった。一八世紀以来の伝統的政策である。

北海道に対する日本資本主義の要求は、ついに、国家権力をうごかすにいたる。北海道開発庁の出現である。これは、中央政府に直属する巨大な官庁として東京に成立し、長官は閣僚のひとりがその任にあたる。札幌には、その出さき機関として、北海道開発局ができる。それは昭和の開拓使である。土着化し、北海道のとりこになった道庁にかわって、これまた、あたらしい傲然たる中央の使者として、北海道に君臨する。

道庁と開発庁

道庁はなにをしていたか。道庁においては、しかし、戦後意外な事件がおこったのである。第一回北海道首長選挙である。この選挙に社会党は田中敏文《たなかとしぶみ》氏を候補にたてる。田中氏は当時、道庁の農業関係の一係長で、同時に道庁職員組合の委員長であった。社会党もかれが当選するなどとは予想もせず、落選してもたいして傷がつかないひとということで、道庁の一係長にすぎないかれを候補にたてたといわれる。それが意外にも当選し、ここに北海道における社会主義政権が成立する。

東京は北海道を目して、満州のかわりとしかみていない。田中知事は、北海道の労働者・農民の生活のために、北海道第一主義にたたざるをえない。かれはその道をばく進していった。東京と札幌とのあいだには、当然ひとつの政治的緊張が発生した。

じつは、北海道開発庁そのものの成立が、この政治的緊張の産物であったといわれる。もともと北海道は、日本最大の自治体として、膨大な建設予算をもっている。その最大の自治体に社会主義政権が誕生した。そんなものに巨額の予算をにぎられてたまるか、というのが、北海道開発庁がうまれたほんとうの理由であるともいわれている。とにかく、こうして道庁は建設予算をうばわれた。道庁はすでに中央官僚ではなかった。土着化し、土民化したところの、分離主義的現地政権であるにすぎなかった。

田中氏はその後三選し、田中道政は一二年にわたってつづく。しかし、一九五九（昭和三四）年の首長選挙には立候補しなかった。そして、与党自民党から町村金五《まちむらきんご》氏が出馬し、当選する。

わたしはまえに、札幌農学校の初期の卒業生で、あたらしい北海道の指導者となった人びとのなかに、町村金弥氏の名をあげた。金五氏は、その五男である。町村農場の名は全北海道に有名である。かれはえぬきの北海道エリートである。一二年にわたる北海道志向的政権のあとをうけては、自民党といえども、北海道志向をださなければかてなくなっている。しかも町村氏は、中央において警視総監、富山県知事、代議士を歴任した大ものである。北海道の知事は、中央に対しては中央志向の顔をみせ、道民に対しては北海道志向のポーズをとらなければならない。それが可能な人物——町村氏は自民党のきり札であるといわれたゆえんである。

そこで現実において、札幌には開発局と道庁という、二大官僚機構が併存して、北海道をうごかしているのである。思想史的にいえば、開発庁はより中央志向的な統合主義を代表し、道庁はより北海道志向的なモンロー主義を代表するものとみなすことができるであろうか。わたしはあらためて、中春別における根釧パイロット・ファームのお役所群をおもいだして、おかしくなってくる。ふたつの官庁の出さき機関が、となりどうしにいた。あの開拓地もまた、この両方がいないとうごかないのである。

開発批判

ここに北海道開発庁による北海道開発がはじまる。一九五〇（昭和二五）年に北海道開発法が成立、それにもとづいて第一次五ヵ年計画が昭和二七年度に開始される。農業・水産・林産・住宅・道路・河川・港湾その他、膨大な事業計画がたてられ、実現されはじめる。この五ヵ年計画は五年後は一七〇万人の人口増加と、コメ換算三五〇万石の食糧増産を期待するものであった。そして、五年間にそそぎこまれた金額は、国費だけで八〇〇億円にのぼる。

五年たってどういうことになったか？　たいへんな騒動がおこったのである。まず松永安左エ門《まつながやすざえもん》氏を委員長とする産業計画会議が、同会議のリコメンデイションとして〝北海道の開発はどうあるべきか〟という文書を発表する。「……人口吸収という主目的について五カ年計画が期待した北海道の人口増加は、一六〇万人であつた。事実は五〇万人の増加をみたにすぎない。しかもこのうち、四三万人は死亡よりも出生が多かつたためのいわゆる自然増であつた。従つて、本州人口を北海道へ吸収するという国策を遂行したために起つたと認められる増加は、わずか七万人しかなかつた計算となる。ところが別途この間において北海道に設置された自衛隊の関係により、概ね五、六万の増加があつたと認められるから、ほんとうの人口吸収は、実はほとんど零であつたといつてよいのである」「食糧増産……の事実は、少しも認められない」「農家戸数は……逆に減少している」「北海道開発の達成率は零であつた」といい、「あくまで経済効果で割切つた」開発策をだすべきであるというリコメンデイションを出したのである。

この文書にもとづいて、北大教授中谷宇吉郎《なかやうきちろう》氏は『文藝春秋』に「北海道開発に消えた八百億円――われわれの税金をドブにすてた事業の全貌――」という派手な題の論文を書いた。(註) これは産業計画会議の勧告をアメリカの開発と比較しながら、今後の北海道の開発のゆくべきみちをさししめすものであった。

(註) 中谷宇吉郎(著)「北海道開発に消えた八百億円――われわれの税金をドブにすてた事業の全貌」『文藝春秋』四月号　第三五巻第四号　五六―七二ページ　一九五七年四月　文藝春秋新社

この文章はつぎの本にも収録されている。

中谷宇吉郎(著)『文化の責任者』一九五九年八月　文藝春秋新社

開発論争

このふたつの文書をきっかけにしてはじまった北海道開発論争は、まことに目ざましいものであった。もちろん国会でも問題にされ、また開発庁、政府側からも、いくらかの点で反論と意見の発表があった。それに対して、批判者側からの再批判もあった。

北海道開発に関しては、その後おおきな文献が続々と出版されている。わたしは、それを机のうえにつみあげてみて、あらためてその膨大さにおどろく。一般に市販されているものだけをあげてみても、北海道開発庁関係では、『北海道開発要覧——北海道総合開発の全貌』が第一次開発五ヵ年計画の推移と成果を発表する。[註1] 北海道開発庁長官（昭和三二年四—七月）鹿《か》島《じま》守《もり》之《の》助《すけ》編『北海道総合開発の諸問題』[註2]、北海道開発局官房長の長《なが》谷《たに》好《こう》平《へい》『北海道開発予算の歴史と現状——その背景と諸問題』[註3] といったものまでも刊行されるにいたった。

産業計画会議および中谷論文のなげた波紋は、関係者のあいだに「いいかげんなことはやっていられないぞ」という気分をあたえたものといわれている。これらの文献をみるとき、そのなかには、そのふたつの文書からうけた衝撃のはげしさが、いたるところにまざまざとでているようだ。

北海道は、外領のすべてをうしなった戦後の日本の、ホープであった。だからこそ、ここに巨額の国費を投じて開発をやりはじめたのである。しかし、それは一面、わたしが根釧開拓地にみたように、むりやり「ホープ」に仕たてあげたというかたむきがなかったであろうか。一九五八年には稲葉《いなば》秀三《ひでぞう》氏らの国民経済研究協会による、いわゆる「稲葉レポート」が発表される。これは後に『北海道の開発と公共事業』として公刊されたが[註4]、そこには「北海道が日本のホープである」といわれてきたいままでの見解自身があやまりではないかという、やや悲観的結論がのべられている。

さらにこの開発論議には国外からの参加者があらわれる。イギリス、ブリストル大学のジョーンズ（F.C. Jones）の"HOKKAIDO——It's present state of development and future prospects——"（1958, Oxford University Press, Amen House, London）——『北海道

――開発の現状と将来の見通し』である。(註5)かれもまた、「北海道＝ホープ」説には反対である。かれによれば、北海道は役に立たぬ不毛の地ではないが、日本の問題を解決する、日本のカナダといったホープではない。

(註1) 北海道開発問題研究会(編)『北海道開発要覧――北海道総合開発の全貌』一九五八年八月 北海道開発要覧刊行会
(註2) 鹿島守之助(編)『北海道総合開発の諸問題』一九五八年一一月 ダイヤモンド社
(註3) 長谷好平(著)『北海道開発予算の歴史と現状――その背景と諸問題』一九五九年九月 開発行政協会
(註4) 財団法人国民経済研究協会(著)『北海道の開発と公共事業』一九五九年五月 時事通信社
(註5) F・C・ジョーンズ(著)北海道拓殖銀行調査部(訳)『北海道――開発の現状と将来の見通し』一九五九年一一月 ダイヤモンド社

農業開発の時代はおわった

こうしたおおくの北海道開発論議に共通する結論として、とくに民間側からは、「北海道はもはや開拓の対象ではない」というかんがえがつよくでているのは、注目にあたいする。たとえば、産業計画会議のリコメンデイションは「北海道の開拓は農地に木を植えることだ」――農地をかつての森林にもどせとまでいっている。そして入植本位の開拓、米作の奨励、耕地面積の拡大といった三政策を中止せよという。

中谷論文、稲葉レポート、そしてジョーンズも「北海道はもう開拓の時代ではない」という認識では、みな一致している。わたしも、根釧開拓地をみて、開拓の意味に疑問をもったことを、さきにしるした。開拓前線は、すでに消失しているのである。

それにかわるものはなにか。ジョーンズなどは、北海道の未来をもっぱら商工業につないでいる。人口収容力という点からみて、商工業――第二次、第三次産業による人口の増殖こそ北海道の今後のゆくべきみちであるという点でも、だいたい意見は一致している。

そして、それに対しては政府も異論はなかった。産業計画会議および中谷論文に対する政府側の反論として、「第一次五ヵ年計画における人口収容は、主として第二次、第三次産業の発展と関連して考慮したものであって、けっして農業入植に重点をおいたものではない」と返答している。また「産業開発のための道路・港湾・電力といった基礎施設の充実を計って来たし、第二次五ヵ年計画でもそうである」とこたえている。それはそれとしてただしい判断といわなければならないであろう。

しかし、なお疑問はのこる。それではいったい、それにもかかわらず近年において根釧原野、篠津原野の開拓というような開拓事業が、北海道開発の表面にはなばなしくあらわれ、パイロット・ファームが開発のショウ・ウィンドウになるというのは、どういうことなのであろうか。それは、産業計画会議のリコメンデイションがいうようには、経済効果だけではわりきれない、なんらかのかくされた意味をもっているのであろうか。

独立への道

四つの方式

わたしは、北海道の歴史をわたしなりに分析して、そこからいくつかの思想のながれをとりだすことをこころみてきた。そこには、基本的な思想の対立が、すくなくとも二組は、底流としてみとめることができるようだ。ひとつは、内地との文化的関連における、同質主義と異質主義の対立である。もうひとつは、内地との政治的関係における、統合主義と分離主義の対立である。

同質か異質かの問題と、統合か分離かの問題とは、どちらも北海道と内地との関係をめぐるものでありながら、両者は、カテゴリーをことにする。そこで、その二組の原理をくみあわせると、北海道の理想と運命についてのかんがえかたに、つぎの四つの方式が存在しうることになる。すなわち、

一、異質・統合
二、異質・分離
三、同質・統合
四、同質・分離

それぞれ具体的には、どれにあてはまるであろうか。

異質主義批判

最初の、異質・統合というのは、いうまでもなくケプロン・黒田構想の場合である。それは、新生した大日本帝国の領土として北海道を確保し、強力な中央政府の直接指導のもとに開発をすすめるという点で、あきらかな統合主義であった。同時に、北海道の環境的な異質性の認識のうえにたち、ここにあたらしい生活様式、独特の文化をうちたてようとした点で、はっきりと異質主義の立場にたつものであった。

第二の、異質・分離というのは、河野広道氏の北海道独立論の場合である。河野氏を代表とする北方文化主義者たちは、いっぽうで、ケプロン・黒田以来のエリート的理想主義のうえにたちながら、いっぽうでは、明治官僚とはことなって、いっそうリベラルな態度で、北海道のありかたをかんがえようとしていたのであった。

しかし、すでにしるしたように、現実の歴史は、いずれの場合についても、異質主義を裏ぎったのである。善意にみちたエリートたちの理想にそむいて、内地からわたってくる民衆は、くりかえし同質化の波をもたらす。北海道は現実には、とうとうたるいきおいで内地化したのである。

戦後の開発論争に登場した意見のなかにも、あきらかにふたつの思想がみられることはおもしろい。産業計画会議のリコメンデイションは、「あくまで経済効果でわりきれ」という近代的なよそおいにもかかわらず、あるいはそれとも、そういう近代主義ゆえにであろうか、ふしぎに明治初年の異質主義にちかい。そのなかには、「北海道には北海道らしい農業を育成せよ」という主張があるようだ。それを裏がきするように、同会議委員長の松永安左エ門氏は、あきらかに「ケプロン構想にもどれ」とさけんでいる。

しかし、ほかのかんがえはそれほどロマンチックではない。北海道が北海道らしくなくなってゆく現実をみとめたうえで、かんがえている。北海道の未来もまた、内地とおなじく、第二次および第三次産業の発展にかかっている。

統合主義批判

異質・統合の型に属する官僚理想主義については、さきにのべた。第三の、同質・統合というのはなんであろうか。それは、いうなれば官僚的現実主義、いまの北海道開発庁方式がこれにあたる。それは、北海道に異質の文化が成長することなど、はじめからかんがえてもいないし、内地に対する従属という線でしか北海道をみていない。

徳川時代においても、中央の言論は、一見反政府的にみえても、その実、けっきょくは中央主義であった。戦後の開発論議だって、北海道在住の中谷氏をのぞいては、統合主義のわくから一歩もでていない。たいていは「日本の将来にとって、北海道はいかにあるべきか」を論じているのであって、「北海道の将来にとって、北海道はいかにあるべきか」は問題にしていないのだ。経済開発といっても、けっきょくは内地資本による北海道の収奪である。

それをいかに合理的にやるかということにすぎない。

経済的収奪とともに、軍事的配慮が、一八世紀以来の日本政府の伝統的北海道政策だといった。現代においても、あきらかにそのかんがえかたをしめす文献がある。元北海道開発庁長官鹿島守之助氏は、その編者の序文にのべている。

「……北海道は、ソ連に最も近接し、その影響を最も受けやすい。したがって、赤化防止の見地よりも、北海道の総合開発は、急務中の急務である。北海道を貧乏・未開発のままに放置することは、社会上・経済上ばかりでなく、政治上・国防上よりするも、由々しい一大事である。北海道の総合開発は、常にソ連のシベリア開発よりも、一歩先んぜねばならない。……」と(註)。

軍事的植民の思想は、いまなおいきている。わたしは、根釧原野をはじめ、現在の北海道におこなわれている開拓のひとつの意味がわかったような気がする。そこには、空虚に対する恐怖がある。無人の空間は、人間によって、日本人によって、つねに確実に占拠されている必要があるのだ。それはまさに「植民」である。立木をきりはらって、そのかわりに民をうえるのである。

統合主義政府がどのようなものであるかは、「北海道開発法」がよくしめしている。それをみると、この法律の目的は、

「国は、国民経済の復興及び人口問題の解決に寄与するため、北海道総合開発計画を樹立し、これを実施する」とかかれてあるのみである。国への寄与が問題である。北海道に対す

る寄与は問題ではないのだ。現在、および未来における北海道の住民たち、そして将来、ここに展開されるであろうところの北海道の文明に対しては、日本中央政府はなんらの考慮もはらっていないのである。各国の開発法案で、開発対象地域の住民の福祉と利益に言及していないのは、世界じゅうで、日本のこの法律ただひとつだ、ということである。

（註）鹿島守之助（著）「はしがき」鹿島守之助（編）『北海道総合開発の諸問題』一九五八年五月　ダイヤモンド社

独立への道

四つの方式のうち、最後にひとつだけがのこった。同質・分離という方式である。統合主義の政府が、どういうものであるかはすでにみた。歴代日本政府の北海道に対する無理解さ、無責任さは、おどろくべきものがある。このような政府のもとに、内地中心の統治をうけつぐことは、北海道にとっては、あまりにもロスがおおいのではないか。はっきりと、北海道の、北海道人による、北海道のための、独立の政府をもつことをかんがえたほうが将来のためにはよいのではないか。

日本人は、日本列島という一連の地域にすみ、日本という統一国家をつくっている。われわれは、このことになんの疑問ももたずにきた。われわれはこれまで、おなじ日本人を主体としながらべつべつの国をつくりうるという可能性を、あまりかんがえてみたことはない。

しかし、北海道にはその可能性があるのである。日本の新世界、北海道をして、新世界の道をあゆましめよ。北海道の政治的自立をかんがえるべき時期がきているのではないか。

おおきさからいっても、人口からいっても、オーストリアよりすこしちいさい程度である。これだけあれば、一国をかまえるのにじゅうぶんである。しかもここには、札幌を中心として、よくまとまった地理的一体性がある。国として自立するのに遠慮はいらないのだ。自立するのに、武装反乱などという、ぶっそうな方法にうったえる必要はない。独立の形態、時期、方法などについては、日本政府とのあいだに、どのようにでもはなしあいの余地はあるだろう。国際情勢における軍事的・外交的な考慮も必要であろう。完全独立でなくたってよい。たとえば、日本連邦内の自治共和州というようなありかただってかんがえられるのである。要は、北海道をして北海道の道をあゆましめよ。

あたらしいエネルギー

これは、北方文化主義的北海道独立論のむしかえしではない。異質主義はすでに挫折している。これは、内地との同質化を前提とするところの新独立論である。

しかし、独立のためにはそれだけのエネルギーがいる。新世界はどこでも、充実した土着エネルギーの蓄積のうえにたって独立した。北海道にそれがあるであろうか。

歴史の経過がしめすように、北海道における中央政府の機関は、くりかえし土着化し、北海道志向に転じた。開拓使も、道庁もそうであった。こんどは開発局の番である。いまはそれは、傲然たる中央の使者であるが、それもやがておなじ法則の支配をうけて、土着化するのかもしれない。また、日本国軍の三分の一をしめるといわれる自衛隊北海道駐屯部隊さえ、おなじ道をたどって、土着化する可能性もないではなかろう。北海道には、それだけのつよい自己志向性のながれがある。

しかし、北海道にも弱点がある。北海道のあたらしいエネルギーの展開は、すでに指摘したように、ゆきづまった農業のなかにはもとめがたい。そして農業だけでは、内地の強力な統合主義に抵抗することはできず、原料生産および内地製品の消費マーケットとして、要するに植民地の地位にとどまるほかはない。商工業をみずからのなかに育成することこそ、これからの発展の道である。

ところがかなしいことには、わたしのみるところでは、北海道人自身は、まだ多分に農業にこだわっているようである。それは、日本の伝統的な重農主義以上のものがある。重・重農主義とでもいおうか。重農主義をおもんぜねばならぬという信念である。あたらしい開発が、農業開拓主義ではないといいながら、けっきょくは根釧原野の開拓みたいなものばっかりが、はなばなしくなってしまうのも、ひとつはそのせいではないか。機械開墾というのは、ならびたつふたつの官庁、開発庁と道庁がそれぞれ代表する、内地的重工主義と北海道的重農主義との妥協的形態であったのかもしれない、などとおもったりする。

農業は、内地からの同質化攻勢に対する、北海道異質主義のエリートたちの、最後の防衛線であるのだろうか。北地農業は、われらのもの。商工業に手をだせば、内地にしてやられるぞ、という恐怖感。それは、いつしか民衆レベルにまで浸透した北海道的異質感の一面である。北海道民衆のパーソナリティには、工業指向性がいちじるしく欠けている。ちょっとした工業製品でも、これは内地がつくってくれるものだとおもっている。そして自分たちはほこりたかき「農夫」である。

しかし、これでは独立のエネルギーはうまれない。重農主義からはなれた北海道地域主義が成立しなければ、自立はむりである。いまは、地域主義イコール重農主義であるというところに、北海道の悲劇がある。

しかし、未来の北海道についていいえば、内地との同質化が進行するにつれて、内地からの商工業移民が流入し、第二次・第三次産業の人口は増大するだろう。これらの産業の労働者たちが、あたらしい居住地の植民地的状態のばかばかしさに気がついて、北海道地域主義とむすびついたとき、そのときこそは独立のエネルギーがもっとも強力にはたらくときであろう。

さきに指摘したように、明治的近代主義は、北海道においては農業にむすびついた。そしてそれは、官製開拓による内陸文化圏をつくりだした。いまやその系譜をひく重農主義は、ぎりぎりの段階にきている。根釧パイロット・ファームは、明治的近代主義の最後の栄光だ。内地からは、商工業のあたらしいエネルギーが、門口まできている。そしてそれこそは、明治以前に自由なる移民として津軽海峡をわたり、沿岸文化圏を自力で建設した、漁業労働者、商人、ながれものの系譜をひくものではないだろうか。

明治はさった。いまや、あたらしい時代がめぐってきつつあるようだ。

追記　「北海道独立論」その後

この文章でとりあげた同質か異質かという問題、または分離か統合かという問題は、北海道にかぎらず、世界各地でおなじような問題があるはずである。その意味でここに提出した議論は、かなりの程度に応用がきくのではないか。

この「北海道独立論」は、その後、臼井《うすい》吉見《よしみ》氏の編集になる「現代の教養」のなかに載録されている。(註)

(註)　梅棹忠夫（著）「北海道独立論」臼井吉見（編・解説）『新・日本地理』「現代の教養」一七―五五ページ　一九六六年一二月　筑摩書房

高崎山

解説

京都大学の霊長類研究グループとは、わたしは永年ふかい接触をたもってきた。その霊長類研究は、戦後大発展をとげたのであるが、わたしはかれらの研究を素材として、日本の自然科学のありかた、ひいては日本人の自然観というようなことについてかいてみたいとおもった。高崎山、幸島《こうじま》、犬山をおとずれたのは、一九六〇年の初夏であった。かれら霊長類研究グループの発展の足どりについては、すでにそうとうの材料の蓄積があったので、それらにもとづいて一気にかきおろした。これは同年、『中央公論』の八月号に掲載された。(註1) のちに、「日本探検」の四回分がまとめて単行本として刊行されるに際して、この文章も収録された。(註2)

（註1） 梅棹忠夫（著）「日本探検（第四回）高崎山」『中央公論』八月号 第七五年第九号 第八七三号 二二一—二四八ページ 一九六〇年八月 中央公論社

（註2） 梅棹忠夫（著）「高崎山」『日本探検』一八九—二六七ページ 一九六〇年一一月 中央公論社

高崎山

別院まえ

大分《おおいた》から、別府《べっぷ》ゆきのバスにのった。わたしは、いちばんまえの座席にすわって、あらわれてくる景色をみていた。

町をはずれてから、海岸をはしった。雨で、見とおしはよくなかった。別府湾は、空も海もひとつづきに、にぶい銀色にけむっていた。

左側におおきな山があらわれてきた。海岸から、いきなり急な斜面がつきあげて、たれこめた雲のなかにきえている。それは、むやみとおおきな、たかい山のようにおもえた。斜面は、びっしりとこい木だちにおおわれて、ぬれた山ひだのかさなりが、すみえのようにうつくしかった。山は、高崎山《たかさきやま》（六二八・四メートル）だった。

山は、海岸ぎりぎりまでせまっている。山と海にはさまれて、自動車道路と電車の軌道と国鉄とが、せまい帯のようにはしっていた。

「別院まえ」というところでバスをおりる。ひと足さきにきていた伊谷《いたに》君が、バスの停留所までむかえにでていてくれた。

「別院まえ」というのは、かれがおしえてくれた名まえである。大分市内の禅寺、万寿寺《まんじゅじ》の

別院がここにある。しかし、バスにのって、わたしが「別院まえ」とゆくさきをつげると、車掌は、

「高崎山ですね」

といいなおした。いまでは、寺よりも山のほうが有名である。伊谷君は、高崎山の名がこんなにしられるようになるまえから、このあたりをあるきまわっているものだから、むかしどおり「別院まえ」とおしえてくれたのにちがいない。

わたしたちは、国鉄のガードをくぐって、山のほうにむかった。新興の観光地「高崎山」であった。

高崎山の運命

わたしはじつは、妙なことから高崎山の名をまえからしっていた。戦後に発行された日本切手のなかに、収集家仲間で「別府」と略称されているのがある。凹版《おうはん》、二ど刷。おなじ図がらで、色のちがうのが二種類でた。現代の日本切手にしてはめずらしく、幅ひろの額縁がとってあって、その額縁の色が、二円のが濃紅、五円のが暗緑だった。精密な線のうえに、凹版特有のインキのもりあがりがうつくしかった。

額縁のなかは、別府湾だった。山を背景に、しずかな海と、その海にうかぶ船があった。船は、瀬戸内海をかよう遊覧船であろうか。

背景の山は、いまにもむっくりとたちあがろうとしている恐竜の背なかのように、特徴の

あるもりあがりをみせていた。山は、まわりから孤立して、海岸ぎりぎりにたっていた。切手にはもちろん、山の名なんかはかいてない。わたしは地図をしらべた。わたしは別府にいったことはないけれど、このかっこうの山なら、地図の等高線から、すぐ判定がつく。それは、高崎山にちがいなかった。

「別府」の切手が発行されたのは、一九四九（昭和二四）年の春である。それは、戦後の日本切手における観光地シリーズのはしりであった。耳紙に、英語の宣伝文句をいれた、ずいぶん露骨な観光宣伝切手であった。そのまんなかに、おおきくえがかれているのだから、その当時においてすでに、高崎山は、観光地別府における代表的風景と見なされていたのだろう。しかし、それはどこまでも、大観光地「別府」の背景のひとつというだけのことであって、だれも高崎山の切手をつくろうとしたのではなかったはずだ。山自体には、なにも特別の意味はなかったのである。

切手の原画は、中村研一《なかむらけんいち》画伯がえがくところの油画であるといわれる。その中村画伯も、別府市長も、郵政審議会の切手図案審査委員たちも、郵政大臣も、要するにこの切手の発行に関係したすべての人たちが、この山がまさか今日のようなことになろうとは、だれひとり夢想もしていなかったにちがいない。一〇年たらずのあいだに、高崎山の運命はまるきりかわってしまったのである。

高崎山の運命をかえたのは、サルである。野生のサルの大群があらわれたのである。人びとは、わきたった。サルは、たちまち天然記念物になった。高崎山は、たちまち国立公園になった。日本唯一の、国立自然動物園になった。おびただしいひとが、毎日この山のサルをみにくるようになった。高崎山はもはや別府の高崎山ではない。温泉の別府とならんで、サルの高崎山は、それ自体がユニークな観光地となったのである。

わたしがここにやってきたのは、もちろん切手の図がらを実地にたしかめるためではない。高崎山の運命をかえた、そのサルたちをみるためにやってきたのであった。

サルの王国

ここは、サル一色の観光地である。いちおうは観光地らしくおみやげもの屋がならんでいるが、うっているものは、サルの人形、サルのこけし、サルのタオル、サルのせんべい、サルのようかん。要するにすべてがサルである。ずいぶんのひとが、これでたべているのであろう。偉大なるサルたち。

柵があり、切符うり場があった。ここからがいよいよサルの王国領である。人びとは、ここで入国税をはらう。

税関事務と王国の管理は、大分市役所から派遣されてきた公務員たちがやっている。ここは、距離からいえば別府にちかいけれど、行政的には大分市内である。観光客のはらう膨大な入国税は、ごっそりと大分市にころげこむ。土地は、お寺の土地である。そこで、お寺は市から二割のわけまえをもらう。かんじんのサルはどうか。サルももちろんもらう。サルは、毎日サツマイモのごちそうをもらうのである。

伊谷純一郎《いたにじゅんいちろう》君が高崎山のサルの研究をはじめたのは、もう一〇年もまえ、一九五〇年の四月のことだった。そのころかれは京大の動物学の学生だった。かれは、ここのサルの野生生活の研究を、卒業論文のテーマにえらんだのだった。卒業してからもずっと研究をつづけ、しばらくはここにすんでいたこともある。最近はいそがしくなって、かれ自身は高崎山からとおざかっているが、かれのあとにつぎつぎとわかい研究者があらわれて、その仕事をひきついでいる。いまは、やはり京大の動物学をでた水原洋城《みずはらひろき》君というのが、ここに常駐して、観察をつづけている。サルの王国の歴史は、正確な科学的手法にもとづいて、まいにち綿密に記録されつづけているのだ。

伊谷君は、ここにくるのは三年半ぶりだといった。三年半ぶりに高崎山へかえってきた伊谷君を、売店のおばさんたちや、税関の公務員たちは、もちろんよくおぼえていた。しかし、サルはおぼえているだろうか。

坂をあがってゆくと、すでに木だちのあいだにサルが何びきもうろついていた。伊谷君によると、サルのほうはかれをわすれているそうだ。かれのほうは、もちろんサルをおぼえている。かれは、道ばたに、きょとんとすわっているサルたちに、声をかけてゆく。

「やあ、おまえ。おおきくなったなあ」

かれがここで研究していたころ、まだ少年だった連中が、いまでは堂々たるおとなザルになっている。出世して、むれのなかでも、そうとうの地位についているのがいる。

ときには、伊谷君にもわからないのがいる。しげしげと顔をみて、

「おまえ、だれだったかなあ」

三年半の年月は、サルたちの顔をもかえてしまったのである。

潜在主権と主体性

急な石段をのぼりつめて、ひろい台地にでた。左に禅堂《ぜんどう》と侍者寮《じしやりよう》の建物があったが、本堂はまだできていなかった。鉄の柵があり、そのなかに、「本堂建設用地」とかいたふとい柱がたっていたが、いまのところ、それは寺の潜在主権の宣言だけにおわっているようだ。現実には完全にサルたちに占領されている。柵のなかはサルのエサ場になっていて、おおきいのやら、ちいさいのやら、それぞれいそがしくイモをかじっていた。

柵は、人間をさえぎるためのものである。サルたちは、もちろんそんなものにさまたげられることはない。自由に柵をこえて、人間のほうに進出してくる。いっこうに、おそれるふうもない。むしろ、見物の人間のほうが、かれらに気をのまれてしまっている。サルをいじめたり、いたずらをしかけたりするものは、だれもいないようだ。

むしろ、いたずらをするのはサルのほうだ。サルたちは、人間の手から、餌《えさ》をうけとってたべる。かれらは、ひとをおそれない。あるいは、ひとを無視する。かれらは、観光客のなかをあるきまわり、うしろからズボンをひっぱり、スカートをひっぱる。手にもったナンキンマメの袋を、いきなりかっぱらってにげるサルがいる。ときどき、女学生のむれから、キャアキャアと悲鳴があがる。

なんとも奇妙なことになったものだ。ベンチに腰かけたわかい女性のかたわらに、おおきなサルがすわっている。女もサルも、あたりまえのような顔をしているけれど、このサルは野生のサルである。女は、野獣とすわっているのである。両者のあいだには、金網がない。ここでは、人間と野獣とが、それぞれの完全な主体性をたもちながら、おなじ平面において、平和的に、そして対等に接触しているのである。これはどうも、日本の歴史はじまって以来の珍現象ではないだろうか。ここにわたしたちが対面しているものは、人間にコントロールされることのない、なまの自然である。自然に対するあたらしい接触の仕かたが、ここにはじまっているといえないだろうか。

サルには餌をやっているじゃないか、というひとがあるかもしれない。しかし、だからといって、ここのサルは人間に飼われているのではない。人間はサルに餌を提供する。サルはその餌をとるが、かれらはそのとき、森の木の芽をとってたべるのとおなじように、いばって餌をとるのである。別院に餌場ができたことは、かれらにとっては、あたらしい採食地がひとつふえた、というにすぎないのである。

天皇の訪問

高崎山のサルは、野生のサルである。かれらは、野生のままの整然たる社会組織をたもち、それによって行動している。人間はまた、かれらの行動をコントロールできないのである。かれらは、かれらののぞむところにしたがってあらわれ、気にいらなければさっさと山にひきあげてしまう。人間はそれをひきとめることさえできないのだ。

一国の帝王といえども、サルを自由にうごかすことはできない。一九五八（昭和三三）年四月九日、天皇夫妻は、高崎山にサルを訪問されることになる。しかし、そのときサルが訪問に応ずるかどうかは、まったくサルまかせなのだ。せっかく天皇がきておられるのに、サルはでてこないかもしれない。いくら大分市長だって、こればかりはどうにもならない。市の吏員《りいん》なら、市長の命令をきくけれど、おなじ大分市内にすんでいても、サルは市長の命令をきかないのである。さいわい、天皇がおつきになると、どっと一〇〇ぴきばかりがでてきて、みんな安どの胸をなでおろしたということだ。

わたしたちが餌場についたときは、やはり一〇〇ぴきばかりがいたけれど、むれはすでに移動を開始しているようであった。山へかえるのである。むれの中心部は、すでにうえの森のなかにはいっていた。ついさっきまで、順位第一のボス、ジュピターがでていたという。伊谷君はたいそうざんねんがった。わたしに、ジュピターだけはあわせたかったのだ、という。このひとは、サルをほんとうに自分の親類かなにかのようにいう。

むれは、ゆっくりと山のほうに移動してゆく。石段のところで、木のうえにわかいオスがのぼって、猛烈な木ゆすりをやった。

「あいつは後衛の見はりです」

と伊谷君がいった。はるかうえのほうに、稜線《りょうせん》の枯れ木のうえに、くろいかたまりがのっていた。望遠鏡でのぞくと、サルだった。

「あれが前衛の見はりです」
と伊谷君がいった。前衛から後衛まで、数百メートルにわたる全斜面に、むれは展開して、撤退しつつあった。

むれの統制

わたしたちは、うえの段の隠寮《いんりょう》にいった。ここはもう、一般の立ちいりはおことわりで、サルのひとり天下である。うつくしい庭園の岩のうえで、子ザルがすもうをとっていた。屋根のうえにも、縁側にも、サルがいた。

うっかり戸をあけておいて、大騒動になったことがある。阿弥陀さんはひっくりかえり、カーテンはずたずた。あと、畳の足がたをふくのに往生した、という。

ガラス障子のなかにすわっていると、そとの廊下を、おおきいサルがすーっとよってきた。わたしをみたが、おどろくでもなし、こびるでもなし、完全にしらぬ顔である。すーっといってしまった。

隠寮から、さらにうえにのぼった。急な斜面、うっそうたる森である。腰をおろしてみていると、サルたちが続々とのぼってくる。音もなく地上をあゆみ、岩のうえにあがる。ときどき子ザルたちがはしりまわり、木にのぼり、枝から枝にとびうつった。おとなザルたちは、ものうげに、しずかに急坂をのぼっていった。

「ジュピター」だの、「タイタン」だの、サルに名まえをつけたのは、伊谷君のしわざである。こういう神話の英雄にはじまって、「サルタヒコ」だの「ウゼン」だの、ずいぶん愉快なのがいた。「ウゼン」というのは、片目のサルで、丹下右膳《たんげうぜん》である。「シャラク」というのがいた。顔をみたら、その名の由来はいっぺんにわかる。写楽だ。写楽えがくところの浮世絵である。伊谷君以来の伝統はひきつがれていて、いまでは、むれのなかのおもだったサル二〇〇ぴき以上に、名まえがついているという。

むれのなかに、はっきりしたステータスがあることを発見したのも、伊谷君だった。人間の社会には帝王というものがあるけれど、サルの社会には帝王というものはない。ただ、複数のボスというものがある。かれが観察していたころ、むれは、抜群におおきい六ぴきのオスたちによって、統制されていた。かれらはボスとよばれることになった。ボスどうしのなかでも、一位から六位まで、整然たる順位があって、秩序がまもられていた。むれの中心部には、ボスたちと、おとなのメスと、子どもたちがいた。その周辺部に、第二級のオスたちがいて、これはボス見ならいとよばれることになった。いちばん外側に、オスばかりの若者組というのが位置する。

伊谷君が研究をはじめたころ、かれは、むれの頭数を、一六六とかぞえている。その後、高崎山のサルは、ふえにふえた。とうてい、ボスたちの統制がおよびかねるほどふえたときに、むれには混乱がおきるだろうと、伊谷君は予想していた。そして最近、むれはついに分裂したのである。現在はだから、高崎山にはふたつのむれがいる。A群は五二〇ぴき、B群は一五〇ぴきである。ほかに、むれからはなれたヒトリザルがいくつかいる。

隠寮の縁側で、伊谷君からサルの社会学の講義をきいているうちに、あたりはしだいにくらくなってきた。サルはおおかた山へひきあげていった。わたしたちも、山をおりた。電鉄ののり場に、おおきな速報板があって、「只今０匹」とでていた。人間はサルをひきとめることはできない。人間はサルを観測し、報道するだけである。

大分市長の名案

わたしは、大分市の市役所をおとずれて、市長にあう。大分市長上田保《うえだたもつ》氏は、もうかなりの年配だが、エネルギッシュな感じの、快活な紳士だった。高崎山のサルを手なずけるという卓抜なアイディアをおもいつき、それを実現にまでもってきたのは、このひとなのである。火野葦平《ひのあしへい》氏の小説『ただいま零匹』のモデルだといわれている。(註)サルを手なずけるまでのいきさつは、小説その他でかなりしられていることだが、あらためてご当人の口からきくと、それはまた、すてきにおもしろい物語であった。

そのいきさつの要点をいうと、こうである。高崎山のサルは、戦中・戦後は、もっぱら「増産の敵」であった。付近の畑をあらしてこまった。そこで、戦後はサル退治をすることになった。大分県の知事が先頭にたって、猟友会員など数十名をひきつれて、高崎山にむかった。しかし、サルは一ぴきも姿をみせず、ただ、ウサギが二羽とれただけだった。

上田市長は、しかし、このサル退治に疑問をもった。ころすだけでは、あんまり能がなさすぎる。逆に、なにか利用法はないか。サルに餌をあたえて人間になれさせれば、観光地として、ひじょうにおもしろいものができるのではないだろうか。

池のコイでも、手をたたいて餌をあたえればあつまってくる。サルのようにかしこい動物に、それができないはずがない。一定の音をたてて、餌をあたえつづければ、かならず出てくるようになるにちがいない。市長は、こう推論した。この推論は、なかなか科学的である。

それでは、音はなんにするか。どこにでもある音ではまずい。かわった音で、山のとおくまでひびく音。市長はここで、ほら貝をおもいついた。さっそく新聞に発表し、ほら貝を募集したら、一五個ほどあつまった。市長は、それをもって、高崎山へいって、ふきならした。餌はリンゴをもっていった。もちろんサルはでてこなかった。

新聞は、「大分市長、いよいよホラをふく」とかきたてた。市民は、市長は冗談がすぎるのではないか、とうわさした。労働者がおしよせてきて、「サルにやるリンゴがあるなら、おれたちによこせ」といった。しかし、市長はかんがえをかえなかった。

万寿寺の別院の和尚《おしょう》は、大西真応《おおにししんのう》というひとだった。市長は、このひとにたのんだ。大西和尚は、もともと器用なひとで、まえにも自分で、サルを手なずけようとこころみたこともある。ふたつ返事で市長の仕事をひきうけた。

市長はしかし、ひとつおおきい誤算をしていた。ここのサルは、九州のサルであって、青森県のサルではない。リンゴは、みたことがないのだ。リンゴは、サツマイモにかえられた。それでも、サルの警戒はなかなかとけなかった。いろいろにくふうして、ばらまいた。

サルは、とうとう山からでてきて、それをたべるようになった。市役所からは、イモがどんどんはこびこまれ、和尚はせっせとそれをやりつづけた。サルはついに、ほとんどひとをおそれなくなった。餌づけは成功したのである。一九五三年の二月のことであった。

サルと人間との関係は、急速にすすんだ。三月には、田村剛《たむらつよし》氏を団長とする、文部省・厚生省の合同調査団がのりこんできた。三月二六日には、天然記念物の仮指定をうけた。その年の暮れには、国立公園になった。管理は、大分市があたることになった。まえから、この高崎山のサルを研究していた伊谷君は、大分市の嘱託になった。餌づけの成功は、かれの研究にとっても、たいへんつごうのよいことであった。

（註）火野葦平（著）『ただいま零匹』一九五六年七月　新潮社

ナチュラリスト市長

上田市長は、もともと弁護士だという。動物学の専門家でもないこのひとが、サルの餌づけという奇想天外のプランをかんがえついて、それを実現してしまったということは、やはりおどろくべきこととといわねばなるまい。このひとは、どうしてこんなことをかんがえついたのだろう。

わたしは、このひとがひじょうなアイディア・マンであるという評判はきいている。わたしは、市長といっしょに大分市内をまわる。大分市。人口は約一二万。県庁があるというだけで、ほかになんということもない、地方の一小都市である。しかし、そこには市長の創意になるさまざまな施設があった。このひとは、「公園市長」というあだ名がつくほど、公園つくりには熱心である。巨大なフェニックスのうえられた駅前広場、滝廉太郎《たきれんたろう》の銅像のある遊歩公園、草花のさきみだれる若草公園、郊外の墓地公園と、やたらに公園をつくった。どれもがうつくしく、気がきいている。なかでもおもしろいとおもったのは、ジャングル公園であった。面積はたいしたものではないが、一種一木、ここに七〇〇種以上の樹木をあつめ、町のまんなかにうっそうたる森林をつくっている。しかも、一本一本に、科学的にして文学的な解説がついている。これはみんな市長が自分でしらべたのだ、という。

わたしはすこしわかったような気がした。このひとが、サルの自然公園という奇想天外なアイディアをかんがえ、実行したのは、単なるおもいつきのよさによるものではない。このひとは、もともとナチュラリストなのだ。ほんとうに自然を遇する道をしっているひとなのだ。観光といえば、すぐにホテルをたて、遊戯場をつくることしかしらない人たちとは、人種がちがうのだ。この点は、高崎山の現状を理解するうえに、たいせつなことであるにちがいない。

サルとキリシタン

サルは軌道にのった。サルはおわった、と市長はいう。市長は、もうつぎのプランにかかっている。かれは、自然だけでなく、歴史や文化をどう遇するかをもしっているひとだ。

つぎのプランというのは、この町に、キリシタン文化センターを設立することである。そして、その資金をつくるのに、竹のロザリオをこしらえて、それを世界じゅうのカトリック教徒にかってもらうのだ、という。

ここは、中世以来、九州北部に勢力をはっていた大友《おおとも》氏の拠点、府内《ふない》の地である。フランシスコ大友宗麟《おおともそうりん》は、一六世紀における、もっとも有力なキリシタン大名のひとりであり、府内は、日本におけるキリシタン布教の一大基地であった。一五五一年にはザビエルがきた。それ以来、たくさんの伝道者たちがやってきた。ここには、教会があり、病院があり、コレジオがあった。

大友フランシスコは、有馬プロタシオ〔晴信《はるのぶ》〕、大村バルトロメオ〔純忠《すみただ》〕の、九州におけるふたりのキリシタン大名とともに、ローマ法皇に使節団をおくった。大友の一族、一三歳の伊東マンショが首席格であった。かれらは、ポルトガル船で長崎をたってローマにむかった。一五八二（天正《てんしょう》一〇）年のことである。

それから、四〇〇年ちかく経過した。かつての大友フランシスコの故地に、上田市長はキリシタン文化センターを建設しようとしている。一九五六年一一月、できあがった竹のロザリオをもって、老市長はローマにむかい、法皇ピオ一二世に謁見したのであった。

キリシタン文化センター設立に対する、このカトリック市長の、なみなみならぬ熱情をききながら、わたしは、なんとなく高崎山のサルをおもった。サルとキリシタンが、まもなくこの町のシンボルになるであろう。しかし、サルとキリシタンというのは、なんとも奇妙な組みあわせである。そして、その組みあわせの奇妙さのなかに、わたしは、日本文化史におけるかなり重要な問題がひそんでいるように感じたのであるが、それについては、もう一どあとでかんがえてみることにしよう。

幸島・都井岬

日南海岸をゆく

わたしたちは、高崎山をあとにして旅をつづける。わたしたちの目的は、九州東海岸にならぶ、いくつかの野生ザル生息地を歴訪することであった。つぎは、宮崎県の幸島《こうじま》である。日向《ひゅうが》の海岸はいつ果てるともなくながい。延岡《のべおか》から南は、汽車はほぼ海岸の砂浜のうえをはしる。ながめはわるくないのだが、単調さにうんざりする。大分から宮崎まで五時間。そして、宮崎からはバスにのる。

バスは、青島をすぎて、いわゆる日南《にちなん》海岸の絶壁のうえをとおる。日南海岸は、風景の雄大さでしられた、南九州第一の観光地である。海岸の岩礁《がんしょう》が、「鬼の洗濯板」などとよばれる特異な配列をしめす。途中に鵜戸《うど》神宮《じんぐう》もあり、シャボテン園［二〇〇五年に閉園］などというものをつくったり、観光開発に努力がはらわれているようだけれど、道路のひどいのには閉口である。ほとんど舗装はない。ずいぶん交通量はおおいのに、なんという道のせまさ

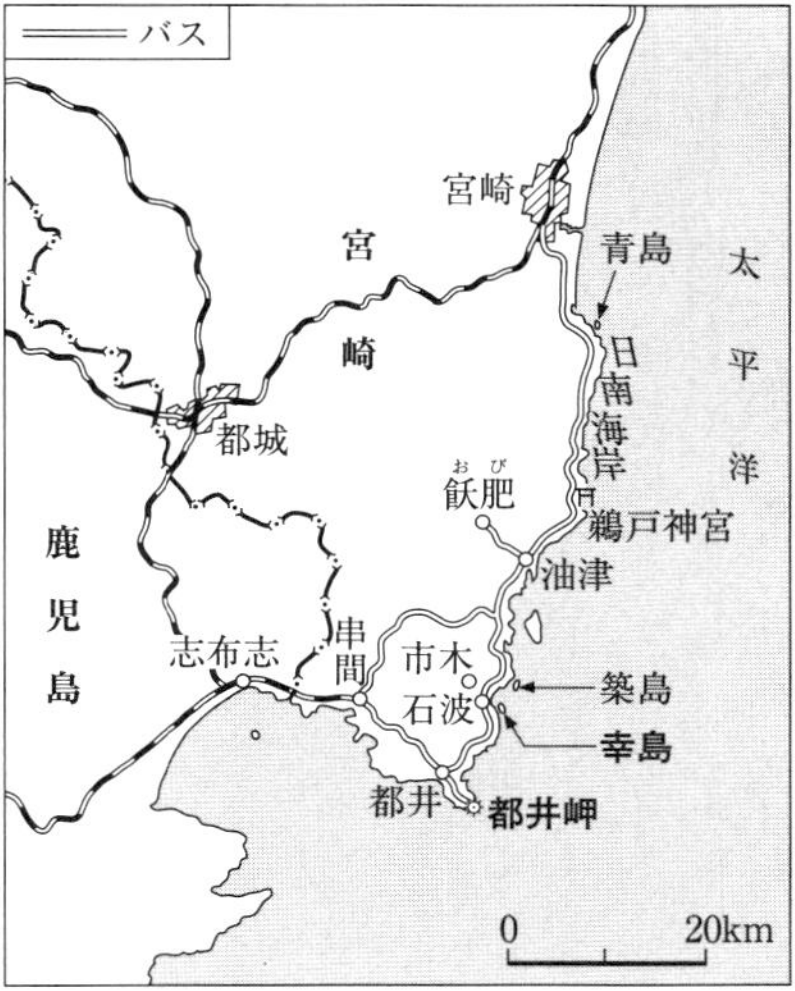

幸島と都井岬

だ。むこうからバスやトラックがくるたびに、ヒヤヒヤさせられるし、時間もくう。道のわるいのはここにかぎらぬけれど、これで観光地の宣伝をするのは言語道断である。観光以前の問題であろう。

わたしはしかし、日南海岸の観光にきたのではない。とにかくぶじに絶壁をとおりぬけてくれればいいのだ。バスは、油津《あぶらつ》につく。宮崎から約二時間半である。油津で、ローカル線のちいさいバスにのりかえて、さらに一時間。いっそうせまい道を、市木《いちき》までゆく。バスは、石波《いしなみ》という集落の入口で終点になる。ここから南は、のりものはない。バスをおりたのは、もう夕がただった。

しずまりかえった石波の集落をぬけて、村はずれの、冠地《かんち》さんの家にとまった。あすは幸島にわたる。

幸島

あくる日は、幸島にわたる。村にすぐ接して、みごとな海岸防風林があった。シイやタブが、あつぼったくしげり、森のなかはほのぐらかった。アコウだの、タチバナだの、見なれぬ樹種がおおい。ハカマカズラのふといつるが、奇怪なかたちにはいずりまわっている。「亜熱帯的」ということばはおおげさだろうが、南の国の実感はある。わたしはたしかに、日本列島の南端ちかくにきている。

森をぬけると、海岸の砂浜にでる。前日とはうってかわって、快晴だった。まばゆいほどあかるい光のなかに、前面におおきく幸島があった。ひと手のはいらぬ暖帯照葉樹の密林が、びっしりと島をおおっていた。

海峡は、わずか三〇〇メートルだが、潮のながれがはやくて、三角波がたつ。すこしばかり天気がわるいと、もうわたれなくなる。ここまできて、島にわたれずにかえったひともすくなくない。わたしは幸運だったようだ。小船で、わけなく島にわたった。市木の学校の先生、時任《ときとう》さん夫妻が、案内にきてくださった。

ちいさな岬をまわると、おもわぬ入り江があった。岩礁にかこまれたしずかな湾だった。奥は砂浜で、船をそこにつけた。湾は大泊《おおどまり》といった。

島には、一軒だけ家がある。漁師の磯崎《いそざき》一家がすんでいる。一〇年もまえから、伊谷君はじめ、つぎつぎにやってくるわかい研究者たちを島にはこび、いっしょにサルの研究に苦労した一家である。磯崎さんは、サツマイモをもって山にあがっていった。「ローローローローー」とサルをよぶかれの声がきこえてきた。サルはまもなくおりてくるだろう。

谷のうえのほうで、こずえがバサリとうごいた。サルがでてきたのだった。灌木《かんぼく》のしげみのしたから、わかいオスが一ぴき顔をだした。まもなく、あちらからもこちらからも、続々と姿をあらわした。

わたしたちは海岸にたって、サツマイモをなげあたえた。サルは、それを両手にかかえて、二本足でたって、砂浜をはしった。そのかっこうには、なんともいえぬ愛きょうがあった。サルたちは、水ぎわにいって、ならんでイモをあらって、たべた。

幸島のサルは、ひとむれだけである。

「何びきいますか」わたしはたずねた。

「在籍四六ひきです」時任先生がこたえた。ここのサルは、もっとも完全に戸籍ができている。むれがちいさかったせいもあるが、ここのサルはいちばんはやくから研究がすすんで、かなりの程度に、系図までわかっている。やはりここにも、京大からわかい科学者たちが、しじゅうやってくるけれど、そのほかに、地元に時任さん夫妻のような篤志家《とくしか》がいて、サルたちの、日々の生活が、克明に記録されているのである。

サルを愛する人びと

大泊の湾の北側の峰に、弁天さまがまつってある。その弁天さまのことを、みんなビタイテンとよんでいる。そのビタイテンのおつかいとして、二、三百年まえに、二ひきのサルをこの島にはなしたのが、幸島のサルのはじまりであるとつたえられている。

村びとたちは、ビタイテンのおつかいたちを、「ワコさん」とよんで、たいせつに保護してきたようである。たまにやってくる漁師たちの弁当をサルがとってにげても、

「ワコさん、弁当箱だけはかえしておくれ」

というくらいのことだったそうだ。島は、ビタイテンとそのおつかいたちの島だった。

サルに対する関心は、ふるくからもちつづけられてきたのである。柳田国男《やなぎたくにお》氏の『海南小記《かいなんしょうき》』のなかに、幸島のサルの話がでてくる。(註)柳田さんの旅は、豊後《ぶんご》臼杵《うすき》をふりだしに、九州東海岸をつたっての、船の旅だった。幸島には、サルのなかにただ一軒、番人のようにすんでいるひとがあったという。四〇年もまえのことで、いまとなっては、村のひとにたずねても、だれのことかわからない。いまの磯崎一家のようなかわりものにも、先駆者はあったのである。磯崎さんは、このあいだも、放送局のひとが録音をとりにきたとき、酔っぱらって演説をぶったそうだ。「サルに選挙権をあたえよ。わたしは幸島のサル共和国の大統領になる」と。かれには、その資格がある。かれは、幸島のサルたちを愛している。

わたしたちが泊めてもらった家、冠地さんのおじいさんというのが、また、ほんとうに島のサルを愛したひとであった。中年から市木にきたひとで、『海南小記』にでてくる「番人さん」ではないことはあきらかだが、島のサルの保護のために、いろいろと手をつくした。一九三四（昭和九）年における天然記念物の指定も、このひとの努力に負うところがおおきかった。

おじいさんは、元気なひとだったようだ。伊谷君らといっしょに、幸島の山のなかをあるきまわった。わたしも、こんどの旅行でこの老人にあうことをたのしみにしていたのだが、きてみると、一週間まえになくなったという。九〇歳であった。

時任先生のおくさん――おくさんも先生なのだが――は、この冠地藤市翁の娘さんである。親子二代にわたるサルへの情熱であった。

柳田さんは『海南小記』のなかで、いつまでこんなちいさな島に、平安でありえるかと、サルの将来をあやぶまれたのだが、さいわいにして、サルへの関心は、たえることもなくひきつがれてきた。日本民族の心のどこかに、サルへの愛情が、ひそかにすみついているのかもしれない。ビタイテンのおつかいというせいばかりではないように、わたしはおもうのである。日本人は、サルがすきなのにちがいない。

幸島のサルは、さすがに海辺のサルだった。海岸の岩のうえが、かれらのプレイ・グラウンドだった。わたしたちの小船が、大泊の湾をでるとき、何頭もが、岩にならんで見おくっていた。

(註) 柳田国男（著）『海南小記』一九四〇年四月　創元社
柳田国男（著）「海南小記」『定本 柳田国男集』第一巻　二一五―三七九ページ　一九六三年九月　筑摩書房

都井岬

石波で、伊谷君とわかれた。伊谷君は、アフリカゆきの準備のために、いそいでかえらなければいけない。わたしは、さらに九州東海岸の旅をつづける。もうひとつ、ゆくところがある。宮崎県の最南端、都井岬《といみさき》である。ここでも、野生のサルの餌づけに成功して、サルたちがでてくるようになったという。

『海南小記』には、やはり都井岬のことがでている。幸島のほうから船できて、宮浦《みやうら》に上陸した、とある。わたしはバスで、市木から高畑山《たかはたやま》の峠をこえて本城《ほんじょう》にでて、もうひとつ都井峠というのをこえて都井《とい》にきた。都井から、岬の先端の灯台まで、一日に何回かバスがでる。

灯台は、岬の先端の、断崖のうえにあった。ときには、種子島《たねがしま》、屋久島《やくしま》がみえるというが、南の沖は、かすんでなにもなかった。北のほうに、幸島がみえるかとおもったが、高畑山つづきの尾根にさえぎられて、わずかに島の北の端がのぞいているだけだった。

バスは、灯台から御崎《みさき》の神社にまわる。ソテツのみごとな原生林があった。サルの餌づけに成功したというのは、その付近であって、たいらにならした餌場があり、ふたつばかり建物があった。サルは、姿をみせていた。バスの道のすぐ横に、一ぴきがこずえにぶらさがっていた。ちいさな谷川をへだてて、岩のうえに、赤ん坊をかかえたのがすわっていた。みると、すぐそばにも仲間がいた。灌木のしげみがゆれて、おおきいのが顔をだした。かなりのむれだった。

ここのむれも、わかい科学者たちの研究対象になっている。都井岬には、ただ一軒だけ、清水旅館というちいさなひなびた旅館がある。科学者たちはここに下宿して、毎日サルをみにかよう。最近も、わたしのほうの大学院学生の東　滋《あずましげる》君というのが、ずっとここにがんばっていた。旅館には「東さんの部屋」というのがあって、まだ荷物がのこしてあった。また、まもなくくるつもりなのだろう。旅館のおやじさんは、一〇年来のかれらのファンである。わたしは、伊谷君の紹介状をもってきている。

海の牧場

都井岬の尾根すじは、木がなく、牧場になっていた。草つきの斜面に、三、四頭のウマのむれが、ゆっくりと草をはんでいた。ウマは、街道すじのすぐそばまででてきて、バスを見おくっているのもあった。

ウマは、いわゆる御崎馬《みさきうま》である。所有者は地元の都井の牧組合《まきくみあい》である。所有者があるからには、野獣というわけではないけれど、年中完全放牧で、まったくかってにいきている。秋になると山がりをやって、その年にうまれたオスの子をとらえてうる。性比をコントロールしているのだから、まったく野生ともいえないが、半野生の馬群というべきであろうか。最近はこれも、御崎の野生馬として有名になって、ひとつの観光資源となった。

どうしてこんなものができたのか。ここはもともと、高鍋《たかなべ》の秋月藩《あきづきはん》の軍馬補充所であった。いまのウマは、その当時からいたものの子孫である。維新ののちに、地元がもらいうけて、牧組合をつくった。

『海南小記』には、ここもまたふるい海の牧場としてしるされている。日向の海岸には、島や半島を利用して、いくつもこういう「海の牧場」があったようだ。油津の海岸にみえる大島もそのひとつで、やはり藩の牧場であったという。都井のちかくにも、名谷《なだに》、大納《おおのう》など、それぞれ海につきでた半島を利用して、八つばかりも高鍋藩の牧《まき》があった。はらいさげをうけて、里《さと》の牧《まき》にしたが、いまでは境界の土塁をのこすばかりで、御崎のほかはあとかたもない。

河童駒引

「海の牧場」という名づけかたには、柳田さんのふかいよみがこめられている。島や半島をウマの牧場に利用することは、全国にかぞえきれぬほどの例があるが、それはただ、地形のうまい利用法というだけではなかったようだ。そこには、「水辺に牧をかまえて竜種をもとむ」という、ふるい思想がいきている。

もともと、池月《いけづき》・磨墨《するすみ》・太夫黒《たゆうぐろ》などという名の古来の名馬は、いずれも水からあらわれた竜を父としてうまれたものであった。名馬をうむために、牧場は水辺でなければならぬのである。

柳田民俗学における古典のひとつに、『山島民譚集《さんとうみんたんしゅう》』という本があるが、そのなかにおさめられた「馬蹄石《ばていせき》」という論文は、まさにこの問題をあつかったものであった。(註1)ついでに、『山島民譚集』のもうひとつの論文にふれると、それは「河童駒引《かっぱこまひき》」の伝説をあつかっている。これも全国に分布する説話であるが、カッパがあらわれて、水辺の牧のウマを水中にひきずりこもうとする。この主題は、のちに石田英一郎《いしだえいいちろう》氏によってうけつがれ、ユーラシア大陸の全域にわたる広汎な比較民族学的とりあつかいをうけて、『河童駒引考』となった。(註2)ウマと水、あるいはウマと水神とのむすびつきは、日本人の先祖だけの思想ではなかったのである。それは、全ユーラシアの共通の観念であった。

もっとも、カッパは日本の特産動物で、これがどうしてでてきたかという点で、いまのわたしの主題とも関係してくる。サルがあらわれてくるのである。サルとウマとのむすびつきは、これまたインド・中国から東アジア各地にみられる。日本でも、河童駒引にかわって、猿曳駒《さるひきごま》というのがある。ウマをひくサルの絵を、うまやの戸口にはりつけた。そして、柳田・石田学説によれば、日本のカッパというのは、水中にはいった猿神《さるがみ》の零落《れいらく》した姿にほかならないのである。

都井岬にたって、わたしは、奇妙なおもいにとらえられている。わたしたちの思想の根底には、とおい先祖からうけついだ、おもいもよらぬふしぎなものがひそんでいる。意識にはのぼってこないけれど、現実的な思想をくみたてるうえに、意識下において影響していないとはいいきれまい。わたしはさっき、岩のうえにサルをみた。わたしのサルをみる目は、科学者の目であるが、わたしの心は、あのサルの目の光のなかに、単なる哺乳類《ほにゅうるい》以上のなにものかをみなかったであろうか。おなじ九州の阿蘇では、野飼いの駒にサルが耳をつかんでのっているのをみたひとが、すくなからずいるという。都井岬のサルも、御崎馬にのっているかもしれないのだ。

都井岬には、お膳だてがそろっている。海があり、海の牧場にウマがいる。そしてサルがいる。ここで、とおい祖先の思想におもいをいたさぬとすれば、それはうそである。そして、サルとウマとは、海をこえて、全ユーラシアの民衆の心に、われわれをむすびつけるのである。

夕がた、旅館のまえの芝生にでてみた。おおきなソテツの植えこみがあって、そのさきは急傾斜に、太平洋におちこんでいた。一〇〇メートルもしたに、太平洋の波が音もなくよせていた。大隅半島《おおすみはんとう》の山やまが、うすい紫色にみえていた。雄大な、そしてしずかな夕ぐれだった。

(註1) 柳田国男(著)『山島民譚集』(再版) 一九四二年一一月 創元社
柳田国男(著)「山島民譚集(1)(2草稿本)」『定本 柳田国男集』第二七巻 四一—二四

三ページ　一九六四年四月　筑摩書房
（註2）　石田英一郎（著）『河童駒引考――比較民族学的研究』一九四八年一月　筑摩書房
石田英一郎（著）『新版　河童駒引考――比較民族学的研究』（東大人文科学研究叢書）一九六六年二月　東京大学出版会
石田英一郎（著）「新版　河童駒引考」『石田英一郎全集』第五巻　三―二七〇ページ　一九七〇年一〇月　筑摩書房

ウマ・シカ・サル

「霊長類研究グループ」

ここでわたしは、サルをめぐる一群の科学者たちについてかたりたいとおもう。かれらはふつう「霊長類研究グループ」という名でよばれている。かれらのあゆんできた歴史は、現代の科学というものが、どのようにして発展してゆくものであるかをしめすひとつの実例として、それ自体おもしろいものがたりになりえるが、それとともに、かれらの仕事は、日本人の自然認識の特質ということについて、ふかくかんがえさせるものを数おおくふくんでいる。かれらのつくりあげてきた科学は、ある意味において、きわめて日本的といえるようなものであった。

もっとも、研究グループとはいっても、べつにかたい規約があるわけでもなく、いわば自由な研究者たちの、ゆるい連絡組織というにすぎない。メンバーは十数人だが、所属研究機関も、各大学や研究所にちらばっていて、メンバーの経歴も出身もいろいろである。

それに、活発にうごいているグループにはよくあることだけれど、このグループも、膨大な仕事をしているわりに、歴史の整理があんまりよくできていない。さきへさきへと仕事をのばしてゆくのが精いっぱいで、過去をふりかえるゆとりがないのであろうか。個々の論文に、断片的な行動の記録はあるけれど、グループ全体としてのうごきを概観できるようなものはない。メンバーのなかに、歴史係をかってでるひとがないものだろうか。

じつをいうと、わたしは、このグループの発生のいちばんはじめから、比較的ちかい場所にたっていた。最初の段階では、わたし自身も、なにほどかの関係がないでもなかった。そしてその後、かれらの仕事がどう展開してゆくかについては、わたし自身が、自分の仕事とのつながりからも、かなりふかい関心をもって見まもってきたのである。こんど、九州のサルをみてまわった機会に、かれらの仕事に対する、わたしなりのひとつの理解と評価をかきしるしておこうとおもって、めんどうは承知で、こういうものをかく気になった。

スコットランドのアカシカのむれ

ほんとうをいうと、わたし自身が、こういう仕事をやりたかった。サルとはかぎらなかったけれど、なんでもいい、野生のけものたちの、自然のままの生活を研究する。そういうことができたら、ナチュラリストとして、どれほど幸福だろうかとおもった。

ちょっとかんがえると、けものたちの生活なんて、とっくのむかしにくわしくわかっていそうにおもえるのだが、事実はそうではなかった。ニホンザルはもちろんのこと、世界じゅうのどのサルだって、あるいはサル以外の、キツネだって、シカだって、信頼できるほどのしっかりした研究は、一九三〇年代までは、世界じゅうになにひとつなかった、といってよい。

わたしは、学生時代に、ダーリングというひとの、『A Herd of Red Deer』（アカシカの群れ）の研究をよんで、感動したのをおぼえている。（註）ダーリングの舞台は、ヒースにおおわれたスコットランドの山岳地帯であった。ヒースのかなたに、残雪をのせたゆるやかな山があった。山には、ベン・なんとかという、スコットランドふうの名まえがついていた。さむざむした北国の荒野であった。

ダーリングは、アノラックに身をかためて、登山靴をはいて、毎日ヒースのうえをあるきまわった。ヒースの荒野には、アカシカのむれがいた。ダーリングは、稜線の岩のうえに身をふせて、望遠鏡でシカのむれの動静をうかがった。シカたちは、子どもづれのメスのグループと、オスばかりのグループにわかれていた。かれらの一挙一動は、綿密に記録された。長期間の観察によって、かれらの社会生活の実態が、しだいにあきらかにされていったのである。

いまからおもえば、あたりまえのやりかたをしているにすぎないのだが、当時の動物学の一般的な風潮からいうと、この研究は新鮮な魅力にみちていた。標本中心の生気のない室内動物学にうんざりしていたナチュラリストたちにとって、動物をころさないで動物学の研究ができることは、それだけでもひとつのよろこびであったのだ。あたらしい科学の芽ばえが、そこにあった。

(註) Darling, F. Fraser, *A herd of red deer: A study in animal behaviour*, 1937, Oxford University Press, London.

モンゴルの放牧畜群

しかし日本で、野生のけものの研究ができようとはおもわなかった。日本は、スコットランドとちがって、あまりにも人口密度がたかい。日本の自然は、すでに人間によって破壊しつくされた断片ではないだろうか。また、たとえけものがいたとしても、日本をおおうものはヒースではない。この温帯広葉樹林の、木のしげりをどうしたらよいのか。

すでに戦争ははじまっていた。野生のけものの社会生活の研究のために、わたしたちがアフリカのサバンナ地帯まででかけてゆくことはできなかった。わたしは、今西錦司《いまにしきんじ》博士とともに、モンゴルにゆくことになった。モンゴルのステップにならば、野生のカモシカの大群がいるはずだ。プルジェワルスキー以来へディンも、アンドリュースも、探検家たちがたくさんの断片的観察記録をのこしている。現地に腰をすえてやれば、わたしたちだって、ダーリング以上の仕事はできるはずだ、とおもった。

もうひとつ、モンゴルでやりたいとかんがえていた仕事は、家畜のむれの研究だった。家畜とはいうものの、モンゴルのウマやウシは、完全な放牧であって、柵もないひろい牧野に、いわばかってにむれをつくって生活しているのである。かれらのむれにも、むれを統制するつよいリーダーのオスがいるものだとか、やすんでいるあいだも、かならず見はりがたっているとか、いろいろな「おはなし」はあるけれど、ほんとうはどうだろうか。完全な野生動物ではないけれど、放牧畜群の社会学的研究は、野生のそれへの橋わたしになりえないだろうか。

こういう研究のためには、むれの頭数をかぞえるだけでは不十分であって、むれを構成する個体を、一ぴき一ぴき見わけて、そのうえでそれぞれがどんな行動をとるかを観察しなければならない。これはのちに、「個体識別」とよばれるようになった方法であるが、それを実行するために、わたしは内地を出発するまえに、ウマやウシやヒツジのプロフィールだけを印刷したカードを、どっさり用意した。現地で、一ぴき一ぴきの特徴をかきこんで、おぼえようという作戦であった。

わたしは、カモシカや家畜のむれとともに、モンゴルの草原をウマでかけまわる爽快さをおもって、胸をおどらせた。動物たちといっしょに草原にいきる。わたしは、動物たちの心と生活を理解したい。ともにいきてこそ、理解の道もみつかるというものだ。

御崎馬

夢は半分だけ実現した。わたしはモンゴルの草原を、毎日ウマでかけまわった。しかし研究面では、むしろ生態学方面の仕事が膨大にあって、畜群の社会学のほうはなかなか軌道にのらなかった。終戦の翌年、わたしたちは研究を中断して、モンゴルからかえってきた。その後わたしは、ほかの仕事をするようになって、しだいにこの方面からはなれてしまった。

しかし、今西さんというひとは、しぶとい研究者である。ひきあげてからも、モンゴルの夢をわすれてはいなかった。一九四七（昭和二二）年の一一月、九州の宮崎県の南端に、半野生のウマがいるという記事が、『アサヒグラフ』にのった。それが都井岬であった。今西さんは、やはり復員してかえってきたわかい動物学者の川村俊蔵《かわむらしゅんぞう》君をつれて、翌年の四月、そこをおとずれたのであった。都井岬は、だから、サルの研究がはじまるまえに、まずウマで、研究の舞台としてとりあげられたのであった。

清水旅館は、そのころからあったそうだ。ふたりは、そこを拠点にして、まいにち朝はやくから日がくれるまで、ウマを観察した。食料のないころだったから、まいにち、サツマイモの弁当をもってでた。牧場は、見とおしがよく、ウマは観察に便利であった。ここでは、はじめから個体識別ができた。メスのむれが、それぞれのテリトリー（なわばり）をもっているらしいことがわかった。

秋には、ふたりはまたやってきた。こんどは伊谷君もくわわった。ウマたちは冬毛にかわっていた。三人は、ひろい岬をかけまわって、センサス（人口調査）をやり、ウマの戸籍簿をつくった。むれの構造も、かなりわかるようになった。

研究は、一九五一（昭和二六）年秋までつづいた。都井岬はしだいに観光地としてうかびあがり、あたらしい自動車道もできた。そのうちに、ここが進駐軍の基地になるという話がでたが、地元は猛烈に反対した。そして、反対の理由として、この半野生馬がとりあげられた。御崎馬は、県の文化財の指定をうけ、基地はとりやめになった。

奈良公園

一九四八（昭和二三）年の四月、今西さんについて都井のウマをみにいった川村君は、かえってくると、こんどは自分自身の計画にとりかかった。「奈良のシカの社会生態学的研究」というのが、かれのテーマであった。

奈良の公園に、シカがいることは、むかしからあまりにも有名であるが、戦中から戦後にかけては、食料難による密殺やら、アメリカ兵が射ったりして、激減してしまった。一九四六年の春、奈良公園にふたたび記念写真屋が復活したときは、シカは一〇頭くらいしかいなかったといわれる。

このシカは、いったい人間に飼われているのだろうか。なにがしかの餌があたえられていることは事実だが、かれらは、事実上ほとんど人間のコントロールをうけずに、みずからの法則にしたがって、生活しているのではないだろうか。これもまた、都井のウマのように、半野生のシカではないだろうか。

川村君は、奈良へやってきた。かれは、自転車にふとんから炊事道具までつみこんで、京都から奈良坂をこえて、うつってきた。そして、春日大社《かすがたいしゃ》や鹿愛護会の人たちの協力をえて、鹿苑《ろくえん》のかたわらに、一軒の小屋をもらって、そこにすみこんだ。

この場合もかれは、シカの個体識別から仕事をはじめた。どれもこれも毛色がおなじだから、ウマの場合よりもいっそう困難だった。それでも、すこしずつおぼえた。かれは、シカに名まえをつけた。デブチャンとか、テングとか、あるいは頭がしろいからサネモリ［平家物語の斎藤別当実盛《さいとうべっとうさねもり》の逸話から］とか、大谷刑部《おおたにぎょうぶ》とか。そして、特徴をちいさなカードにかきこんで、受験生が英語の単語をおぼえるようにして、おぼえていった。

のちには、全個体の右側面の写真をとり、それによって戸籍が完成した。われわれが、数百人の人間の顔をおぼえているように、かれは、数百頭のシカの顔を、直観的に区別できるようになっていった。

シカの秘密

二年目がきた。かれは結婚した。新妻の夏子さんは、動物くさいかれの小屋にうつってきて、さっそくよき助手となった。わたしは、奈良公園の鹿苑のほとりの、かれの住家をたずねていったことがある。きゃしゃな夏子さんは、かいがいしくかれの仕事を手つだっていた。かれは、若草山から雑茸をとってきて、ごちそうしてくれた。ときどきは京都から、はだしに尻きれぞうりをつっかけて、伊谷君がやってきて、観察を手つだった。かれらは、蚊にくわれながら、浅茅《あさじ》が原《はら》、飛火野《とびひの》の草むらを、シカといっしょにあるきまわった。記録は、膨大な分量になっていった。

川村君は、たちまち奈良じゅうでいちばんシカのことにくわしい人物となった。かれは、だれもしらないシカの秘密を、つぎつぎとかぎつけた。人びとは、夕がたになるとシカを追って鹿苑にいれる。しかし、ほんとうは鹿苑のそとで泊まるシカが、はるかにおおいのだ。鹿苑にははいったこともないシカが、たくさんいた。メスのグループは、スコットランドのアカシカとおなじように、自分のなわばりをもっていた。泊まり場を中心に徘徊《はいかい》し、ときには遠足にゆくこともわかった。

オス・グループの存在もわかった。交尾期のオスたちの行状は、まったくの野獣のようにあらあらしいものだった。つよいオスによってしめられる「交尾なわばり」があった。そこへ発情したメスがはいってくると、オスは、それを追って交尾した。こっけいなことには、オスの交尾なわばりの境界線は、公園の、写真屋やせんべいうりのおばさんたちの「なわばり」と、完全に一致していた。人間たちは、もちろんそんなことはしらない。しっているのは、川村君ひとりだった。

おどろくべきことは、春日山の奥から、たくさんの山シカがおりてきた。まったくの野獣である。観光客は、そんなことは夢にもしらないで、平気な顔で、野獣のまえをゆききするのだった。

川村君は、シカ社会の構造の奥ふかくにせまるために、かれ自身がシカになることをさえ、こころみた。張子《はりこ》で、奇妙なシカの模型をつくって、自分でそれをかぶった。前に窓があって、シカの反応が観察できるようになっていた。かれは、それをかぶって、草原をよつんばいであるきまわった。夏子さんが、観察ノートをとった。シカたちは、この怪物の出現に、あきらかな反応をあらわした。そのときの警戒信号のだしかたの分析を通じて、川村君は、シカのむれにおけるリーダー規制の存在をあきらかにしたのである。

かれは、とうとう奈良のシカとともに四年をおくった。四年間の綿密な観察は、もはやダーリングの水準をはるかにひきはなすものであった。

サルとの出あい

こうして、順序からいうと、サルのまえに、ウマやシカなどの有蹄類《ゆうているい》の社会の研究が、さきにはじまったのである。ほんとに野生のサルが、そうかんたんに研究できるものとは、かんがえていなかったのであった。

かれらがはじめて野生のサルに接触したのは、やはり都井岬であった。一九四八年、ウマの第二回の調査のときに、偶然にサルのむれに出あって、伊谷君はすっかり魅せられてしまった。かれは、本気でサルをやってみるつもりになって、研究場所をさがしはじめた。その年の一二月に、今西、川村、伊谷の三人は、さっそくに都井岬から高畑山をこえて市木にでて、幸島のサルの下しらべにいっている。当時、幸島は、日本でただひとつの、天然記念物の指定をうけた野猿生息地であった。かれらは、『宮崎県天然記念物調査報告書』によって、そのことをしっていたのであった。

ウマやシカにくらべて、サルの観察のほうがはるかにむつかしいことは、あきらかだった。とにかくサルは、森のなかにすんでいる。しかも、うごきが立体的だ。もっとも、あとでわかったことだが、ニホンザルはけっして一般にいわれているほどの樹上生活者ではない。むしろ、地上六分くらいの生活である。

しかし、ウマやシカなどの有蹄類の観察にくらべて、サルの観察は、比較にならぬほどおもしろいものだった。ウマやシカなら、あらわす動作も単純で、種類もすくないが、サルはさすがに高等だ。いろいろなことをする。サルの研究をやりだしたら、やめられないと、かれらはいう。

本格的攻撃開始

それに、なんといっても、理論的に重要なのである。動物から人間への、社会進化の道すじをあきらかにするためには、どうしてもサルの社会の研究をやらなければならない。進化論といっても、わかっているのは、おもに形態の問題だけである。動物の習性とか、社会生活とかの進化は、ほとんどなにもわかっていない。習性や社会には、化石がないからだというが、化石がないとすれば、手がかりになるのは、現にいきている野生のサルの社会生活をしらべるほかはないではないか。

サルの知能の心理学的研究なら、すでにそうとうすすんでいた。しかし、問題はサルの知能にあるのではない。知恵試験、心理試験なら、有名なケーラーの実験のように、室内でできる。しかし、いまの問題は、かれらがどんな社会をもっているか、ということなのだ。それは室内でいくら議論してもわからない。森のなかの、野生のサルのむれを、じっさいにしらべてみなければわからない。

世界には、いくらかそういう先例がないではなかった。アメリカのカーペンターというひとは、パナマ運河のなかにあるちいさな島で、ホエザルの社会を観察した。その論文は、『比較心理学モノグラフ』にのった。(註) わたしは、京大の動物学教室の図書室から、なんどもその雑誌をひっぱりだしてよんだのをおぼえている。それはもはや、ながいあいだわれわれの目をおおってきた「おとぎ話」ではなかった。そこには、冷静で、精密きわまる科学者の目があった。わたしは、あたらしい動物学がここにはじまった、とおもった。カーペンターには、ほかにやはり南アメリカのクモザル、タイのテナガザルの仕事がある。どれも、当時としてはひじょうにすぐれた研究であった。

条件さえそろえば、日本でもできないことではないだろう。今西さんたちは、積極的に場所さがしにかかった。都井岬、幸島は、すでにわかっている。大分の高崎山にもいるらしいという。一九五〇年の四月、かれらは本格的なサル攻撃を開始した。高崎山が最初の目標にえらばれたのであった。川村・伊谷がこれにかかっていった。

(註) Carpenter, C. R., "A field study of the behavior and social relations of howling monkeys (*Alouatta palliata*)", *Comparative Psychology Monographs*, vol. 10, no. 2, series 48, 1934, The Johns Hopkins Press, Baltimore.

個体識別

第一着手

当時の高崎山は、もちろん観光地などではなかった。別院まえには、バスの停留所さえなかった。この山にサルがすむといううわさだけはあったが、何びきくらいいるのやら、どんなにしてくらしているのやら、実状はだれもしらなかった。山のちかくの村できいてみても、要領をえなかった。あるひとは数十ぴきといい、あるひとは数千びきといった。むれの数も、たったひとつというのから、五つ、六つというのまであった。土地の人たちだって、サルのことなんか、まともにかんがえてもいなかったのだ。

ふたりの青年科学者たちは、体あたりで高崎山のサルにいどみかかっていった。かれらの武器は、双眼鏡と、フィールド・ノートと、えんぴつだけだった。のちに、ブッシュをきりはらうためのカマがくわわった。ふたりは、山のなかを、サルをもとめてあるきまわった。

わたしは、高崎山にいってみて、別院の庭からうえを見あげて、ほんとによくやった、とおもった。うんざりするくらいの急傾斜である。それに、びっしりと密林におおわれている。道はほとんどない。ふたりは、毎日がんばった。さいわいふたりとも、研究室そだちのひよわい科学者ではなかった。きちっとした訓練をうけたすぐれた登山家たちであった。だからこそ、こういう仕事もやれたのである。

はじめはまるで、くらやみを手さぐりであるいているようなものであった。サルはもちろん完全な野獣であり、いまの高崎山のように気をゆるして人まえに姿をあらわすようなことはなかった。ときたま、山でみつけても、密林のなかにすぐすいこまれてしまうのだ。

根気とエネルギーのいる仕事である。第一回の偵察をおわってからも、伊谷君たちは、くりかえし高崎山にやってきた。この年から翌年にかけて、伊谷君は、ほとんど毎日、この山の密林のなかをさまよっていたのではないだろうか。

岩盤にぶちあたる

かれらは腰をすえだした。一回の調査は、数日どころではなかった。ときには五〇日もがんばった。伊谷君は、別院にすみこんでしまった。別院の和尚さんは、足利さんから大西さんにかわった。伊谷君のほうはかわらなかった。

むれは、どこから手をつけてよいかわからなかった。きわめてかんたんなことがわからなかった。サルの子どもは、いつうまれるか。いっぺんに何びきうまれるか。そんなことさえ、ふつうの本にかいてあるのは、みんな動物園での観察か、猟師の話がもとになっている。ほんとうはどうなのか。実地について、いちいち自分でたしかめねばならないのだ。

はじめは、まだそのような博物学の段階だった。社会学どころではなかった。根気のよい、しかしチャンスをいかした観察がつみかさなって、かれらの生活は、しだいにわかってきた。むれのおおきさ、かれらの食物、その季節的変化、遊牧、その範囲、日常の生活のリズム。そういった、いわばせまい意味での生態学的段階には、比較的はやく到達した。しかし、伊谷君の表現によれば、「研究は岩盤にぶちあたった」。これをこえるには、岩盤をつらぬくドリルが必要であった。

ウマやシカにくらべて、研究がはるかにむつかしいのは、ここだった。生態学的段階をこえて、社会学的段階にすすむためには、「個体識別」が必要だったのだ。ウマやシカでは、はじめからそれがあった。サルではそれができなかったのだ。カーペンターの研究においても、それは、できていなかった。世界じゅうで、だれもやれていないことだった。岩盤は、やぶれるであろうか。

餌づけの努力

一九五一年後半と五二年は、かれらは幸島のほうに全力をそそいだ。あたらしいメンバーがくわわってきた。京都の動物園のサル島の社会を卒業論文のテーマにえらんだ、徳田喜三郎《とくだきさぶろう》君だった。

幸島のサルには、みんな手こずったようだ。一九四八年以来、五年にわたる努力であった。しかし、サルはなかなか姿をあらわさなかった。むれの全貌はつかめなかった。

幸島のサルが、ひとをおそれるのは理由があった。ひとが、射ったのである。宮崎にいたアメリカ軍の司令官が、ニホンザルをひとつがいほしいといいだした。一九四九年から五〇年にかけて、アメリカ兵と猟師たちが二〇人も島にのりこんできて、この天然記念物のサルをとった。かれらは二〇日間にわたって、この平和境のサルを、恐怖のどん底におとしいれたのであった。その後ながく、サルは人間を警戒して、容易なことでは姿をあらわさなくなってしまったのだ。

研究者たちは、根気よく餌づけの努力をつづけた。それには、石波の冠地さんのおじいさんの経験が、おおきくものをいった。かれは、野生ザルの餌づけの可能性を信じた先駆者であった。そして、自分でもしばしば、イモをあたえ、サルはそのイモをとってたべるところまできていたのであった。この先例があればこそ、京大の研究者たちも、ここに餌づけの可能性をみとめ、全力をかたむけたのであった。

遭難

はなれ島であることは、つごうのよい点もあったが、こまることもあった。三〇〇メートルとはいえ、とにかく海をわたらねばならなかった。海峡の潮ははやかった。伊谷君や徳田君は、なんどもこの海峡をおよいでわたった。

一九五一年の秋、ふたりは島にわたろうとしていた。台風がちかづきつつあった。海峡の波はたかかった。この日をのがすと、あと一週間くらいは島との交通は杜絶《とぜつ》する。かれらはルックザックに、研究ノートや食料をつめて、一〇日くらいは島にこもるつもりで、漁師の磯崎兄妹のあやつる小舟で、のりだした。しぶきを頭からかぶりながら、四人は波とたたかった。しかし、波はおおきかった。海峡のまんなかで、舟は転覆《てんぷく》して、四人は海中になげだされた。磯崎兄妹と徳田君とは、必死に舟をもとにかえし、水をくみだして、命からがら島にわたりついた。伊谷君は三人とはなれて、波にながされた。かれはしかし、研究ノートのはいったルックザックをはなさなかった。ルックをひっぱりながら、けんめいに陸にむかっておよいだ。かれは、なんども頭から回転しながら、波とともに岸にちかづいていった。波のなかで、おおきな石がいくつも頭のうえを舞っているのをみた。かれはついに、ルックザックとともに、石波の海岸にうちあげられて、失神した。

その夜、台風はふきあれた。ルース台風の襲来であった。島では、磯崎漁師の家は屋根がとんだ。徳田君は、にげるところがなく、風呂釜のなかで一夜をあかした。恐怖の一夜であった。

こういう話もある。一九五〇年、市木の村でめずらしくピストル強盗があらわれ、犯人は山ににげこんだ。村じゅうの青年たちは非常警戒にあたった。その夕がた、名谷の山から、きたないかっこうをした青年が、登山帽にクモの巣をいっぱいくっつけておりてきて、冠地さん宅にはいった。冠地家はたちまち包囲され、青年は逮捕された。青年は、名谷方面のサルをしらべて、一日じゅう山のなかをあるきまわって、宿にかえってきた伊谷君であった。

わたしは、かれらがフィールドで仕事をするときのいでたちをしっている。あのかっこうなら、ピストル強盗とまちがわれても、むりはない。

ことになった。

個体識別の成功

研究がすすむにつれて、村びとの理解もました。研究者たちは、幸島にわたっても、寝まりするところもない。村では、研究者たちのために、島にちいさな研究所をたててくれることになった。

一九五二年の八月、伊谷君と徳田君は、ついに幸島のサルの餌づけに成功した。サルは、かれらがおいたイモやコムギをとってたべた。はじめは姿をみせなかったが、やがて、ひとのみているまえでも、とってたべるようになった。この成功をひじょうによろこんだのは、冠地のおじいさんであった。それは、このひとの永年の理想の実現であったのだ。

餌づけの成功は、研究面においては、画期的な進展をもたらした。これによって研究者は、至近距離において、かれら一ぴき一ぴきの行動を観察することができるようになったのだ。もう、クモの巣にひっかかりながら山のなかをさまよう苦労はなくなったのだ。そして、これからは、はっきりと「個体識別」のうえにたって、ものがいえるのだ。研究は、急転回にすすんだ。ドリルは、ついに岩盤をつらぬいたのである。

その年の暮れから翌年にかけて、伊谷君は、できて間のない幸島の研究所にとまって、ずっとサルの観察をつづけていた。一九五三年一月のある日、かれは高崎山の別院の、大西和尚から手紙をうけとった。高崎山でもサルの餌づけに成功したから、すぐきてくれ、というのであった。世界における、餌づけ第二号であった。そのいきさつについては、さきにしるしたとおりである。

ステータス・順位・性

個体識別の結果、どういうことがおこったか。ひとくちにいうなら、研究はここで、生態学的段階から、社会学的、あるいは社会心理学的段階へと急テンポですすんだのである。

いまでこそ、サルの社会にはボスとかボス見ならいなどというステータスがあることは、だれでもしっている。そういうことは、大分市の観光課が高崎山にたてた説明板にだってかいてある。しかし、むれのなかの、どれがいったいボスであるか、あるいは、そのようなボスとかボス見ならいというような概念さえも、個体識別ができるようになってからでないと、成立しないものであることはすぐわかる。また、ボスザルのあいだには、整然たる順位制がおこなわれていることも、あきらかになり、むれの構造は、いっきょにあかるみにでたのであった。

親子関係、仲間関係の実態が、つぎつぎとときほぐされた。むれのなかにおけるコミュニケーションがあきらかになった。すでに伊谷君は、それまでの段階で、サルの音声を三〇種類ほどに分類し、サル語の辞典をつくっていた。個体識別ができるようになって、どの個体が、どういう場合に、どんな音声を発するかによって、その音声のもつ行動的な意味が、はるかによくわかるようになった。

むれにおける性の問題があきらかになったのは、重要である。一九五二年の一二月から翌年の三月まで四ヵ月にわたって、伊谷・川村・徳田の三人で、幸島のサルの連続大調査をやった。冬がニホンザルの性交期であった。この調査は、幸島のむれのすべてのオスとメスについて、その性生活を、個別的に、徹底的にしらべあげた。

サルのむれは、どこまでもむれであって、家族ではない。そこには、複数のオスと複数のメスとのあいだの、ある意味ではかなり自由な性関係があることがわかった。そして、それぞれの性行動に、じつに複雑なサイコロジーがともなっていることもあきらかになっていった。

サルの社会において、人間とおなじように、インセスト（近親相姦）のタブーが存在するかどうかは、人間社会との理論的なつながりということからも、ひじょうに重要な問題である。しかし、それを実証することはきわめてむつかしい。タブーが存在するにせよ、しないにせよ、それを実証するためには、サルの親子の系譜関係が、わかっていなければならぬ。幸島では、さいわいにして永年の観察から、系譜はかなりよくわかっている。しかし、それでもまだ、研究者たちは結論をくだすのには慎重である。もっと観察しなければだめだという。そして、いままでの観察例からいえば、母と子のインセストの実例は、まだ一例も観察されていないのである。

「イモあらい」文化

個体識別法による観察は長期にわたってつづけられた。グループの人たちは、毎年やってきた。フィールド・ノートは、おびただしい冊数になった。

むれのなかには、すこしずつ変化があった。人間にも人生のうきしずみがあるように、サルの世界にも、一生の変遷はあった。順位の上昇するサルもあれば、没落するサルもあった。漁師の磯崎さんが、こいつは出世するぞ、と目をかけて、ヒヨシマルと命名したオスがいたが、どうしたわけか、とうとうむれからはなれて、ヒトリザルになってしまった、という例もあった。人間の力では、サルの人生は左右できなかったのである。

あちこちのサルについて調査がすすむとともに、ずいぶんおたがいのむれにちがいがあることがわかってきた。幸島と高崎山についても、その個体数だけをみても、一〇倍以上のちがいがあった。むれの構造、個体のしめす行動、食物、音声などにも、さまざまなちがいがあった。ひとくちに、「ニホンザルの習性はこうです」などとはとうていいえないものであることがわかってきた。それにしても、これはどういう理由にもとづくものであろうか。人間の社会のように、お国ぶり――文化の地方的差異とかんがえるべきであろうか。

幸島においては、ひとつの重要な事件がもちあがった。幸島のサルのなかに、イモを海水できれいにあらってたべる個体があらわれたのである。ほかの個体が、それをまねて、イモをあらいだした。あたらしい食卓儀礼は、たちまちにむれの大部分に波及した。わたしが幸島でみたように、いまでは、幸島のサルは、水ぎわにならんで、まじめくさった顔つきで、イモをあらっている。あたらしい習慣は、今後もおそらく、イモがありつづけるかぎり、かれらのむれのあいだに伝承されつづけるであろう。これは、サルにおけるひとつの文化の発生でなくて、なんであろうか。

高崎山のサルのあいだでは、キャラメルをたべることが流行した。かれらは、器用に紙をむいて、キャラメルをたべた。幸島の場合も、高崎山の場合も、あたらしい文化の発明者は、わかいサルだった。そして、伝播もまた、まずわかいサルからはじまったのは、たいへん興味のある事実である。

とにかく、いままでの動物学の理論では処理しきれぬ事実がでてきたのである。わかい研究者たちは、文化人類学に対して、文化猿類学のはじまりだといってよろこんだのであった。

「日本動物記」

研究が進展するとともに、あたらしい研究者たちが、つぎつぎにくわわってきた。ウサギの社会を研究していた河合雅雄《かわいまさお》君も、サルに合流した。京大の動物学教室の、間直之助《はざまなおのすけ》さんのような年輩の研究者もくわわった。間さんは、じぶんの家にサルを飼って、観察をつづけた。

わかい研究者たちは、それぞれ各大学にポストをみつけた。川村君は大阪市立大学に、河合君は兵庫農科大学［現・神戸大学農学部］に、徳田君は和歌山大学に、それぞれ就職した。霊長類研究グループは、いまやいくつもの大学の研究室を横につらねた特異な研究組織に成長していった。

しかしながら、かれらのあゆんだ道は、坦々たるものであったとはいいがたい。かれらの仕事は、終戦後まもないころにはじまって、深刻な食料難と社会不安のなかで遂行されてきたのである。そうとうの研究費もいることだ。それに、こういうあたらしい分野の開拓者には、学界の内部からも、かなり風あたりがつよいものである。指導者にめぐまれたことは、このグループにさいわいであった。京大動物学教室の宮地伝三郎《みやじでんざぶろう》教授が、組織を主宰し、外圧に対する強力な防波堤になった。そして、人文科学研究所の今西教授は、理論と実践の両面にわたって、当初からの戦闘的指導者であった。

研究の成果は、さまざまな論文となって、学術雑誌に発表されていったが、やがてそれは、一般にも紹介されはじめた。一般読書人のまえに、系統的にかれらの仕事の成果がはじめてしめされたのは、一九五四年にはじまる『日本動物記』全四巻の刊行である。(註1) 第一巻は今西の「都井岬のウマ」、河合の「飼いウサギ」。第二巻は伊谷の「高崎山のサル」。第三巻は伊谷・徳田の「幸島のサル」。第四巻は川村の「奈良公園のシカ」、徳田の「動物園のサル」、という内容であった。かれらは、みんななかなかの文筆家でもあった。最初にでた伊谷君の『高崎山のサル』は、その年の毎日出版文化賞をうけた。

映画ができたのもそのころだった。グループの企画によって、いわゆる文部省科学映画のひとつとして、『ニホンザルの自然社会』というのができた。(註2) 製作は、三井芸術プロであった。高崎山と幸島が、そのおもな舞台となった。この映画は、一九五四年のヴェニス映画祭で、参加特別賞をえた。

（註1）　今西錦司（編）『日本動物記1――都井岬のウマ・飼いウサギ』一九五五年七月　光文社
今西錦司（編）『日本動物記2――高崎山のサル』一九五四年一二月　光文社
今西錦司（編）『日本動物記3――幸島のサル』一九五八年七月　光文社

今西錦司（編）『日本動物記４——奈良公園のシカ・動物園のサル』一九五七年一月　光文社

なお、これはのちに復刻版がでている。

今西錦司（編）『日本動物記１——都井岬のウマ・飼いウサギ』一九七一年一〇月　思索社

今西錦司（編）『日本動物記２——高崎山のサル』一九七一年一一月　思索社

今西錦司（編）『日本動物記３——幸島のサル』一九七二年二月　思索社

今西錦司（編）『日本動物記４——奈良公園のシカ・動物園のサル』一九七一年一月　思索社

（註２）『ニホンザルの自然社会』（文部省科学映画第６号）三井芸術プロダクション（製作）科学映画研究所（協力）宮地伝三郎、今西錦司、間直之助、川村俊蔵、伊谷純一郎、徳田喜三郎（研究者）一九五四年

サル・ブーム

日本におけるサルの自然社会の研究は、高崎山、幸島、都井岬と、九州東海岸ではじまったけれど、しらべてみると、ニホンザルはほかにもたくさんいることがわかった。ひらきつくされたようにみえる日本にも、自然はまだ、のこっていたのである。わずかな情報をたよりにして、研究グループの人たちは、全国的なサル調査を開始した。その探索の範囲は、屋久島から下北半島《しもきたはんとう》にまでおよんだ。一九四八年から一九五五年までに、調査回数は約九〇回、日数にして一五〇〇日に達している。おどろくべきエネルギーである。それはわかさのエネルギーであった。メンバーの大部分が、大学をでたばかりの青年たちであったからこそ、こういうこともやりえたのであった。

青年たちは、それぞれに自分のおもなもち場をきめて、「赴任」していった。広島県の帝釈峡《たいしゃくきょう》、岡山県の高梁《たかはし》、香川県の小豆島《しょうどしま》、和歌山県の椿《つばき》、大阪府の箕面《みのお》、京都市の嵐山《あらしやま》、千葉県の高宕山《たかごやま》などの研究フィールドが開拓された。サルのむれは、それぞれの場所で、いくらかずつちがっていた。なかには、むれがいくつもあって、むれ相互間の交渉が観察できるところもあった。各地のサルの、組織や行動の比較研究は、また、あらたな問題を提起していった。

そとからこのグループに合流してくるひともあった。山田宗視《やまだむねみ》君は、広島大学から大阪市立大学にうつり、おもにむれのなかの血縁関係の研究を分担した。大阪市立大学には、川辺寿美子《かわべすみこ》さんという大学院学生がいて、ニホンザルのうまれたばかりの赤ん坊を、自分が母親がわりになってそだてていた。それは野生のサルの行動の発達と比較する意味で、たいせつな研究だった。やがて山田君と川辺さんはむすばれて結婚した。サルがむすんだ結婚であった。

科学者たちが全国に研究の手をひろげつつあるのと平行して、各地の地元においても、サル・ブームがおこりつつあった。高崎山の、観光地としての成功は、ひじょうな刺激となったにちがいない。あちこちで「サル寄せ」がはじまった。各地で、市役所、観光協会、あるいは個人が、せっせとイモをまきつづけた。霊長類研究グループのメンバーたちは、サルを手なずける専門技術者として、ひっぱりだこで、各地に指導にでかけた。かれらもそこで、おおくの研究上の利便をえたのだった。

全国の各地で、サルの餌づけは成功した。おおくのものは自然公園として観光的にも成功した。そのうち、高梁、箕面、高宕山は、天然記念物の指定をうけた。これで、幸島、高崎山をくわえて、サルの天然記念物は五ヵ所となった。

　これはこれなりに、さまざまな専門的知識を必要とし、むつかしい問題のある事業である。やがて、全国の「サル寄せ場」の連絡組織ができあがって、相互に知識を交換することになった。一九五七年、日本野猿愛護連盟という、むつかしいものが成立したのである。現在連盟に加入している全国の野猿公園は、二八七ページの地図にしめすとおりである。

モデルと盗用

野猿愛護連盟の機関誌『野猿』には、全国のサルの、刻々の動静がのる。

「幸島、芋洗いザル四匹増加」

「高梁臥牛山《たかはしがぎゅうさん》、第四位ボスの三郎、逃亡」

「箕面山、四番ボス石松、野犬のため殺さる」

　現代という時代は、野生のサルでも、われわれの情報網のそとにいることはできないのである。

　現代ジャーナリズムの過剰エネルギーが、このサル・ブームを見のがすはずはない。新聞や週刊誌にまで、野生のサルの社会での、個体のステータスの変動ぶりが、克明に報道されるのだ。ボスの交代などという話は、いつもいささか政界のポンチ絵めくので、そういう興味もあるけれど、とにかく、現代日本人の、サル社会に対する関心のつよさは、おどろくべきものがある。日本の社会は、日本人とニホンザルとで構成されている。

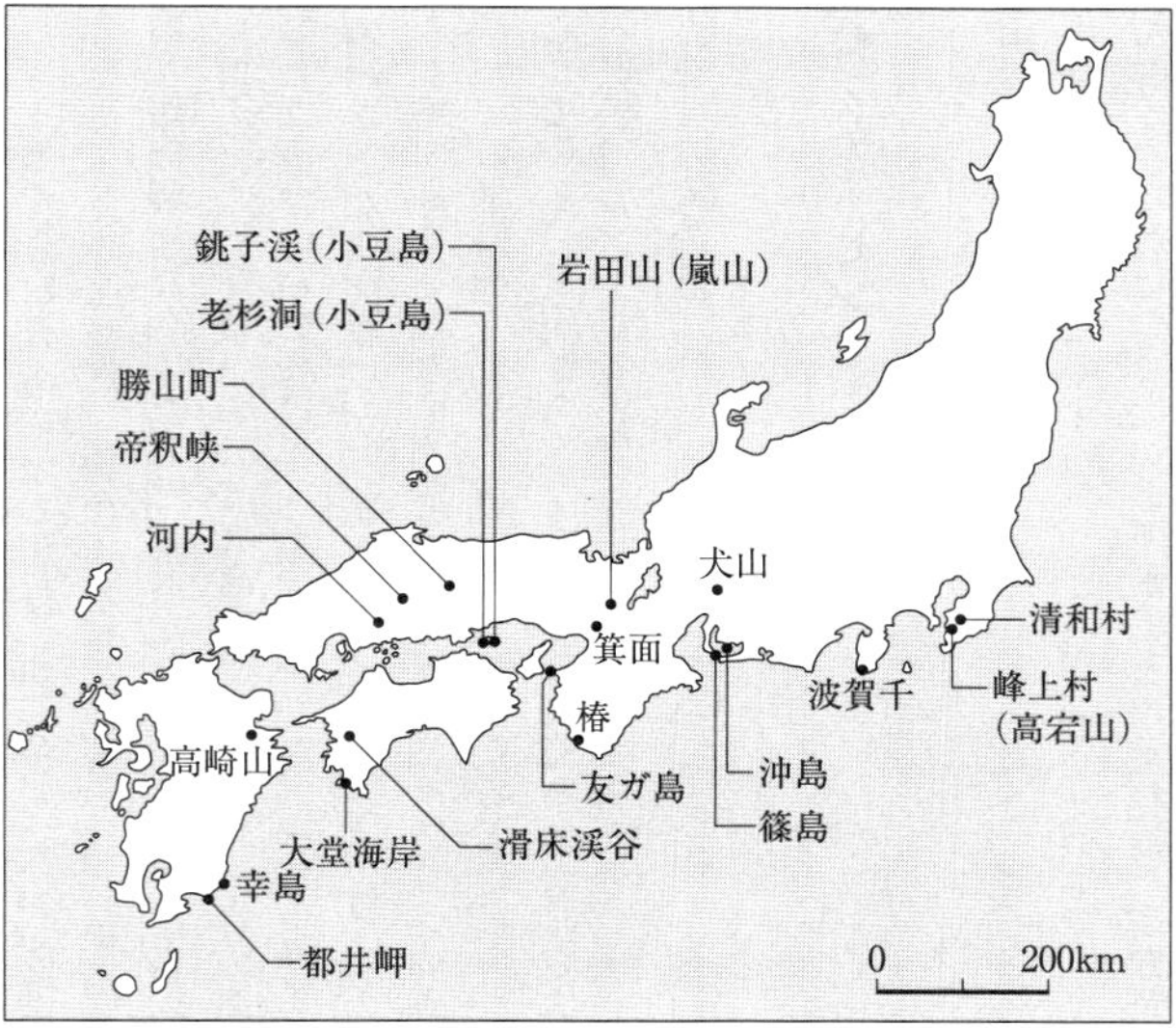
銚子渓（小豆島）
岩田山（嵐山）
老杉洞（小豆島）
勝山町
帝釈峡
河内
犬山
清和村
箕面
峰上村
（高宕山）
波賀千
椿
高崎山
沖島
友ガ島
篠島
滑床渓谷
大堂海岸
幸島
都井岬
0
200km

日本全国の野猿公園

これだけ大衆化されたものとしては、研究者たちの研究成果は、比較的ただしく消化され、紹介されているようだ。現在、サルの社会についての大衆の知識水準は、世界じゅうで、日本人が抜群にたかいだろう。しかし、サル・ブームの進展とともに、研究者たちがおそれていたことも、やはりおこってきた。科学者たちは、露骨なモデル小説のなかで、みるも無残なとりあつかいをうけて、くやしがった。それよりも、かれらをかなしませたのは、かれらのみごとな研究成果が、まちがった解釈をうけ、平然とひょうせつされたことである。わたしも、ある有名な直木賞受賞作家が、その作品の動物文学のなかで、伊谷君の『高崎山のサル』の材料を、まるで自分でしらべたことのようなかきぶりで、無断で利用しているのをしっている。表現から文章まで、そっくりおなじところが、何ヵ所もある。一大学院学生の文章を、りっぱな作家が盗用したというのでは、かっこうがつかないではないか。ひどいことをするものだ。

モンキーセンター

犬山

サルについてなにかものをいおうというなら、日本で、すくなくとももう一ヵ所、どうしてもみておかなければならない場所がある。それは、愛知県の犬山《いぬやま》である。わたしは、九州からかえるとさっそく、そこをおとずれることにした。

犬山市は、木曾川の左岸にある。愛知県とはいうものの、川をへだてむかい側は岐阜県で、東海道線にでるには、名古屋よりも岐阜のほうがよほどちかい。

名古屋鉄道の犬山駅から、木曾川にそって、川岸のほそい道を、桃太郎公園までさかのぼる。川は、志賀重昂《しがしげたか》の名づけるところの、いわゆる「日本ライン」である。途中に、志賀重昂のレリーフをはめこんだ記念碑がたち、ドイツのライン川からおくられてきたという、「ローレライの石」というのがある。風景はうつくしく、名勝であり、観光地であるけれど、ここも道路のわるさは言語道断である。

バスの終点に遊園地があり、そこに、財団法人日本モンキーセンターの諸施設がある。本部は、赤と黄色のプラスチックでおおわれていて、おもちゃ箱か、キャラメルの箱みたいな感じで、なんとなく子ども子どもした建物だが、これこそは、現代日本におけるサル研究の最大中心なのであった。伊谷君も、河合君も、いまではこの研究所の専任研究員になって、ふたりともこの近所にすんでいる。わたしがタクシーで到着したら、研究所のすぐまえの家から、河合君があらわれた。ほかに獣医部門などもあわせて、七人の専任研究員がいる。

研究所のうしろはおおむねサルの宿舎である。各種大小あわせて数百ぴきのサルがひしめいている。研究所の敷地はそのまま遊園地につらなり、遊園地はそのまま野猿公園につらなる。ここにも、餌づけされたサルのむれがいる。

犬山にサルがいるというのもおかしなものだが、ここは、桃太郎伝説の発祥の地といわれ、桃太郎神社というのがある。桃太郎なら、イヌもサルもいてもよいわけだ。

財団法人日本モンキーセンター

モンキーセンターの仕事は、三つある。ひとつは、純粋のサル学の研究である。サル学、むつかしくいえば霊長類学（プリマトロジー）である。研究所には、各国のプリマトロジーの文献があつめられ、所員はそれぞれの研究をおこなっている。

ひとつは、医学における実験用のサルの供給の仕事である。サルたちは、全国から、あるいは外国から、ここにおくられてくる。ここで一定の飼育管理をうけたのち、また全国の病院・大学などにおくられてゆく。

もうひとつは、社会教育施設としての、サルの動物園である。野猿公園の管理もそのなかにはいるが、ほかに、ここにはおおきなモンキー・アパートというのがある。世界じゅうからさまざまなサルがおくられてきて、それぞれ一室をあてがわれて、おさまっている。扇風機つきの、なかなか快適そうな居室である。アパートにつづいて、共通の運動場があって、チンパンジー、マンドリル、クモザル、シシオザル、パタス・モンキーなどという、さまざまなサルが、いっしょにでてあそんでいた。

ここのサルは、すでに三十数種いるという。もちろん日本一のコレクションである。世界では、第二だという。アパートにいるたくさんの種類のサルをみていると、まったくふしぎな気もちになる。サルにも、よくもこれだけいろいろあるものだ。いかにも霊長類然としたのから、リスザルのように齧歯類《げっしるい》かなにかみたいなのまでいる。「人間と高等猿類とのあいだの差は、高等猿類から下等猿類までの差よりもちいさい」。これは、ヘッケルのピテコメトラ法則とよばれるものである。さまざまなサルたちをみていると、いかにも、という気もちになる。

ほかに、ちいさいながらも資料館というのがあって、剝製《はくせい》や標本類、分布図などがならべてある。サルの博物館である。

「ニホンザルを実験動物化する試験研究」

いったい、どういうわけでここにこんな施設ができたのか。財団法人モンキーセンターは、どういういきさつで成立したか。

それをのべるまえに、わたしは、サルをめぐるもうひとつのグループのうごきを紹介しなければならない。日本には、霊長類研究グループのほかに、もうひとつ、サルに対するつよい関心があった。それは、サルを実験動物としてつかう、医学者たちであった。

もともと戦前から、サルは実験動物としてよくつかわれたものである。とくに日本脳炎やツツガムシ病の研究によくもちいられた。南方から密輸ではいってきたものや、あるいは船員がつれてかえったものを買いとった。しかし戦争で、サルどころではなくなった。戦後、おちついて実験がおこなわれるようになってくると、サルの重要性が、またいわれだした。サルをもふくめて、一般に実験動物というものに対する積極的な関心のもとに、実験動物研究会が発足したのは、一九五一年のことだった。東京の伝染病研究所の安東洪次《あんどうこうじ》、田嶋嘉雄《たじまよしお》の両博士がその中心人物であった。

ニホンザルを実験動物につかうというかんがえの先覚者は、予防衛生研究所の副所長、小《こ》島三郎《じまさぶろう》博士だった。すでに戦前に、サルが日本脳炎の実験につかわれていたころ、ニホンザルを実験用に増殖してはどうか、という意見をだしたが、学界では一笑に付されてしまったようである。戦後、小島博士はもう一どこのアイディアをもちだして、実験動物研究会のほうで、やってみないか、という話になった。安東、田嶋、それに川喜田愛郎《かわきたよしお》博士らが申請者になって、とにかく文部省試験研究費の申請をしてみることになった。研究題目は、「ニホンザルを実験動物化する試験研究」というのであった。

ところが、文部省の研究費がとおってしまったのである。率直にいって、安東博士らも、あまり期待していなかったのではなかっただろうか。これはたいへんだ。とにかく、ニホンザルをさがさねばならぬ。野生のニホンザルというのは、どこにいるんだ。

しかし、この第一流の科学者たちも、いわゆるラボラトリアン（実験室科学者）であって、密林をかけまわってサルをおっかけるというやりかたの、フィールド・ワーカー（野外研究者）ではけっしてなかった。実際問題として、どうしたらよいか、見当もつかなかった。一九五二年の春、伊豆にサルがいるそうだ、という話がながれてきた。田嶋教授は、鈴《すず》木潔《きよし》助教授以下研究会の面々をひきつれて、船をやとって伊豆半島をまわった。どこかにサルはいないかと、船の上から一所懸命みたが、サルは一ぴきもいなかった。一行は望遠鏡ももっていなかった。サルをみるのに望遠鏡がいるとは、おもいもつかなかったのだ。一行は、くたびれもうけで、船酔いでふらふらになってかえってきた。

こういう状態のとき、安東博士は、大阪にきて、駒井卓《こまいたく》博士にあい、はじめて京都のフィールド・ワーカーたちの話をきいた。五二年といえば、霊長類グループはすでに幸島の餌づけに成功しようとしていた。

東京のラボラトリアンたちは、大挙して京都にやってきて、京都のフィールド・ワーカーたちと見あいをした。一ぴきもみることができなかった野生のニホンザルのむれのことを、日常茶飯事のようにはなす京都の連中の話をきいて、東京勢は驚嘆した。見あいは成功し、両者の結婚が成立した。

霊長類グループは、とくに研究資金の点で、悪戦苦闘をつづけていた。地元にたのんだり、さまざまなやりくりをしていたが、財政はいつも破局的状態にあった。そこへ、かなりの文部省試験研究費をもった実験動物グループがあらわれたのである。おかげで、野外研究は順調にそだっていった。市木石波の海岸には、研究用の小舟が一そうできた。伊谷君や徳田君は、もう三角波の海峡をおよいで島へわたらなくてもよくなった。試験研究費は、その後五年にわたって、交付されたのである。

名鉄のりだす

五年たった。ここで犬山の話がでてくるのである。さきに、幸島は野猿生息地として唯一の天然記念物であったとかいた。しかし事実は、二ヵ所あった。もうひとつが、この愛知県犬山であった。しかし犬山のサルは、戦時中にだれかがすっかりとってくってしまったので、いなくなった。犬山の天然記念物は自然消滅し、幸島が唯一のものとしてのこったのである。

名鉄《めいてつ》――名古屋鉄道――といえば、濃尾地区一帯の交通をほとんど独占的に経営する巨大な私鉄会社である。その会長神野《かみの》金之助《きんのすけ》氏が、この犬山の天然記念物のサルのことをしっていた。これが絶えたことは、いかにもざんねんである。これを復活し、観光資源とすることはできないだろうか。神野氏の意向をうけて、名鉄事業部の人たちは京都に急行した。京都の、霊長類研究グループのことは、すでによくしられていた。

霊長類グループのほうでは、もともとちゃんとした研究所がほしかったのである。大分県に話をもちかけてみたりもしたが、成立しなかった。そこへ名鉄の話がでた。科学者たちの夢は、無限にふくれあがった。かれらは動物園と実験用サル供給センターをふくむ理想的研究所の設立を提案した。これは、名鉄関係者のはじめの意図とは、かなりちがったものであったかもしれない。しかし、神野会長はこれに賛成した。名鉄はふみきった。

あたらしい研究所は、財団法人にすることになった。理事長には国立公園協会の田村剛博士が就任した。安東洪次、宮地伝三郎の両教授および名鉄の土川元夫《つちかわもとお》副社長が常務理事になった。会長は、元大蔵大臣渋沢敬三《しぶさわけいぞう》氏にたのんだ。財界の常識からいえば、こういう大物をかつぎだすとは、とほうもないことであったかもしれない。しかし渋沢さんは、話をきいて会長就任をこころよくひきうけた。ちょうど、財界・政界の名士で五黄《ごおう》の申《さる》のうまれのひとを網羅して、五申会《ござるかい》というのがある。渋沢さんはその会長でもあった。

財団法人日本モンキーセンターは、こうして出発した。事業は、名鉄の全面的後援のもとに、年々進行した。

ここに野生ザルのむれを復活するというのは、かなりむつかしい仕事であった。しかしそれは、理論的に重要なひとつの実験でもあった。サルは、屋久島のサルをつかった。屋久島各地でつぎつぎにとらえられたサルは、ここにおくられ、第一次および第二次トレーニング・ケージを経過することによって、ひとつのむれに人工的に合成された。個体間の関係が、おちつくべきところにおちついて、むれがひとつにまとまったころ、ケージの扉をあけた。サルたちは、極度の緊張をしめしながら、そとへでた。そして、行列をつくって、あともふりむかずに、まっすぐに山にはいっていった。かれらはかえってくるだろうか。人びとは期待しながらまった。四日目の夕がた、かれらは餌場におりてきた。実験は成功したのである。人工的な野生ザルのむれができあがったのである。これで、神野会長の夢も実現した。

ポリオ・ワクチン

実験動物の関係では、また、おどろくべき事態が世界的規模において進行しはじめていた。一九五二年、アメリカのソークが、ポリオ（小児マヒ）のワクチンの製造に成功したのである。そのためにはサルの腎臓をつかう。サルの需要は、にわかにたかくなった。

ポリオ・ワクチンの製造につかうサルは、東南アジア方面にいるアカゲザルとカニクイザルにかぎることになっている。アメリカやヨーロッパから、東南アジア諸国に対して、サルの猛烈な買いつけがはじまった。それらの諸国では、サルの捕獲と輸出は、新興の大産業となった。各地にサル会社ができた。輸出港にりっぱなサルの収容所があり、全国に配置された捕獲人から、そこへ定期的にサルがおくられてくる。サルはそこから、どんどんとアメリカやヨーロッパにおくられる。アメリカだけで年に三、四十万びきのサルを消費する。たくさんのサルたちが、特別チャーターの輸送機のなかに、めじろおしにならんで、まいにち太平洋を西へとんでゆくのである。そしてそのほとんどが、つぶされて、ポリオ・ワクチンの材料になる。

東南アジアにおけるサルの生産力は、おそるべきものがある。マラヤだけで、年間十五、六万びきはとっている。それもゴム園をあらすものだけであって、ジャングルのなかにいるのには手をつけていないという。

日本のサルの生産力は、そんなのにくらべると、問題にならないくらいちいさい。もし、ニホンザルをポリオ・ワクチンの材料につかいはじめたとしたら、かれらはまたたくまに絶滅してしまったにちがいない。とにかくそれは、実験動物というのではない。製造原料なんだから。日本でも、ポリオ・ワクチンの製造ははじまった。しかし、ニホンザルはその材料にはつかわないことになっている。だから、モンキーセンターのニホンザルも消費されることはなかった。そのかわり、モンキーセンターは日本におけるポリオ・ワクチン用のサルの輸入と供給を一手にひきうけることになったのであった。

サルの診断学

といっても、いままでの日本へのサルの輸入量は、しれたものである。一九五八年度は三〇〇だった。五九年が一二〇〇、六〇年は五〇〇〇くらいになるだろう。もともと、日本におけるポリオ・ワクチンは、予防衛生研究所［現・国立感染症研究所］で試験的につくりはじめたもので、その材料の提供をモンキーセンターにもとめたのであった。六〇年度からは、業者によるワクチンの実際の製造がはじまった。各メーカーたちは自分で自分の消費するサルを確保できる体制をととのえつつある。それが進行するにつれて、モンキーセンターはポリオ・ワクチンの旋風からぬけて、本来の実験動物の飼育と管理の問題に専念することになるだろう。

サルは人間に似ているだけに、実験動物として重要である。ハシカやアデノ・ヴィールスのように、サルにしかうつらぬ病気がある。また、流行性肝炎とか、黄変米の影響とか、わけのわからぬ病気の実験によくつかわれる。しかしそういう目的につかうためには、日ごろから、サルのノーマルな状態とはどういうものかがわかっていなければならぬ。たとえば、体温とか、下痢便とか、寄生虫とかの規準である。つまり、サルの診断学あるいはサルの医学の体系化ができていなければならぬ。いまここでは、田嶋教授らの指導のもとに、そういう方向の仕事がすすめられている。ここではすでに、数百例のサルの病理解剖がおこなわれた。ほかではちょっと、想像もつかないことである。

世界への進出

北タイの森林地帯へ

モンキーセンターが設立され、国内での仕事が軌道にのりはじめると、霊長類研究グループの人たちは、いよいよ国外に進出をかんがえはじめた。外国へでてなにをするか。野生の類人猿の社会の研究である。

ニホンザルは、高度の組織をもったみごとな社会をつくっていた。しかし、かれらは系統的にも、ふつうのオナガザル科に属する動物であって、オナシザル科すなわち類人猿ではない。ニホンザルの社会と人間の社会とのあいだのすきまをうずめるような社会があるとすれば、それは類人猿以外にはない。

現在地球上には、大別して四つの類人猿がいる。ゴリラ、チンパンジー、オランウータン、それからテナガザルである。そのうち、ゴリラとチンパンジーはアフリカにいる。オランウータンとテナガザルは東南アジアである。ゆくさきは、アフリカか、さもなくば東南アジアである。

霊長類グループの人たちの、類人猿への最初のアプローチには、わたしもひと役かった。

一九五七年の秋、大阪市立大学東南アジア学術調査隊が組織され、わたしが隊長をつとめることになった。隊員のなかに、グループのメンバーのひとりである川村講師がくわわることは、当然のなりゆきであった。

かれは、北タイの森林地帯のなかで、テナガザルのむれをさがしもとめた。わたしたちが最初にテナガザルのむれにぶつかったのは、最高峰ドーイ・インタノン山の森のなかだった。早朝から、川村君とわたしは、おおきな集音機とテープレコーダーをもって、森のなかに待機していた。森の奥で、テナガザルがなきはじめた。それは、けものの声とは信じられぬほど、すんだ、うつくしい声だった。あちらでも、こちらでも、なきかわす声がきこえた。

その後、テナガザルのむれは続々とみつかった。川村君は、一行からはなれて、ひとりで森のなかにがんばって、観察をつづけた。

半年たってかえるときには、わたしたちは、三びきのシロテテナガザルをつれてかえった。それはもちろん、犬山のモンキーセンターに収容された。

第一次ゴリラ探検

一九五八年二月、わたしがちょうどバンコクにでてきているときに、類人猿研究の第二陣がやってきた。今西博士と伊谷君である。アフリカへゴリラの探検にゆく途中、バンコクにたちよったのだった。

今西さんたちの、第一次ゴリラ探検は、いわば偵察的なものであった。ゴリラには、いわゆるマウンテン・ゴリラと低地ゴリラとの二種類がある。どちらが研究しやすいか、実地をみたうえできめるのが、おおきい目的だった。かれらは、ケニアからウガンダにはいり、ウガンダとベルギー領コンゴ［ザイール、現・コンゴ民主共和国］の国境付近のビルンガ山群にはいった。

野生のゴリラについては、まえにいくらかしらべたことがある。しかし、もちろん餌づけなんかはやっていないから、苦労したわりには、たいしたことはわかっていない。今西さんたちは、アフリカのどまんなかで、ゴリラの餌づけをやることをかんがえていたのである。餌づけは、ニホンザルの研究においてひじょうな成功をおさめた、日本独特の方法である。しかし、相手はニホンザルではない。巨大なゴリラである。ニホンザルとおなじようにゴリラを餌づけして、あの巨大な図体がならんで餌をくうのを、至近距離から観察しようというのである。なんとも放胆な計画ではないだろうか。

ふたりは、現地人の優秀なトラッカー（動物追跡の専門家）をやとい、ゴリラをおっかけ、なんどかその姿をみるところまでいった。カメルーンでは低地ゴリラをしらべたが、けっきょく条件を比較して、マウンテン・ゴリラに全力をそそぐべしとの結論に達した。(註)

（註）この探検行の記録は、つぎの書にまとめられている。
今西錦司（著）『ゴリラ』一九六〇年一二月　文藝春秋新社

第二次ゴリラ探検

一九五九年四月、モンキーセンターからは、第二次ゴリラ探検隊がでていった。隊員は、河合雅雄君と水原洋城君である。どちらも、ニホンザルの研究ではベテランである。

かれらは、前年に今西・伊谷両氏が偵察しておいたところにしたがって、まっすぐにビルンガ火山群に突進した。現地につくとすぐに、バニャルワンダ族のトラッカーたちと起居をともにしながら、マウンテン・ゴリラの社会の研究をはじめた。

それは、壮烈な迫撃戦であった。あのおそろしいゴリラに対して、ふたりは、よくもそんなことを、とおもうような大胆なことをやったようだ。こういう場合、じっさいに危険に直面するまで、おそろしいという実感はでてこないのがふつうである。ゴリラの襲撃をふせぐ唯一の方法は、断じて一歩もひかないということである。にげると、ゴリラはおってきて、かむ。にげないで、にらみすえていると、ゴリラは二、三メートル手まえでとまってひきさがる。河合・水原のふたりは、これを忠実に実行した。

ゴリラは突進してきた。水原君の表現によれば、「目のまえ一面がゴリラだ」った。河合君は、一六ミリを腰につけたまままわしたが、恐怖のために身体が地にめりこんでしまったかとおもった、という。

つぎの日は、ところが、ゴリラは目のまえでふみとどまらずに、突進してきた。あっというまに、全員ふっとばされた。気がついたら、みんな扇型にぶったおれて、負傷していた。よくも命がたすかったものだ。

かれらはさらに、ウガンダからベルギー領コンゴへと、ゴリラ餌づけの適地をもとめて、ジャングルのなかをあるきまわった。このあたりは、野生のゾウとバッファローのおおいところだった。かれらは、ゴリラばかりか、ゾウやバッファローにおびやかされつづけながら、仕事をした。そしてついに、ベルギー領コンゴ内に、ゴリラ餌づけの最適地を発見したのである。

しかし、かれらには帰途にもうひとつの危険がまちぶせていた。かれらは日本からワゴン型ジープをもっていったのだが、帰途、それがひっくりかえった。転覆の原因はわからない。とにかくふたりとも、失神していた。河合君は夢うつつに、こんなところにたおれていたら、ライオンにくわれるぞ、とかんがえていたそうだ。場所はまだ、野獣の跳梁《ちょうりょう》する中央アフリカのまっただなかだった。かれらは、とおりがかりの車にたすけられたが、河合君はひじょうな重傷で、まったくの命びろいであった。

わたしは、戦後日本からでた探検の企画のいくつかに関係（註）したけれど、この第二次ゴリラ探検ほど、危険とスリルにとんだ探検隊をほかにしらない。

（註）この探検行の記録は、つぎの書にまとめられている。
河合雅雄（著）『ゴリラ探検記――赤道直下アフリカ密林の恐怖』（カッパブックス）一九六一年八月　光文社

インド・南米・東南アジア

その後も、研究グループの国際的進出はつづいた。一九五九年から六〇年にかけて、わかいメンバーの吉場健二《よしばけんじ》君が、木原均《きはらひとし》博士のエクスペディションについてインドにわたった。そして、そのあと、単身でシッキムからアッサム、インド各地をまわって、インドのサルの一般状況をみてきた。

一九六〇年一月には、徳田君が南米コロンビアにまねかれて、ボゴタの大学の教授として赴任していった。あそこは、リスザルの本場である。ちょうどモンキーセンターでは、あたらしい実験動物としてのリスザルの利用をかんがえているところだ。かれはそこに滞在中、きっと南米のサルの仕事をしてくるだろう。

五月には、川村君がふたたび東南アジアへいった。こんどはビルマ［現・ミャンマー連邦共和国］を主として、やはりテナガザルのむれの研究をつづける。六月には、古屋義男《ふるやよしお》君がマラヤのサルをみにゆく予定である。

プリマトロジー

犬山のモンキーセンターに、『高等および下等サル類の自然誌』という本がある。(註1)標題はイタリア語で、内容は、イタリア語、ドイツ語、フランス語の三カ国語でかいてある。たて五〇センチほどの、おおきな二巻本である。一八三一年、イタリアのミラノで刊行されている。これは、渋沢敬三氏が外遊中にエチオピアの郵政大臣からおくられたという、いわくつきの本で、たいへんめずらしい、貴重な文献である。

それは、いまから一三〇年もまえにでた、サルの百科辞典である。当時わかっていた八五種のサルについて、くわしい説明があり、一種ごとに、精密な線でえがかれた銅版の絵がはいっている。一枚ずつめくって、さまざまなサルをみてゆくと、ふしぎなたのしさがある。サルたちの姿態や表現には、妙に人間的ななまなましさがただよっている。

いまからみれば、おかしなところもすくなくないが、当時としてはこれはサル研究の国際的最高水準をしめすものであったにちがいない。ダーウィンの進化論にさきだつこと、約三〇年。ゴリラはまだしられていない。著者は、イタリア人ピエトロ・ウグェスというひとである。

野生のサルの社会生活の研究は、やっと最近にはじまったばかりだけれど、霊長類そのものの研究は、すでに一〇〇年以上の歴史をもっているのである。そのあいだに、サルの形態学、解剖学、分類学、系統学、生理学、心理学などは、知識の巨大な蓄積をつくりあげた。そういう蓄積の集大成が、ぼつぼつと出版されつつある。オスマン・ヒルの『Primates』とか、ホーファ、シュルツ、シタルクらの『Primatologia』とか、いずれもまだ数巻がでたばかりだが、一冊一冊が手にとるのもおもいような巨大な本である。その一ページ一ページに、苦心のすえにしらべあげたサルに関する知識がぎっしりつまっているのだ。気がとおくなるような話である。(註2)

霊長類研究グループも、その発展の初期には、ウマやシカの研究をへてきたという経験からいっても、動物生態学、ないしは動物社会学からの延長という傾向がつよかった。いまや、モンキーセンターでは、はっきりといっそう専門的なプリマトロジー（霊長類学）の方向にむかいつつある。対象において、限定がおこなわれたと同時に、方法において、獣医部門をくわえるなど、いっそうひろいものになってきたのである。

一九五七年、モンキーセンターではついに国際的なプリマトロジーの専門雑誌『Primates』を創刊した。(註3) プリマトロジーの専門雑誌というのは、四〇年ほどまえに、イタリアで短期間刊行されたことがあるだけで、いまのところ、世界じゅうでこれひとつである。

モンキーセンターではもうひとつ、やはり一九五七年以来、『モンキー』という月刊雑誌をだしているが、これは国内むけの普及雑誌である(註4)［二〇〇一年に休刊］。

（註1）　Hugues, P., *Storia Naturale delle Scimie e dei Maki*, 1831, Milano.

（註2）　Osman Hill, W. C. (ed.), *Primates: Comparative anatomy and taxonomy*, vols. 1–8, 1953–70, Edinburgh University Press, Edinburgh.

Hofer, H., A. H. Schultz, D. Starck (eds.), *Primatologia: Handbuch der Primatenkunde, Handbook of primatology, Manuel de primatologie*, vols. 1–3, 1956–60, S. Karger, Basel, New York.

（註3）　今西錦司（編）『Primates』第一巻第一号　一九五七年一〇月　財団法人日本モンキーセンター

（註4）　モンキー友の会事務局（編）『モンキー』No.1　一九五七年一一月　財団法人日本モンキーセンター

チュラーロンコーン大学の講演

一九五七年一二月、第九回太平洋学術会議がバンコクでひらかれた。川村君はそれに出席し、「日本における霊長類の社会生活の野外研究」という題で講演した。それは、グループの成果の、国際学会における最初の発表であった。

この会議には、わたし自身も出席していて、川村君の発表のときにちょうどいあわせた。会場は、国立チュラーロンコーン大学であった。川村君の属していた部会は、動物学部会であった。二〇人ばかりの、比較的小人数の部会であったが、さまざまな国から代表がきていた。日本、タイ、マラヤ、台湾などのアジア各国のほかに、ニュージーランド、オランダなどもきていた。もちろん、アメリカ代表もソ連代表もいた。

聴衆は、みんな専門の動物学者ばかりではあるけれど、とくにサルの研究家というわけではない。また、川村君の英語は、率直にいって、けっしてじょうずとはいえない。聴衆は、かれのいうことがよく理解できなかったようである。わたしは、かれの、そしてかれをふくむ霊長類グループの、多年の研究の成果が、理解されぬままにこのまま黙殺されてしまうのではないか、とおもった。そのとき、議長席のちかくに座をしめていた長身の紳士がたちあがって、口をひらいた。

「これは、まことにユニークな研究であります」

そして、川村君にかわって、この研究の要点を要領よくまとめ、その意義を解説し、その科学的価値をたかく評価した。聴衆は、それをきいてどよめいた。

このひとは、アメリカにおける霊長類研究の大立物、クーリッジ博士であった。かつて、アメリカからカーペンター博士のひきいる「霊長類探検隊」がタイにやってきて、野生のテナガザルの生活を研究したとき、かれはその探検隊のマネージャーであった。いわばこの方面の研究では、世界における先覚者のひとりであり、また、実力者のひとりでもあった。

世界のサル研究の現状を、もっともよく知っているはずのクーリッジ博士である。それだけに、ここでこういう研究がとびだしてきたということは、このひとにとっても、やや意外だったのではないだろうか。すでに一〇年ちかくもまえから、日本でこんな研究が進行していようとは、予想もしていなかったのではないだろうか。とにかく川村君は、発表をおわるとすぐに室外につれだされ、一群の学者たちにとりまかれて、猛烈な質問ぜめにあった。

やがて、日本で途方もない研究が進行しているらしいという評判が、世界のプリマトロジストのあいだにながれはじめた。そのくわしい内容をしりたいという声がたかくなり、クーリッジ博士らの助言によって『Primates』に発表される英文論文に対して、ロックフェラー財団の援助がくることになった。

世界一周

一九五八年という年は、日本のプリマトロジーの国際的進出という点で、記念すべき年となった。今西・伊谷のふたりは、中央アフリカにおけるゴリラの予備調査をおわると、西アフリカをへて、ヨーロッパにとんだ。さらにアメリカにわたり、世界をひとまわりして日本にかえってきた。この旅行は、日本モンキーセンターの名のもとにおこなわれたものであるけれど、実質的には、日本の霊長類学界からの、最初の国際友好親善使節であったといえよう。

かれらは、各地で大学や研究所や博物館をおとずれて、たくさんの霊長類学者にあってきた。あるひとは、形態と進化の専門家であり、あるひとは、神経生理の専門家であった。あるひとは、コンゴの森のなかに、ニッパ・ハウスのようなおおきな建物のなかで、七〇頭ものチンパンジーといっしょにくらしていた。あるひとは、シカゴの陰気な四階建のビルの、あつくしめっぽい壁のなかで、脳に手術をほどこしたサルを相手に、何十年もくらしていた。いろいろなひとがいたが、サルがすべてのひとをむすびつけていた。極東からきたふたりのあたらしいなかまは、旧知のようにあたたかくむかえられた。

いっぽう、宮地教授も、国際的舞台において、あらゆる機会をとらえて、精力的に活動した。一九五八年七月には、ロンドンで、第一五回国際動物学会議がひらかれた。日本代表としてこれに出席した宮地教授は、そこで、「ニホンザル野生群における新しい習性の発生と伝播」という題で講演した。それは、例の幸島における「イモあらい」の考察を主題とするものであった。

ここにもクーリッジ博士は参加していた。かれはたって、「スプレンディッド・ワーク（すばらしい仕事）」と讃嘆のことばをのべた。討論にくわわった学者のなかには、ツッカーマン卿もいた。かつてアフリカで、野生のヒヒについて、その社会生活を研究した先駆者である。また、聴衆のなかには、老ハクスリーがいた。「ひじょうに興味ぶかかった」というかれの感想が、のちに、ティンバーゲン教授を通じて、発表者につたえられた。日向灘《ひゅうがなだ》の小島にすむ一ぴきの子ザルが、ふとした機会に発明した奇妙な行為が、いまや、ロンドンのキングズ・カレッジにつどう世界一流の学者たちに感動をあたえ、その論議の中心になったのである。

一九六〇年一月には、第四七回インド科学会議がボンベイ［現・ムンバイ］でひらかれた。招待をうけた宮地教授は、これに出席して、「ニホンザルの群れの分裂について」という題で講演をした。高崎山および臥牛山において観察された、むれの分裂とその機構の考察を中心とするものであった。それはまた、参加者たちにおおきい興味をよびおこしたのであった。

サルと自然観

「科学」と反逆

九州東海岸にならぶいくつかのサルの国の探訪記から、わたしはこの文章をかきはじめた。そして、この一〇年間あまりの、日本の霊長類学の発展をのべてきた。豊富な事実の整理と紹介にいささかおわれすぎたという気はするが、それらの事実をまえにしてみると、やはりその堆積のあつみに、圧倒されざるをえない。高崎山にはじまる全国的なサル寄せブームをもふくめて、ここにかきしるした一連の事件は、やはり、戦後の日本における、もっとも目ざましいできごとのひとつといってはいけないだろうか。

わたしは、このできごとの文明史的意味——といってはおおげさだろうが——をかんがえながら、伊谷君にたずねたものである。

「あなたがたの仕事は、ひじょうな成功をおさめたとおもうが、なぜ、これほどの成功をおさめることができたのだろうか」

伊谷君の答は明快だった。

「科学的にやったからです」

科学者としての、かれの自負のほどのうかがえることばである。それはけっして、いわれのない自負ではない。じっさい、これまではたしかに、野生動物の社会生活などというものは、動物文学ではあつかわれても、それを科学的に研究した例は、ほとんどなかったのだ。

それは否定しないが、わたしにはやっぱりいくらかの疑問がある。もしほんとうに、正統的な科学のひとつとして日本の動物学の伝統のうえにたっていたら、こういう研究は、けっきょくでてこなかったのではないか。

日本の近代動物学も、明治以来すでにほぼ一世紀の歴史をもつ。そのあいだにつちかわれた、アカデミックな学風を、わたしはしっている。そこでとりあつかわれる「動物」というのは、むつかしい学名をもった、学者以外はみたこともないような、たいていは微小な無脊椎動物である。シカだとかサルだとか、そんなありふれたものは、子どもかしろうとの相手であって、学者のあつかう対象にはならなかった。また、研究のやりかただって、顕微鏡をつかったり、精密な実験にのせたり、解剖したり、計測したりして、はじめて科学になりえるので、野外にでて、ただ「観察」するなどというのは、学者のすることではなかった。野生動物の生態などというものは、ナチュラル・ヒストリー（自然のお話）だとして、いちだんひくく見ていたのである。

伊谷君も、動物学の出身だから、日本の動物学界における、このようなアカデミックなムードをよくしっているはずだ。かれらがあえて、軽視されていたナチュラル・ヒストリーにとびこんでいったのは、むしろ、そういう「科学」に対する反逆ではなかったのか。じっさい、かれら自身、動物学界ではながいあいだ、なにかおそろしくアマチュア的な──非科学的な──仕事をしている連中、という目でみられてきた、ということをわすれてはいまい。あるいは、そういう見かたは、いまでものこっているかもしれないのである。

サルをみたい心

わたしはじつは、こういう見かたをしている。この青年科学者たちを駆って、サルの社会に肉薄させているものは、科学的な問題意識だけではない。それは、かれらのナチュラリスト的情熱であって、科学以前のものである。あるいは、かれらが科学者になるまえからもっていたものである。ふつうは「科学」をまなぶにつれて、それは解消してしまうことがおおいのだが、かれらはめずらしく、近代動物学をまなんでからも、そういう素朴な情熱をうしなわなかったのだ。伊谷君は、「科学的」というけれど、サルをまえにしたときのかれの表情は、科学的ということばで律しきれるものではない。そこには、べつの情熱がある、とみた。

近代動物学とは無関係に、われわれの国にも、独特のナチュラル・ヒストリーはあった。わたしたちは、ちいさいときから、おびただしい動物説話をきかされてそだっている。イソップ的な寓話ではない。教訓とはべつに、山の動物たちの単なる習性ものがたりを、くりかえしきかされて、おさないイマジネーションを、いやがうえにも刺激されたものだ。たとえばだれでも、サルが、岩のくぼみにイワナシの実をあつめて、酒をつくるというような話をきいたことがあるだろう。また、谷川をわたるには、たくさんのサルがつぎつぎとくさりのようにぶらさがって、ブランコをしながらしだいにおおきくゆすり、しまいにはいちばん末のサルが対岸の木の枝にとりつくのだ、というような話をきいたことがあるだろう。

この種の説話をくりかえしきかされているうちに、どうにかして、いっぺん野生のサルというものをみたいものだと、つよい熱望をもつようになる。伊谷君だってそうなのだ。かれは、都井岬ではじめてサルの顔をみたとき、やはりものすごくうれしかった、と白状した。それ以来、かれはサルの道にふみこんだのだ。

猟人の目

日本におけるナチュラル・ヒストリーの保持者は、日本の民衆であった。とくに猟師は、ゆたかな資料の供給者であった。猟師の自然観察は、まちがいもあるけれど、しばしばひじょうに正確である。学問のある都市的文化人よりも、むしろ先入観がすくなく、自然科学者にちかい目をもっている。

日本は、意外に狩猟のさかんな国である。近世初頭までは武士はさかんに巻狩りをやったし、鷹狩りはずっと後世まであった。いまでも、どこの村にも猟ずきはいるものだ。以前には、村の駐在の巡査は、まず狩猟法という法律をしらなければつとまらぬ、といったものだ。それほど、狩猟法違反がおおかった。あるいは、それほど、近代法として制定された狩猟法は、日本の村の慣習法とくいちがっていたのであろう。

猟師などは、日本の思想史のうえでは、問題にされたことはないけれど、わたしはやはり、日本人の自然観についてかんがえるときには、このような猟師的日本人というものをかんがえてみるべきだとおもう。日本人の自然観といえば、すぐに花鳥風月的詠嘆か、俳諧的四季感みたいなものがでてくる。文献的・文学史的方法だけにたよるかぎり、そういう都市文化人的見かたしかでてこないが、民衆のあいだには、もっとドライな、分析的な猟師の目があったのではないか。

日本民衆の分析的自然観を、学問的に組織したのは、近代動物学ではなくて、むしろ日本民俗学であった。たとえば、柳田さんの『孤猿随筆《こえんずいひつ》』一巻にあつかわれた問題は、まさにそういう日本民衆の伝統的動物学にほかならなかった。(註)そこでは、キツネ、シカ、イノシシ、オオカミなどの、われわれにもっともしたしい動物たちの運命が、民衆の目を通じて、把握され、記述されたのであった。

(註) 柳田国男(著)『孤猿随筆』(創元選書) 一九三九年一二月 創元社
柳田国男(著)「孤猿随筆」『定本 柳田国男集』第二二巻 三〇七—四六〇ページ 一九六二年四月 筑摩書房

外来と土着

明治以後の近代動物学は、ほかの科学と同様に、やはり輸入品であり、かつ、知的エリートのあつかう品ものであった。それは、民衆の、伝統的・土着的科学とは、しばしば対立的でさえある。こうみてくると、霊長類研究グループのわかい科学者たちの問題意識は、むしろ、近代動物学ではなくて、いちじるしく伝統的・土着的なのである。たとえば、さきにあげた『孤猿随筆』であるが、その題名の由来は、「ひとつ猿」すなわちむれ生活から脱落した、いわゆるヒトリザルの問題をあつかった論文「猿の皮」からきているのであるが、そこにはサルの社会の本質的な諸問題についてのふかい考察があった。そして、霊長類研究グループが情熱的に追求した課題は、まさにそれとまったくおなじものではなかったか。

もっとも、だからといって、霊長類研究グループを、柳田民俗学の後継者というつもりはない。そこにはもちろん、方法的なちがいがある。方法的には、霊長類研究グループの科学者たちは、まったくの近代的自然科学者であって、その点ではたしかに、明治以来のアカデミックな動物学の気風をうけつぐものであった。

そこで、こういうことはいえないだろうか。明治以来の輸入品的科学は、多分に反伝統的であり、コスモポリタン的であった。それはしかし、いろいろなかたちで、伝統的・土着的発想と交流して、あたらしい、特色ある科学をうんでゆくだろう。戦後日本におけるサル研究の発展は、そういうあたらしい「土産児《どさんこ》」的科学のひとつの典型であるとみることはできないか。科学史ないしは科学思想史的な検討をのぞんでいる。

中立化と参与

科学史、あるいは科学思想史から、さらにもう一歩「深層」にたちいったところで、いわば精神史的な考察をこころみておきたい。

ヨーロッパの場合にも、おなじように、狩猟者的ナチュラル・ヒストリーの体系的科学への昇華《しょうか》ということはあった。というより、それは生物学の本流のひとつでさえあったかもしれない。たとえば、イギリスはむかしからトリの愛好者のひじょうにおおい国であるが、その、トリに関するナチュラル・ヒストリーの膨大な知識の蓄積のうえに、伝統的なイギリスの鳥学、あるいは鳥類保護学と、あたらしい現代の動物行動学がたっているのである。先日、日本で国際鳥類保護会議がひらかれ、記念切手まで発行されたが、それはまったくイギリス的土着科学のみごとな開花であった。

哺乳類に対するときも、もちろんおなじようなことがある。ナチュラル・ヒストリーをもとにして、ヨーロッパでもアメリカでも、哺乳類学が発展した。霊長類学は、その哺乳類学の一部門として発達してきたのである。

そこまでは、だいたいおなじである。ところが、さていよいよサルを目のまえにしたとき、ヨーロッパやアメリカの科学者と、日本の科学者とでは、なにか微妙なちがいがあるのではないか。どういうちがいか、ちょっとうまくいえないけれど、要するに西洋人のほうが、サルに対してそっけないのである。わたしは、カーペンター博士のホエザルやテナガザルの社会生活に関する報告をよんで、そのたかい科学性に感動したけれど、それはいわば、サルと人間とのあいだの、精神的な断絶のうえにたった客観性であった。かれらはサルをまえにして、なにもしない。じっとしている。かれらの研究法の原理は、中立化（ニュートラリゼーション）である。日本の科学者たちは、いま一歩サルに接近している。かれらのは、いわばサルと人間との精神的な交流のうえにたってえられた科学性である。かれらは肉薄する。かれらの研究法の原理は、いわば参与（パーティシペーション）である。

「餌づけ」の意味

「餌づけ」という方法が日本で発達したのは、たいへん意味がある。それは、サルと人間とのあいだの、一種のみとめあいとはたらきあいを、前提としている。それはいわば、人獣交歓の一種である。それは、断絶というようなものではない。そこには精神の交流と共感とがある。

「餌づけ」という方法に対して、西洋の科学者たちには、否定的なひとがかなりある。ときには反発的でさえある。人工をくわえて、「自然」を破壊している、というのである。たとえば、ニホンザルの性生活についての報告をみて、ニホンザルは餌づけしたから、習性がかわって、昼間に交尾するようになったのだろう、などという批判がくる。それは、交尾は夜おこなわれる、というたいへん人間的な偏見からくるものであるが、同時に、餌づけに対する理解がまったく欠けていることをしめす。

西洋人と日本人の、サルに対する微妙なちがいのひとつは、名まえにみられる。カーペンターの研究でも、個体は番号でよばれている。日本でも、幸島で研究がはじまったころは、カーペンターにならって、3♂とか、105♀とか、番号でよんだ。ところが、日本の科学者たちは、自分たちの心のなかに、番号ではどうにも処理しきれぬものがのこるのを感じて、高崎山以後は、例のバッカスだのウタマロだのという、名まえをつけることになった。幸島でも、№15はけっきょく十五右衛門とよばれることになった。

日本人のほうが、サルの一ぴき一ぴきに対して、なにか、人格的な愛着をもっているのだ。個体識別がスムーズに進行するのは、そのせいだろう。西洋のおおくの学者は、日本の科学者たちが、サルの顔をみて個体識別ができるということに対して、そんなことができるだろうかと、疑惑を感じないではいられないようだ。カーペンターも、個体識別には、いっぺんとらえていれずみをしたのである。

日本の科学者たちのほうが、いっそうふかくサルの精神の内部にまでふれていることはたしかである。かれらの論文には、客観性をうしなわぬままで、サルの心のそうとうな深層にまでメスをいれているとおもわれる、するどい洞察がすくなくない。サルの深層心理学、あるいはサルの精神分析が、日本の科学者たちの手で、うみだされる可能性だってあると、わたしはかんがえている。

同時に、ときにはわたしは危険を感ずることもある。日本の科学者たちは、ときどきまったくサルに没入してしまうのではないかとおもうことがある。かれらは、サルといっしょに、一種の人間関係を形成してしまう。かれらの会話には、しばしばおどろくべき多様な、かれらとサルとの人間的交渉のきわめて具体的な記述が、はてしもなくつづくことがある。個々の経験の具象的なイメージがあまりにも鮮烈で、いっさいの抽象作業をゆるさないのだろうか。

新思想の可能性

日本人と西洋人のこういうちがいは、どこからくるか。おそらくは、日本人のほうが、精神的にサルにちかいのである。日本人は、サルにはある種の親近感をもっている。西洋人は、人間と動物とのあいだに、断絶感をもつばかりで、動物なら、サルでもなんでもおなじことである。

わたしは、いちばんはじめの章で、キリシタンとサルとのとりあわせに奇妙なものを感ずる、とかいた。キリスト教では、神、人間、動物のあいだには、それぞれこえがたい断絶を設定している。それが、キリスト教の秩序である。そして、キリシタン都市、大分では、カトリック市長のふきならすホラ貝の音につれて、サルが山からでてきたのである。そして、かんたんに断絶の溝をこえて、人獣交歓のみだらなる無秩序を現出してしまった。奇妙なとりあわせというのは、そういう意味であった。

ただし、西洋におけるひととサルとの断絶感を、キリスト教理論で説明するのがただしいかどうかは疑問である。西洋人は、キリスト教徒になるまえから、人間と動物とのあいだに、ふかい断絶感をもっていたかもしれない。

ヨーロッパには、もともとサルがすんでいないという事実は、このことをかんがえるうえにかなり重要な点だとおもう。古代ヨーロッパの猟人たちは、サルをみないで、かれらの自然観をつくりあげたのだ。ほかの動物をいくらみても、連続感はあまりでてこない。しかし、日本にはサルがいた。日本列島の下北半島は、世界におけるサルの分布の北限である。古代日本の猟人たちは、サルがいるという条件のもとに自然観をつくっている。サルは、人間と動物との連続感をつくるむすび目である。こういうところへキリシタンがはいってきても、その断絶理論は日本人の心の深層にある自然との連続感をこわすことはできなかったのだ、という解釈はなりたたないか。

とにかく、日本人が、キリスト教徒にはない、自然との連続感をもっている、という点は重要である。霊長類研究グループのエネルギー源のひとつは、たしかにここにある。自然との連続感の存在をいかして、今後も日本から、キリスト教的世界にはないユニークな自然思想があらわれる可能性がある。

進化論と猿神

日本では、人間とサルは、連続感でむすばれてはいるけれど、完全な同類感が成立しているわけではない。サルはサルである。サルは人間よりも、毛が三本たらぬ存在である。人間とサルのあいだには、あきらかな序列がある。

たいへん話が飛躍するようだけれど、明治以前の日本の生物学的伝統のなかから進化論的発想がまったくあらわれなかったのは、この事実と関係があるかもしれない。進化論というのは、人間と動物とのあいだの断絶を克服し、動物のなかに秩序を見いだしたいという努力のあらわれである。西洋では、断絶感の存在のほうをいかして、進化論をうんだ。日本では、はじめから序列づけられた連続的自然がある。進化論は不必要だったのである。

さて、西洋と日本とばかりを比較してきた。それは、中緯度温帯の森林における猟人の目を考慮にいれるかぎり、このふたつをくらべることは当然である。しかし、もっと南の、インド、東南アジアのサルの本場にゆけば、どうなるか。

そこではまた、サルをめぐって、われわれとはまったくことなる自然観が成立しているのではないだろうか。そこでは、サルは神性をおびる。サルは神である。ラーマーヤナ伝説において、猿神ハヌマンは、ラーマ王子をたすけて、サルの大軍をひきいてランカ（セイロン）の魔神を攻撃する。猿神ハヌマンは、そのまま中国における水簾洞《すいれんどう》の猿王、孫悟空《そんごくう》の原型といわれる。そこにもなお、神通力が保持されている。

そこでもう一ど、日本にかえる。柳田さんがすでに一九一四（大正三）年に『山島民譚集』のなかで、「猿神《さるがみ》のごときは、もちろん神代の最初よりのわが神にあらず。いずれの時代にか入り来りし客神の一種にして、十分に気心の知れぬ神なり」といわれているのが理解できるようだ。日本のサルは神ではない。日本には猿神はいなかったのだ。日本にわたってきた猿神は、零落して河童になった。日本のサルは、序列をまもりつつ、しかも日本人とのあいだに精神的交流をおこない、日本人の特異なる自然観の形成に役だった、そういうサルであったのである。

追　記　「高崎山」その後

この「高崎山」はのちに二、三の書物に載録されている(註)。霊長類研究グループのその後の展開ぶりは、めざましいものがある。世界にまたがるかれらの活動を要約し、その文献を紹介することはきわめて困難であるので、ここではごくかんたんな紹介にとどめる。

特筆しなければならないのは、京都大学霊長類研究所の創設である。それは一九六七年に、愛知県犬山市に京都大学の附置研究所として設置されて、活発な研究活動を開始した。現在では専任所員六一名を擁する大組織となっている。それは財団法人日本モンキーセンターとともに、日本における霊長類学研究の国際的中心となっている。

財団法人日本モンキーセンターによって編集発行されている雑誌『Primates』はその後も順調に発行をつづけ、国際的に重要な研究発表機関となっている。日本の霊長類学の水準は国際的にもたかく評価されている。一九七四年の第五回大会には、名古屋で国際霊長類学会がひらかれた。さらに一九九〇年には、名古屋および京都で第一三回国際霊長類学会大会がひらかれる予定である。いずれも、京都大学霊長類研究所が中心的役わりをはたすものである。

フィールドについていえば、京都大学霊長類研究グループの海外における活動は、ますます活発となった。一九六二年からは、アフリカ、タンガニイカ［現・タンザニア連合共和国］のタンガニイカ湖畔に半永久的な施設が設立され、野生チンパンジーの餌づけの拠点となった。その後、数年にわたる苦心のすえ、餌づけは成功し、野生チンパンジーの社会生活はいちじるしく究明された。

エチオピアにおいては、河合雅雄君を中心とするグループが野生ゲラダヒヒの観察をつづけて、おおいに成果をあげた。

高崎山がはじまったころは、霊長類研究グループのメンバーたちは、ほんとうにわかい青年科学者たちだったが、その後三〇年の年月が経過して、それぞれ、学界における長老となっている。河合雅雄君は京都大学霊長類研究所長をへて、現在、京都大学名誉教授である。川村俊蔵君は、おなじく京都大学名誉教授であるが、インドネシアのスマトラに現地のアンダラス大学との共同の研究所の設立に成功し、その仕事をつづけている。伊谷純一郎君は、京都大学理学部の自然人類学の教授をつとめたが、京都大学アフリカ地域研究センターの所長をへて、現在は神戸学院大学教授である。伊谷君は永年にわたる霊長類研究の業績により、イギリスの王立人類学研究所から、一九八四年にハクスリー記念賞を受賞するという国際的な栄誉をうけた。

(註)　梅棹忠夫(著)「高崎山―日本的科学の思想と方法」『日本文化論』「近代日本の名著」一三　三六五―三七一ページ　一九六六年五月　徳間書店
梅棹忠夫(著)「高崎山」臼井吉見(編・解説)『学問の前線』「現代の教養」六　九―六一ページ　一九六七年一月　筑摩書房

中央公論社刊『日本探検』のためのあとがき

この一月いらい『中央公論』に、「日本探検」のとおし表題で、いくつかの文章をかいてきた。この『日本探検』は、そのうちの第一回から第四回までの分を、一冊にまとめたものである。雑誌にのったときは、しめきりやページ数のつごうでじゅうぶんに意をつくせず、ざんねんにおもっていたところがすくなくなかった。こんど本にするについて、まえに削除したところは全部復活し、かなりの部分をかきたし、あるいはかきあらためた。

わたしは、いままでどちらかというと、国外での未開民族の人類学的探検こそは、じぶんのなすべき仕事であるとおもいさだめてきた。しかし、なんどかの学術探検隊にくわわって各地を旅行するうちに、問題は未開地・未開民族にかぎらないことに気がついた。よくしられているはずの民族や社会にも、あたらしい見かたにたって、かんがえなおすべきことがたくさんある。わたしは、じぶんの意識を比較文明論というところにまで拡大し、すべてを人類史のおおきなながれのなかにおいて理解できるようになりたいとのぞむようになった。

一九五八年、東南アジアからかえってから、しばらく日本にいるあいだに、まず手はじめに、じぶんの国をみなおしてみようとかんがえた。発想のもとにある意識の連続性からいえば、わたしは、わたしの探検の対象をしばらく日本の国内にもとめたことになる。しばらく、といったのは、やがてまた対象をアジアやアフリカにもとめ、あるいはヨーロッパ探検にゆく機会があることを予想しているからである。そのためにも、日本の国内でさまざまな問題にぶつかっておくことは、視野をひろげ、かんがえをきたえるうえに、きっと効果があるだろう。

とりあげた主題は、一見それぞれまるでばらばらである。しかし、わたしとしては一貫して、現代日本の文明史的課題を追求しつづけているつもりである。説きつくされた日本の歴史も、比較文明論の立場からみれば、またいくらかはあたらしい見かたもでてくるであろう。未来のことをいうならば、人類史の未来に日本文明はなにを寄与しうるか、あるいはまた、日本文明におけるあたらしい可能性はなにか、というのがわたしのほんとうの主題である。

「探検」の対象となった場所と主題は、すべてわたしひとりの興味と責任においてとりあげたものである。こういう仕事をするのに、いちばんたいせつなことは、資料と知識のよい提供者をさがしだすことであるが、関係者たちはどの場合も、このまねかれざる客の詮索《せんさく》ずきに対して、親切に、しんぼうづよく応対してくださった。また、幾人ものかたから、この本のために貴重な写真をおかりすることができた。ここにはいちいち名まえをしるさぬけれど、これらの人たちの援助がなかったならば、この本はうまれでなかったであろう。ふかく感謝の意を表したい［著作集収録の際に割愛］。

また、雑誌に連載中は、毎回たくさんの読者から投書をもらった。あるいははげましをうけ、あるいはあたらしい事実をおしえられた。投書にしたがって訂正した部分もある。この人たちに対しても、心からの感謝をささげたい。

事実をのべるにあたっては、もちろん正確第一を心がけたが、なおあやまりがないとはいいきれない。すくなくとも、四つの題材のそれぞれについての記述的報告としてみるならば、これはもちろん、きわめて不十分な報告書である。しかしわたしは、報道者ではないし、解説者でもない。これはいわば、ルポルタージュというよりは、具体的な事例をとおしての、わたしの思想の表白である。思想のかたりかたとしては、あまりにも非体系的で、気のひける点もあるが、わたし自身は、この自由さが気にいっている。

できることなら、まだ当分はこれをつづけてゆきたいとおもっている。あるいはまた、このまま国外の探検に接続してゆくことになるかもしれないが、そのときはそのときで、それでもよいとおもっている。

わたしの仕事ぶりは、わがままで、気まぐれだったとおもう。それを、いっさいわたしのすきなようにやらせてくれた中央公論社の人たちに対して、わたしはありがたいとおもっている。直接には『中央公論』編集部の橋本進さん、出版部の滝沢博夫さんにはいちばんめんどうをかけた。

名神高速道路

解説

交通の問題ないし道路の問題が、現代日本文明の直面する最大の問題のひとつであるということは、わたしが戦後ずっといいつづけてきたことであった。一九五六年には日本道路公団が成立し、まもなく名神高速道路の建設がはじまった。

幸運なことには、日本道路公団の幹部の人たちのなかに、わたしのしりあいがなんにんもいた。わたしはその人たちにたのんで、高速道路建設の現場をみせてもらった。それにもとづいて執筆したのがこの文章である。これは当時、『中央公論』誌上に連載中であった「日本探検」のシリーズの第六回として同誌上に掲載された。(註1)

なお、名神高速道路の取材をおえた直後に、わたしは道路公団の幹部の人たちと座談会をおこなった。その記事は、道路公団の広報誌『道しるべ』に連載された。(註2)

(註1) 梅棹忠夫(著)「日本探検(第六回)名神道路」『中央公論』一二月号 第七五年第一三号 第八七七号 一四〇—一五六ページ 一九六〇年一二月 中央公論社

(註2) 梅棹忠夫、松森英雄、白善武一、西谷喜太郎、板倉創造(著)「『名神道路』の探検を終えて(上)」『道しるべ』第一〇六号 六—八ページ 一九六一年一月 日本道路公団

梅棹忠夫、松森英雄、白善武一、西谷喜太郎、板倉創造(著)「『名神道路』の探検を終えて(下)」『道しるべ』第一〇七号 二—四ページ 一九六一年二月 日本道路公団

過去の道・未来の道

東海道

三条大橋。すべての道は、ここに通じている。全国の里程は、すべてここからはかる。これは、日本の原点である。

ここはまた、東海道の起点である。道はまっすぐに三条通りを東につづく。そして、東山のすそに達する。そこが蹴上《けあげ》である。インクラインのかたわらをすぎて、道は市街をはなれ、山にはいる。東山ごえである。

道は、山と山とのせまいはざまにはいり、まがりくねって、かなりの勾配《こうばい》で山をこえる。山は両側からせまっている。道は、地形のままに峠をこえる。大むかしからこのとおりであったにちがいない。この屈曲、この勾配。すべてむかしのままであるにちがいない。かわったのはただ路面がコンクリート舗装になっただけではないだろうか。

わたしたちは、いま、自動車でここをこえる。しかしこれは、自動車ができるはるかむかしから、わたしたちの祖先が、ふみしめてとおった道である。東海道はもとより、中仙道にはいるにせよ、北陸道にはいるにせよ、京をはなれて東にむかう旅びとは、すべてここをこえるほかはなかった。この道は、古代以来の日本の大動脈である。わたしは、千数百年の歴史の堆積のうえをはしっている。

わたしは、左側の、きりたった石づみの斜面を気にしている。少年時代、このあたりで、ふるい東海道の舗装につかったという石をみた記憶があるのである。

わたしの記憶では、あの石は、蹴上のすぐ東、峠ののぼりにあったようにおもう。数年まえに道路公団の手によって、いわゆる「東山ドライブウェイ」ができたときに、このあたりはすっかりようすがかわったから、あるいはあの石もなくなったかもしれないとおもった。しかし、心配することはなかった。石は保存されていた。わたしの記憶はまちがいで、ドライブウェイの入口をすぎて、峠の頂上をこえ、ゆるやかなくだりになったところに、その石はあった。わたしは、路傍によって車をとめる。

車石

石は「車石《くるまいし》」といった。この名まえも、わたしはおぼえている。しかし、記憶というものはまったく不たしかなものだ。わたしの記憶では、そのむかし車がとおったというわだちの溝のある石が、いまの国道に平行に、一本だけはめこんであったようにおもっていたのだが、きてみると、二本ある。しかも、一メートル半ほどの幅で、石垣のうえからしたへとおっている。そのまんなかに、二メートルばかりのたかさのところに、「旧鋪石・車石」とほりこんであった。

ここは、千数百年のむかしから、日本の大動脈だった。旅びとも、ウマも、車も、みんなここをとおった。そこで、永年のうちに、車のわだちのあとがこんなにすりへって、溝になってしまったのだ、というのが、少年時代のわたしの頭にやきつけられたこの石の説明であった。おとなのだれかからきいたのか、それとも自分でそんな説明をかんがえたのか、なんとなくずっとそうおもいこんでいた。しかし、もちろんそれはまちがいである。これは、あきらかに、車のレールである。花崗岩《かこうがん》のブロックに、一定の幅の溝をきざんで、レールとしてしきならべたものである。日本の大動脈・東海道の交通を便利にするために、われわれの祖先が発明したみごとな道路舗装法であったのだ。

これがいつころのものであるか、正確なことはわたしはしらない。木食上人《もくじきしょうにん》がつくったという話もある。この坊さんは、秀吉時代のひとで、京の大仏殿をつくったのはこのひとだというから、そうとすれば、一六世紀末の日本には、すでに軌道をもった石の舗装道路があった、ということになる。あるいはもうすこしあとのものかもしれない。いずれにせよ、これが日本における軌道舗装の最初のものであることは、おそらくまちがいないであろう。

とにかく、江戸時代にはすでにこのレールのうえを車がはしっていたのである。もっとも、「はしっていた」というのはすこしまずい。あるいていた、のである。車をひくのはウマではない。ウシだったのだから。

二本の軌条《きじょう》のあいだは、ウシのあるく道だった。傾斜の急な部分には、ウシのふんばりがきくように、段がつけてあった。ウシは、えいえいと荷車をひいてこの坂をのぼってきた。ウシ追いは、北側の山ぎわをあるいた。牛車《ぎゅうしゃ》の列は、たえることもなくつづいた。ウシ追いのかけ声と、牛車のきしむ音が、一日じゅう九条山のきりたった斜面にこだましたであろう。

軌道の南側は、人馬道だった。人馬道もまた、堂々たる構造のものであったようだ。下地をならしたうえに、二層の砂利をしきこんであった。脚絆《きやはん》にわらじがけの旅人たちが、そのうえをゆきかった。騎馬の武士がとおった。早かごがとんだ。飛脚《ひきやく》がはしった。そして、朝鮮や琉球《りゆうきゆう》からの、外交使節団の行列も、音楽をかなでながらとおっていった。

国道一号線

とおいむかしの東海道の幻想から、わたしは現実にかえる。ここはいま、国道一号線である。石の舗装はすでにない。全面に近代的なコンクリート舗装がほどこされている。牛車も、脚絆の旅びとも、騎馬の武士も、いまはない。ただあるものは、たえまもなくつづく自動車の列ばかりである。

わたしは、自動車のながれにもどって、坂をくだる。すぐまえをはしっているのは、定期便の路線トラックだ。巨大な積荷の山が、わたしの視野をふさいで、おおきくゆれる。うしろは大型バスだ。バック・ミラーいっぱいに、威嚇《いかくてき》的な顔がせまってくる。とまることはゆるされないのである。ながれにのって、ただまえへまえへとすすむほかはない。九条山の斜面にこだまするのは、牛車のきしみではない。地なりのようなエンジンのごう音である。たえまない物量のながれが、山と山とのはざまをながれてすすむ。

坂をくだりきると、日岡《ひのおか》である。ここで山あいのはざまはおわって、南がひらけて山科《やましな》盆地になる。平地にはいると、自動車のむれは、いっせいにスピードをあげはじめる。

しかし、なんというおびただしい車の数だ。一日にどれだけとおるかしらないが、とほうもない数字になるにちがいない。牛車とウマは、自動車にかわったけれど、ここは、依然として日本の大動脈である。国道一号線は、国鉄東海道線および京阪電鉄京津線とほぼ平行しながら、まっすぐに山科盆地を横断して、やがてふたたび山にかかる。逢坂山《おうさかやま》である。これをこえると展望がひらけて琵琶湖《びわこ》がみえる。

わたしはしかし、逢坂山の手まえで、国道一号線からそれて、南へまがらなければならない。そこにはあたらしい道路ができつつある。わたしはそれをみにゆくのだ。わたしは、東海道の過去から、国道一号線の現在をたどった。いま、現実の国道から、さらに未来におどりこもうとしている。ここではすでに未来がはじまっている。

名神高速道路

山科地区は、京都近郊の住宅地域として、近年急に発展してきたところである。わたしの知人にも、なんにんかここにすむひとがあって、ときどきくることがある。いつのころからか、この盆地の東のふちにそって、巨大な堤防のようなものがきずかれはじめたことを、わたしはしっていた。おおきなダンプ・カーがゆきかい、土をはこび、土をもって、堤防はしだいに形をなしていった。盆地の西にたつと、牛尾観音のある行者《ぎょうじゃ》ケ森《もり》の山を背景に、あかるい赤褐色の線が一本、緑をつっきってはしっていた。ここに、バイパスができるのだ、という話であった。

バイパスというのは、この場合、京都の市内をとおらずに、大津から大阪のほうへぬける道ということである。まったく、いまの国道一号線は、むちゃというものだ。あのおびただしい車と物量が、全部京都の町なかをとおってゆくのだ。蹴上から三条を東山通りにでて、博物館や三十三間堂のまえをとおって九条までゆく。おかげで、せまい東山通りにおおきなトラックやバスがひしめいて、どうにもならぬ。当然バイパスをつくるべきであった。

そういえばわたしは、五、六年まえに、山科地区でバイパス反対の運動がおこっていることが、新聞の地方欄をにぎわしていたのをおもいだす。京都の町のなかのひとは、もちろんバイパスをつくるべきだとおもうだろうが、山科地区のひとにはまた、べつな利害があるはずだ。測量のためのたちいりを妨害するとか、いろいろのもめごとがあったのをおぼえている。

しかし、もめごとの記事は、いつのまにか新聞にのらなくなった。そして、それにかわって、あたらしい道路の建設の記事がでるようになった。バイパスの計画は、いつのまにか拡大されて、その道は、西は神戸まで、東は名古屋までつづくのだということであった。道は、名神高速道路《めいしんこうそくどうろ》とよばれるようになった。そして、この道こそは、未来に通ずる道であった。

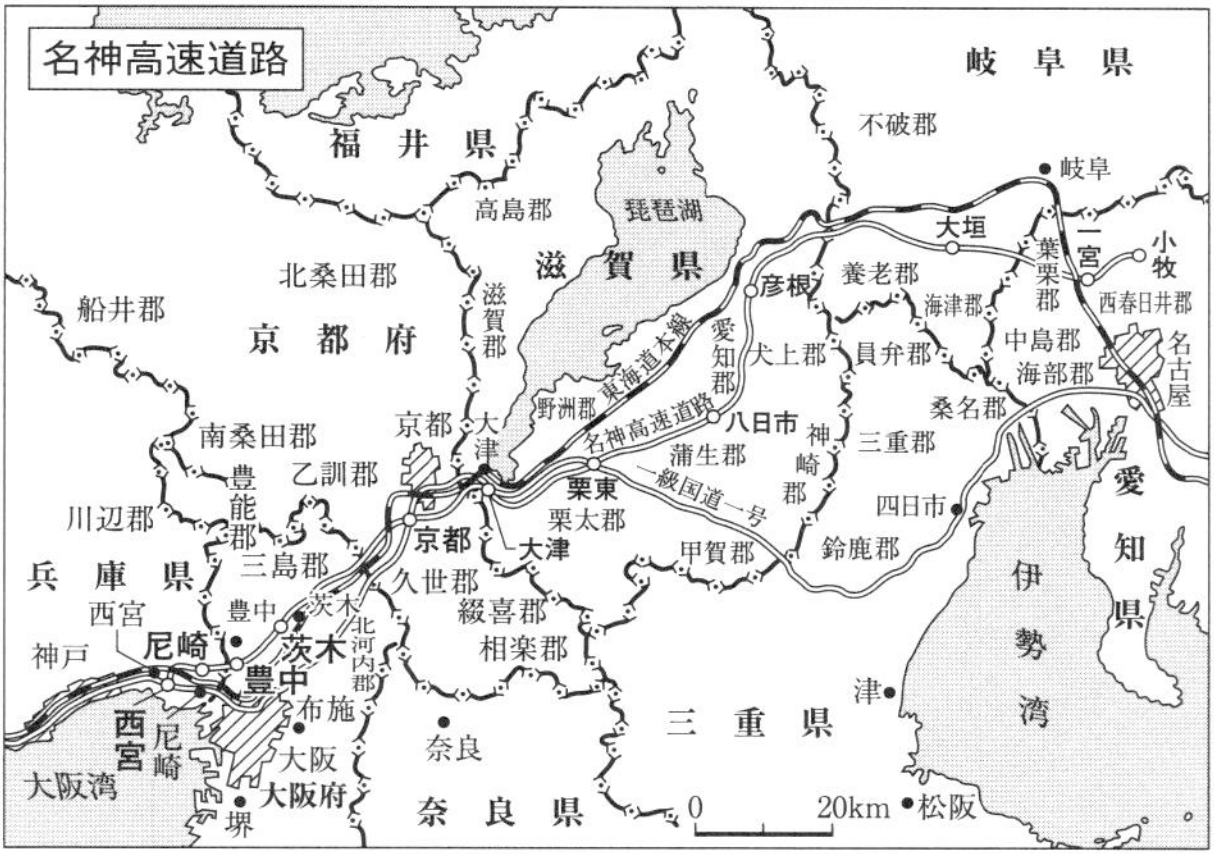

試験所

工事現場に車をのりいれるまえに、わたしは、山科の四《し》ノ宮《みや》にある、道路公団の試験所にたちよった。正式には、日本道路公団名神高速道路試験所という役所である。

道路の試験所なんて、いったいなにをするんだろうか。できあがった道路の、できあがりぐあいをしらべるのなら、話はわかるが、これから道路をつくるというのに、なにを試験するのだろうか。わたしの素朴な疑問は、やがて、内部をみせてもらい、いろいろ説明をきいているうちに、だんだんとけてきた。

わたしはつまり、こうおもっていたのである。道路をつくるためには道路工学というものがあるはずだ。それにのっとって、設計をして、施工をするならば、ちゃんとした道路になるはずだ。なにをいまさら、現場であわてて試験なんかをしているのだ。道路工学はまだ未完成なのか。

ところがそうではなかった。いくら道路工学がちゃんとしていても、つかう材料は、千差万別である。セメントだって、だいたいの規格はきまっていても、やはりそのつど、いくらかは質のちがうのがはいってくるし、ほかの砂や土ときたら、これはもう自然物なんだから、一回ごとにちがうのだ。水分はどれくらいか。どれだけつきかためたら、どれくらいかたくなるのか。そういうことを、いっぺんいっぺん試験しているのだ。

わたしは、道路工学だの土質力学だのというものについては、なにもしらない。だから、この試験室は、とてもおもしろかった。ここでは、とにかくすべて、やってみるのである。セメントのつよさは、そのセメントで円筒形のキョウシタイをじっさいにつくって、それにじっさいに圧力をかけて、どこでこわれるかをやってみるのである。キョウシタイということばに、わたしはびっくりする。わかい技術者がしきりにこのことばを発音するので、わたしは質問する。その青年は、わたしがこんなことばをしらないのに、びっくりしたようだ。「供試体」である。とにかく、じっさいにためしてみるのだ。理論は二の つぎである。

試験室は、それぞれの材料によってわかれている。コンクリート室、アスファルト室、それから土質第一、土質第二、土質第三、それから骨材――砂利や砂である。そこには、さまざまな機械がうごいている。たたいたり、ねじったり、しぼったり、ふりまわしたり、ひっぱったり、圧力をかけたり、とにかくありとあらゆる暴力の種類がそろっている。それでとにかく、じっさいにやってみるのである。

未来の道路工学

暴力設備は、大学の土木工学の教授がうらやましがるほど、よくととのっている。そして、道つくりに、こういう試験機関をまず設置してからかかったのは、日本においてこれがはじめてだという。これはいわば、道路公団の自慢の試験所であった。

それはよいとおもう。しかし、わたしはべつなおどろきを感じている。それでは、いままではどうだったのだ。いままでの道つくりは、こういうことをやっていなかったのか。

きいてみると、やっていなかったのだという。土質試験もくそもない。どこかそのへんの土をもってきて、とにかく設計図のようなかっこうにこしらえあげたのが、従来の道路である。おどろいた話だ。これではいくら表面ばっかり舗装しても、すぐにこわれるのはあたりまえである。試験所の稲田調査役は、わらいながらいった。

「いうなれば、からだをたいせつにすることをおこたって、きものにばっかり気をつかっていたようなものですな」

これはべつに日本ばかりのことではない。世界じゅうがそうだったのだ。戦前は、車の数も重量もすくなかったから、そんなことでもすんでいたのである。それが、しだいに巨大なトラックが、そしておびただしい車が、道路のうえをはしるようになって、もはやそういうやりかたではどうにもならなくなってきた。からだの本体をきたえなければならないのである。あたらしい土質力学は、主としてアメリカにおいて発展し、日本にもはいってきた。道路工学そのものが、革命的な変貌をとげたのである。

わたしは、この試験所のスタッフのなかに、なにかはつらつとしたものがながれているのを感じている。技術者たちの年齢は、ひどくわかいようだが、単にそれだけのせいではないようだ。ここには、老人政治がない。成立しないのだ。土質力学・道路工学に関しては、年より連中のふるい経験は、なにひとつものをいわないのだ。わかものたちは、それをしっている。未来の道をつくっているのは、わかものたちである。

試験室のそとには、さまざまな灌木がうえてある。これも試験所の仕事のひとつである。道路の中央分離帯に木をうえる。ゆきあう車のヘッドライトのまぶしさをさけるためである。どの木がよいか、それを試験する。ここにあるのは見本だけで、じっさいの苗圃《びょうほ》は滋賀県甲賀郡石部《いしべ》［現・滋賀県湖南市］にある。

高速道路

道と機械

追分《おいわけ》のあたりで国道一号線からはずれて、土のでこぼこ道をうえにのぼりつめると、すぐ工事現場だった。ここはいずれ、インターチェンジができるところで、場所もずいぶんひろくとってある。

インターチェンジというのは、ほかの道路との接続点で、これ以外に途中からはのりいれることはできないようになっている。アメリカの道路の写真なんかで、よくみるような、クローバー型のループで、もちろん立体的に接続するのである。

インターチェンジのあたりは、まだ整地もすんでいないところがおおいが、そこから南の道路の本体は、すでにずいぶん工事がすすんでいた。すでに舗装ができあがっている部分もあった。

しかし、ひっそりした工事現場ではある。きょうは工事はやすみではないか、とさえおもう。やすみではない。ちゃんとやっている。ときどきダンプ・カーははしっているし、むこうには、ロード・ローラーもうごいている。コンクリートのプラントも、もうもうとほこりをたててまわっているのだ。しかし、ほんとに人かげはまばらである。あるのは、機械だけである。わたしは、なにかの雑誌でみた、新中国の大土木工事の写真をおもいだす。モッコをかついで、アリのようにむらがってはたらく黒衣の人びとの姿。それにくらべて、なんというちがいだろうか。どちらがいいかわるいかという問題ではない。

日本では、もはやこのやりかたしかないのだ。全国的に機械をつかうやりかたしかないのである。

中央分離帯をつくっている現場をみた。むかしのように、木の枠をくんで、コンクリートをながしこむというやりかたではない。機械がつくるのだ。可動式のレールをおいて、そのうえを機械がゆっくりとすべってゆく。コンクリート・トラックが、それに徐行しながら、コンクリートを注入してゆく。機械のとおったあとに、りっぱに分離帯ができあがっている。

舗装はアスファルトである。アスファルトはもちろん、機械でやる。例のフィニッシャーというおおきな機械である。これが、ゴトゴトとおってゆくと、あとにはよくしまったアスファルト道路ができている。

高速道路

工事現場に進入するにつれて、この工事の全貌があきらかになってくる。わたしは、ここでなにがおこなわれているのか、しだいに了解するようになる。これは、ふつうの意味の道路建設ではない。これは、とほうもないしろものだ。

幅は、ふつうの部分ではたいしてひろくない。片側二車線、七・二メートル。中央に三メートルの分離帯をもっている。両側の路肩《ろかた》をふくめて、全部で二〇・四四メートルになる。

しかし、この道路は、ほかの道にはないさまざまな特徴をそなえている。だいいち、この道は自動車の専用道路である。いままでわたしたちは、専用の道といえば鉄道だけで、ふつうの道路は、自動車も、ひとも、自転車も、いっしょに仲よくつかうものという頭がある。交通工学では、こういうのを混合交通というのだそうだ。

混合交通になれているので、ピンとこないけれど、名神高速道路は自動車専用道路なのである。ひとははいってはいけない。自転車もいけない。おそらく、オートバイもいけないことになるのではないか。

それから、名まえのしめすとおり、この道路は高速道路である。平地部で時速一二〇キロ、丘陵部で一〇〇キロではしることを基準に設計されている。いまの一級国道で、もっとも条件のよいところの制限時速が六〇キロだから、一躍二倍である。むしろ、最低速度が制限されることになるだろう。まだきまってないが、それがおそらく六〇キロくらいになるのではないかという。

速度を確保するために、さまざまな注意がはらわれている。路面の変形に対しては、ずいぶん神経質である。また、もちろんいっさいの障害物はない。バスははしるが、ふつうの道路みたいに、ところかまわず標柱をたてて、バス停をつくるというわけにはゆかない。そんなことをしたら、たちまち追突事故だ。バス・ストップにちかづくと、バスは本道をはなれて、横にはりだした減速車線にはいる。停車場でとまり、こんどは加速車線をとおって、本道にもどる。だから、バス・ストップにたって反対側をみると、小学校の運動場くらいのひろさがある。

もちろん、いままでの道路のように、まがりくねったりはしていない。しかし、かならずしも直線がおおいということはない。高速道路では、ながい直線区間はかえって事故の原因となることが、経験的にしられている。線形にはふかい注意がはらわれ、直線区間は二キロ以内、そして、全面的にクロソイド曲線というのが採用された。もっとも運転しやすい、なめらかな曲線である。

それから、もちろん全部が立体交差である。途中から車がとびだしてくる心配はない。車はすべて、きめられたインターチェンジでしか、出いりできない。

これはもちろん、有料道路である。利用者は、インターチェンジで切符をかってはいる。料金は、まだきまっていない。

日本のアウトバーン

近代的高速道路というのは、つまりこういうものである。高速道路がこういうものでなければならないことは、交通関係の人たちのあいだでは、わかりきったことにちがいない。また、一般の人たちのあいだでも、まもなくただの常識になってしまうにちがいない。わたしの、この文章だって、あほらしくてよめたものではなくなるにちがいない。しかし、いまはちがうのである。いまは、この道路はまだ、一般の常識からはずれている。これは、いわゆる「道路」ではない。これは「高速道路」である。日本最初の、「高速道路」である。日本にも、高速道路がうまれようとしているのである。

わたしたちは、ずいぶんまえから、ドイツのアウトバーンのことをきかされてきた。帰国者たちは、そのすばらしい道路を時速一〇〇キロ以上ですっとばす爽快さをかたった。一般に速度制限はない。大型車は一三〇キロくらいではしっている。こういう道が西ドイツ内だけで、約二三〇〇キロもある。比較のために数字をあげると、名神高速道路は、完成すると一八八キロになる［現在は一九三・九キロ］。

アウトバーンは近代高速道路の模範となっている。その建設は、道路工学にたくさんのあたらしい経験をもたらした。日本の名神高速道路は、おおくのものをドイツのアウトバーンにまなんでいる。クロソイド曲線の採用はその一例である。アウトバーンの規格をいうと、片側二車線、七・五メートル。中央分離帯四メートル。全幅三〇メートル。名神高速道路もほぼそれに匹敵する。名神高速道路は、日本のアウトバーンである。

道路公団にはいま、外国人のコンサルタントというのがなんにんかきている。そのひとり、ドルシュ博士というのは、ドイツにあって、アウトバーン建設がはじまったときから、その指導者トット博士をたすけてきたひとである。アウトバーンの経験は、直接に名神高速道路建設にながれこんでいるのである。

太陽道路

アウトバーン——ただしくはライヒスアウトバーン——は、ナチの遺産としてしられている。「ヒトラーは、ひとつだけよいことをした。それはアウトバーンをつくったことだ」ともいわれている。それはたしかに、ヒトラーがひじょうな熱意をかたむけた仕事のひとつであった。かれは、一九三三年一月に政権をにぎると、その九月には、はやくもその建設に着手したのである。

しかし、わたしたちが感心するのは、それが単にヒトラーの遺産というにとどまっていない点である。その建設は、いまもなおつづいているのだ。あの敗戦のくるしい時代にも、ドイツ国民は、営々としてアウトバーンの新線開発をつづけていたのである。

ドイツのアウトバーンは、世界最初の、そしてまた最大の規模の、高速道路建設事業であった。各国が、きそって大規模の高速道路建設の時代にはいるのは、第二次大戦後のことである。

道がよいので有名なアメリカだって、本格的な高速道路建設計画が軌道にのるのは、アイゼンハウアーの時代になってからである。四万マイルをこえるインターステート高速道路の建設が、一九五六年以来進行をはじめる。

イギリスも、道がよいのは定評づきである。統計をみると、日本の道路の舗装率は、一級国道で約三〇パーセントであるが、イギリスは、道路全体で約九八パーセントというから、だいたいすべての道が舗装されているとかんがえてよい。ただし、イギリスの道は、おおむね幅がせまく、まがりくねっていて、高速自動車交通には適しない。いまイギリスは、近代的高速道路の建設にたちおくれたことを、ひじょうにくやんでいるという。数年まえから、ようやくロンドン――リヴァプールの高速道路モーターウェイの建設に着手した。

フランスでもはじまっている。パリを中心に、オートルート建設一〇ヵ年計画が進行しつつある。

イタリアでは、ミラノからローマをへてナポリまで、七四〇キロの太陽道路（アウトストラーダ・デル・ソレ）の建設をすすめている。これは、一九六三年に完成する予定である
［実際の完成は一九六四年］。

いまや、世界の一流工業国は、いっせいに高速道路の大建設時代にふみこんだようだ。もはやどの国も、いままでの道路では、いかに改良し、いかに補修しようとも、とうていおいつかぬ段階にまできたのである。日本もまた、その点ではおなじであった。日本もまた、巨大な産業国家のひとつとして、これらの国とともに高速道路建設にむかうほかなかったのである。

人びとは、日本の道路建設が、諸外国にくらべて、ひじょうにおくれをとっていることを、しばしば指摘する。それは、一般的にいって、たしかにただしいであろう。しかし、それとこれとはすこし問題がちがうのである。

名神高速道路は、ただの道路ではない。それは高速道路である。日本が、高速道路の建設に決定的なおくれをとって、現代的な工業国家としての体質改善に失敗するかどうかは、むしろ今後の建設にかかっている。ドイツとアメリカは別として、各国ともまだそれほど、大規模な高速道路網の建設をおわっていないのである。

道の文化史

「日本の道は信じがたいほどわるい」

一般に、日本の道路がわるいことは、定評づきである。だれでも、外国へいってきたひとが、かえってきて最初に指摘する日本の欠陥は、その道路のわるさである。これはもう、完全に国民の常識となるにいたった。

まったくこれは、おどろくべきわるさである。わたしもなんどか、外国の自動車旅行の経験があるが、アジア諸国とくらべてさえ、日本の道路は、しばしば見おとりがする。アフガニスタンは、全アジアにおいても、おそらくはもっとも道のわるい国のひとつである。そこでわたしたちは、アフガニスタンを旅行中、車が穴ぼこにはまってものすごくバウンドするたびに、よく冗談をいったものである。

「これはすごい。日本の道みたいだな」

日本人が海外にでて、外国の道路のよさをみてくるとともに、戦後は、たくさんの外国人がやってきて、日本の道路のわるさの客観的な評価をあたえてくれた。なかには、

「日本には道路の予定地はあるが、道路というものは存在しない」

という手きびしい批評もあらわれた。

一九五六年五月、日本の建設省の要請にもとづいて、アメリカから調査団がやってきた。団長の統計学者のラルフ・J・ワトキンスの名をとって、その報告は「ワトキンス報告」とよばれている。それは、日本の道路交通の現状を診断して、調査結果のいちばんはじめに、こうきめつけた。

「日本の道路は信じがたい程に悪い。工業国にして、これ程完全にその道路網を無視してきた国は、日本の他にない」

われわれは、これに対して、かえすべきことばはない。わたしたちは、それが誇張ではないことをしっているからである。

道路と自動車

わたしは道路政策の責任者ではないから、そこで、どうしなければならぬ、と的確にいうことはできない。しかし、この問題は、わたしにとって、べつの観点から興味があるのである。工業国で、これほど完全に道路網を無視してきた国はない。どうしてこうなったのか。日本においてだけ、どうしてこういうことがありえたのか。これは、日本の文明史上の重大問題でなくてなんであろうか。

この疑問は、だれでもかんがえることだが、たしかな答はなかなかでてこない。あるひとは素朴にこうかんがえるかもしれない。アメリカなどの道路がよいのは、アメリカ人はみんな自動車をもっているからだ。自動車が普及していない日本では、それほどりっぱな道路は必要なかったのだ、と。これはたしかに、一面の真理である。しかし逆に、なぜ自動車の普及がおさえられているかといえば、道路がわるいから、という答もだせるのである。じつはアメリカの場合だって、自動車というものができてうりだされたころには、こんなものはあまり普及しないだろうといわれていたのである。理由は、「道がわるいから」というのであった！

じっさいは、どこの国でも自動車の普及と近代的な道路の開発とは、平行して、あいたすけあってすすんできたのである。自動車が普及すれば、よい道路が要求される。道路がよくなれば、自動車がいっそう普及する。ダイムラーとベンツによって、自動車がはじめてつくられたのは一八八五（明治一八）年、アメリカで、最初の自動車製造会社が設立されたのが一八九五（明治二八）年である。そして、自動車工業がめざましい発展をとげてゆくのは、二〇世紀にはいってからである。そして、それにともなって、アメリカ、イギリスにおける道路の改良が急速にすすむ。イギリスにおいて、道路の近代的整備がおこなわれたのは、二〇世紀の最初の四半期であるといわれている。

日本でも、自動車がはいってきたのは、それほどおくれたわけではない。明治三〇年代のはじめには、すでにもう数台が輸入されている。それよりもおどろくべきことは、一九〇七（明治四〇）年には、日本最初の自動車製作会社が、国産自動車の第一号の製作に成功した。これは試作品ではない。そうとうの台数が製造され、販売されたのである。日本の自動車工業も、すでに半世紀をこえる歴史をもっている。

しかし、日本ではヨーロッパやアメリカのようにすすまなかった。自動車と道路は、むしろ相互に制限因子となっていった。自動車が普及しないから、道路をよくしようという要求がない。道路がよくならないから、自動車が普及しない。二〇世紀初頭、そのスタートにおいては、欧米とたいした差がなかったにもかかわらず、その後の自動車交通の歴史において、日本は決定的なおくれをとったのである。

道路と鉄道

二〇世紀にはいってからの日本の交通は、いったいどういうことになっていたのだろうか。もちろん、なにもしないでいたわけではない。目ざましいいきおいで上昇しつつある日本の資本主義が、交通を無視して発達してきたわけがない。ただそれは、欧米のように自動車による道路交通という方法にあまり依存しなかっただけのことである。

自動車が普及しなかったこと自体は恥ではない。日本では、たしかに自動車の大規模の国産のためには、条件がそろっていなかったし、日本の産業のためには、かならずしも自動車に全面的にたよる必要もなかった。日本は大陸国ではない。発達した沿岸航路があった。また明治政府は、熱心な鉄道建設者であった。一八七二（明治五）年、新橋・横浜間に最初の鉄道が開通して以来、二〇世紀の最初の四半期は、日本においては光輝ある鉄道建設時代である。そして、きわめて密度のたかい鉄道網を完成する。そして、日本の産業は、もっぱら水運と鉄道によってささえられたのであった。

しかし、陸運における自動車の優位性は、とくに短距離の場合、しだいにあきらかとなる。ヨーロッパでも、鉄道と自動車道路は、競合するどころか、むしろ相互補足的関係で発達してゆく。日本でも、一九一九（大正八）年には、最初の道路法が制定され、三〇年計画にもとづいて、大規模の道路改良事業が開始されるが、関東大震災で挫折する。その後もなんどか、おおきな計画はたてているのである。名神高速道路だって、ことのはじまりは、すでに一九四〇（昭和一五）年に、内務省が予備調査をやっている。しかし、なんべん計画をたてても、要するに実現しなかった。戦争は、すべてをふみにじってしまったのである。

道路と馬車

しかし、ヨーロッパではむしろ、ヒトラーがやったように、戦争となれば道路建設をいそぐであろう。日本のように、なんど計画をたてても、すこし障害がでてくるとすぐ挫折するというのは、これはどういうことなのか。

この問題については、明治以後の日本の政治と経済というわくのなかで、そうとうのところまで解釈がつくものと、いちおうはかんがえる。しかし、それとともに、この問題に関しては、明治以前からの日本の文化的伝統ということも、たしかに無視できないとわたしはかんがえる。

じつは、自動車交通が発達するまえに、ヨーロッパではすでに馬車による陸上交通がひじょうに発達していたのである。自動車そのものが、つまり「ウマのいない馬車」だった。初期の自動車の運転台には、馬車の馭者席《ぎょしゃせき》のように、ちゃんとムチをかける仕かけがついていたという。自動車は、前世紀の馬車の直接の後継者にほかならなかったのだ。道路も、自動車のまえに、まず馬車のために改良された。マカダムだの、テルフォードだのという有名な道路技術者たちは、馬車のための道路の舗装技術を完成したのであった。道路の歴史については、古代ローマのヴィア・アッピアのむかしにまでさかのぼる必要はない。ヨーロッパの人たちにとっては、道路というものは、自動車時代のはじまるすぐまえの時代において、すでに、なによりもまず「車」を通ずるためのものであったのである。そこでは、道は本質的に「車道」である。

その点が、日本ではたいへん事情がちがっていた。はじめにしるしたように、日本でもみごとな舗装の技術はあった。しかし、日本には馬車がなかったのである。馬車どころか、車一般がなかったといってよい。わたしは、江戸時代の東海道における牛車についてのべた。しかしあれも、けっきょくはどうも局部的な現象にすぎないようである。京都の近所のほんのわずかの地方だけが、牛車を利用していた。それも、乗用ではない。王朝時代には京都にはウシのひく華麗な乗用車があったが、それも、近世にはすっかり、ひとのかつぐ「かご」あるいは「のりもの」におきかえられてしまった。ほかの地方では、乗用どころか、荷をひく牛車さえもなかったのである。

日本の車といえば、まず大八車《だいはちぐるま》である。これは、一七世紀の発明品であるというが、これもまた、ひとがひく。一九世紀には、人力車の発明がある。これもまた、ひとがひく。「かご」以来、日本の道路交通は、人間自身の肉体によってささえられている。わたしはここに、インカの文明にもにた日本文明のくらさを感じないわけにはゆかない。

日本の道は「歩道」である

ともかくも、馬車がなかったことが重要なのである。だから、日本では、道というものは車をとおすためのもの、という観念がまったく欠けている。車のために、道をよくしなければばならないという観念が、欠けている。さらに、道をゆくのは車にのってゆくものだ、という観念が完全に欠けている。日本では、道はあるいてゆくものなのだ。みんな、徒歩で、あるいはウマで、ともかくもあるいた。ここでは、道は本質的に「歩道」である。

歩道に関するかぎり、日本の道路は、はやくからそうとうの発達をとげていたとかんがえてよい。一八世紀末に日本にやってきたスウェーデン人ツンベルグは、その『ツンベルグ日本紀行』のなかで、

「欧洲の如何なる国に於いても、日本に於ける如く、愉快に且つ容易に旅をしうるとこなきことを断言しうる。……欧洲の道路が放任されてゐるのに反して、日本の道路はあらゆる点で愉快な趣を呈してゐることは、正銘の事実なのである」

としるして、日本の道路状態のよいことをほめたたえているのである(註)。

しかし、それもけっきょくは歩道のよさである。ヨーロッパのわるい馬車道は、やがて改良され、舗装されて、よい自動車道へとつながっていったが、日本のよい歩道は、ついに自動車道にはつながらないのである。歩道であるかぎり、あるいてとおる段にはなんらさしつかえない。車は、とおさなければよいのである。

馬車があったか、なかったか、このちがいはおおきいとおもう。それがけっきょくは、明治大正を通じての、あるいは現在にいたるまでの、日本人の道路観念に、おおきな影響をおよぼしているにちがいない。日本人にとっては、道がわるければ、車をおりればよいのである。苦労して、道をよくする必要はないのである。

それではなぜ、明治以前の日本に馬車がなかったのか。こうなると、わたしにはよくわからない。ウマはいた。ひとはウマにのり、荷を駄載した。車はあった。人は車をひき、ウシは車をひいた。しかし、ウマが車をひくことはついになかったのである。どういう理由にもとづくものか、たしかなことが知りたいとおもう。

（註）Ｃ・Ｐ・ツンベルグ（著）山田珠樹（訳註）『ツンベルグ日本紀行』一九二八年六月　駿南社

工業国の苦悩

日本の道路の欠陥は、日本人の道路観念の欠陥である。それは、馬車道路の歴史を欠いていたために、近代的な自動車道路に、うまくつながらなかったのである。

しかしながら、日本の産業は、日本人の道路観念の欠陥とは無関係に、まっしぐらにはしりだしてしまった。道路建設が挫折し、道路改修がもたついているあいだにも、日本の工業は着々と発展をとげていった。その原料と製品の輸送は、もはや国鉄だけでとうていまかないきれるものではなかった。日本の工業は、トラックにのってはしりだしたのである。

とくに、戦後の変化はいちじるしいものがある。工業は発展をつづけ、輸送量は増大をつづけた。鉄道と、指定運送業を特権的に保護していたふるい法律は廃された。自動車輸送は、全面的にのびて、路線トラック業が大発展をとげた。いっぽう、日本の自動車工業は着実に成長して、大量のトラック、バスを供給するようになった。そこでできたのが、光栄ある歴史をほこる日本の「歩道」の問題であったのだ。

もしこういうことにならなければ、日本の道路も、これほどまでの悪評はうけなかったであろう。じっさい、公平にみて、すくなくとも工業化のおくれているアジア諸国とくらべたら、日本の道路はこれでもけっしてわるくはないとわたしはおもう。さきに、アフガニスタンの道路とくらべたが、あれはもちろん冗談であって、そんなものとは比較にもならない。インドやタイ、ベトナムあたりにも、りっぱな道路はあるけれど、日本とはもちろん、道路の密度がけたちがいである。それに、その道路のうえをはしっている車の数からいえば、これはもう四けたか五けたくらいちがうだろう。これだけの数の車がはしりまわるのだから、道路がいたむのはむりもない。日本も、工業国なんぞにならなかったら、こんなに道路でくるしむこともなかったはずだ。いまはもう、なんといってもとりかえしがつかないのである。道は、よくするほかはない。さもなければ、自滅するのみである。

国土開発縦貫自動車道

人びとは、たまたま郊外をドライブしてみて、日本の道があまりにもわるいことにびっくりする。しかし、日本の道路の問題は、なによりもまず日本の工業の問題であって、車ののりごこちの問題ではない。のりごこちだけからいえば、江戸時代のかごは、すばらしいのりものだったようだ。あれにもどればよい。

「ワトキンス報告」は、さすがに徹底的な経済的分析に終始している。そこにえがかれているのは、ちかい将来における日本の道路の、理想的未来図であった。それは、日本が道路網を閑却《かんきゃく》してきたことが、日本経済にいかにおもいコストの負担をかけているかを指摘し、国民総生産の二パーセント以上を道路に投ずべきことを勧告する。そして、名神高速道路のすみやかな実現は、加速度的な道路整備計画の重要欠くべからざる一部であることを強調する。それは、日本の将来にとって、高速道路の建設がいかにおおきな成果をもたらすものであるかをとき、さらに、その実現のために、道路行政および税制の改革についても、さまざまな勧告をおこなった。

「ワトキンス報告」は、たしかにおおきな効果をもたらしたようである。政府はいよいよ本腰をいれてこの事業にのりだした。すでに一九五六（昭和三一）年に日本道路公団は設立される。五七年には、国土開発縦貫自動車道建設法および高速自動車国道法が国会を通過する。

日本のライヒスアウトバーンの建設ははじまったのである。北は北海道の稚内《わっかない》から、南は九州の鹿児島《かごしま》まで、日本列島を縦断する三〇〇〇キロの近代的高速道路を建設する。期間は二〇ヵ年である。その最初の工事として、愛知県小牧《こまき》市から兵庫県西宮《にしのみや》市にいたる、この名神高速道路が着工されたのであった。これはもちろん、ちかい将来において、東京・名古屋をむすぶ東名高速道路《とうめいこうそくどうろ》に接続するものであることはいうまでもない。

もちろんこれには、ひじょうな費用がかかる。名神道路だけで、概算八〇〇億というが、おそらくは超過して、一〇〇〇億はかかるだろうといわれている。ふつうの一級国道の整備さえもすんでいないのに、こういうものをつくるのは、ぜいたくではないかという声がある。しかし、それはちがうようだ。りっぱな道路計画に対しては、日本だけではない、イギリスでもイタリアでも、おなじ声はあった。しかし、それらの国にもまして、いまの日本は一日もはやく高速道路を必要としているのである。それほど、交通状態は悪化しているのである。それはもう、既存の国道をいかに改良してもおいつくものではない。日本は、ほかの道路の整備がわるいからこそ、いっそう高速道路を必要としているのである。「ワトキンス報告」がいうように、「出入制限措置をした高速道路を、これほど余儀なく必要としている工業国は、日本のほかにない」。

未来をひらくもの

あたらしいフロンティーア

できあがったばかりのアスファルト道のうえにたって、わたしは、名神高速道路のゆくえをみはるかす。それは、壮大なながめである。まあたらしいアスファルトの黒と、かわいた土の白の縞目《しまめ》が、ゆるやかにたわみながら、山科盆地をつっきって、丘のかなたにきえている。そこには、いままでの道路の概念では律しきれない、なにものか雄大なファンタジーのごときものがただよっている。

ここには、あたらしい日本の建設の夢がある。これは、どちらをむいても息づまりそうな現代の日本においては、稀少価値をもつ夢である。案内してくれた、道路公団の板倉総務次長はいった。

「あたらしいフロンティーアですよ」

わたしはそのことばのなかに、未来に対するゆるぎのない確信とともに、どうでも現代の血路を打開しなければならぬというおもいつめを感じとる。

壮大な道路をながめながら、わたしはべつのことをかんがえている。公団の人たちは、未来を信じている。かれらは開拓者である。かれらは未来をひらく。それがこの人たちの使命である。

しかし、ここは日本のあたらしいフロンティーアであろうか。フロンティーアとは、未来にいきる土地である。日本は、それほど未来にばかりいきている国ではない。未来にだけいきているのなら、問題はかんたんである。未来にむかって突撃すればよい。しかし、日本には過去がある。それも巨大な、圧倒的な過去がある。それをここでは、どう処理したのであろうか。

ここに、現代日本における建設事業の、もっともむつかしい文明史的課題があると、わたしは感じたのであった。

付帯工事

高速道路は、ゆるやかにカーブをえがきながら、平野をこえ、丘をこえ、川をこえてはしる。なにものも、それをさまたげることはできない。なにものも、これを横ぎることはできない。しかし、高速道路それ自身は、すべてのものをのりこえて、すべてのものを横ぎってすすむのである。

つまり、こういうことなのである。ここは山科盆地だ。ここにはもちろん、多数の農民がすんでいて、多数の耕地があり、道があり、水路があった。高速道路の建設は、もちろん、そういう既存の地物を、多少ともふみにじってゆくのである。したにしきこんでゆくのである。山科地区は、おおむねはふるい東海道線の軌道敷を利用した部分がおおかったから、よほど問題がすくなかったようだが、それでもないというわけにはゆかない。これはどうなるのであろうか。

用地買収のことは、あとでのべる。そのほかに、じつにさまざまな問題が発生したのである。たとえば、一本のほそい農道があるとする。高速道路はそれを横ぎる。農民は、いままでのように農道をとおれなくなる。農民は、その農道の通行権を主張する。そこで、道路公団は、高速道路のしたにトンネルをつくって、農道をとおすということになる。

わたしはまた、興味ある実例をみつける。山側にお宮があり、ゆるやかな傾斜の参道があった。高速道路は、その参道を横ぎった。そのため、参道は高速道路のしたをくぐり、あらたに石段で急な傾斜をあがることになった。公団は、石段をつくった。ひとが参詣するのはこれでよい。しかし、おみこしはどうするのだ。公団は、石段とはべつに、おみこし用のゆるやかな坂道をつける。

道路公団は、道路をつくるのが仕事である。しかし、この種の付帯工事のなんとおおいことか。要求は、つぎからつぎへとでてくる。予算は、いくらでも超過する。名神高速道路の予算超過の最大の原因は、こういう付帯工事によるものであるという。日本の高速道路の建設費は、こうして、ひどくたかいものについてゆく。たとえば、イタリアの太陽道路なども、その規格は名神高速道路とかわらないのだが、キロあたり建設費は半額くらいだという。

存在の論理と建設の論理

わたしは、道路公団にさまざまの要求をつきつけて、付帯工事の負担をかけさせる農民たちを、公共事業を理解しない利己主義者だとは、けっしておもわない。ただ、こういうふうになっている日本の現実に、あらためて驚嘆するばかりである。

名神高速道路は、まだできていない。それは、できあがったあかつきには、日本の経済発展のために、偉大な役わりをはたすであろう。そのために、これはつくらねばならぬ。これが建設の論理である。建設の論理においては、ものの存在理由は、未来にある。未来がすべてを正当化する。

しかし、農民にとっては、農道は、水路は、お宮の参道は、はじめから存在するのである。それは、名神高速道路が未来においてどのような価値をうむかということと、なんの関係もない。それらは、存在するから存在するのである。これは、存在の論理である。存在の論理においては、ものの存在理由は、過去にある。過去がすべてを正当化する。

そこで、いまわたしがみているのは、建設の論理と、存在の論理との交錯《こうさく》である。複雑きわまる存在の論理のうえを、まっしぐらに建設の論理がつきぬけている姿である。

建設の論理は、しばしば合理主義といわれる。それはたしかに、未来の目的に対する合理的接近法をおしえる。しかし、それがそのままでまかりとおるのは、その国が、未来においてだけいきている場合にかぎるのである。日本はどうだろうか。日本はもちろん、未来にいきている国ではない。日本では、そういう単純な論理は通用しないのである。

日本という国は、わたしは、本質的に存在の論理の力がつよい国だとおもう。そこにおいては、なにごとも、過去においてあったから、現在もあり、未来もあるのである。それ以外の理由はない。ここを支配しているものは、ふかい慣習の論理である。慣習こそは、この文明をささえる基本的な法則である。

その点は、わたしはアメリカやソ連はちがうのだとおもう。中国だってちがうのだとおもう。そこにはつねに、前進目標としての未来のヴィジョンがある。そこにおいて支配的なものは、過去の慣習ではない。未来のヴィジョンに対して、人びとを動員するところの目的追求の論理である。

西ヨーロッパ諸国は、どちらかというと、日本型にちかい、存在の論理の支配する国である。そこではやはり、道路建設をめぐって、程度の差こそあれ、日本とおなじようなごたごたがいっぱいあるという。ただ日本のように権利の細分化はすすんでいないから、これほどのきめのこまかさはない。

はっきりいうと、日本や西ヨーロッパのようなタイプの国は、もともと建設にはふむきである。建設は、つねに未来のヴィジョンにおいていきるのだが、こういう国ではたいてい、こんがらがった過去の利害のなかにまきこまれて、もみくちゃになってしまう。なかなかおもいきった建設はできないものである。明治以後は、日本としては比較的に建設の論理がつよくでた時代であったが、それでも、たいていの建設は中途半ぱである。ヒトラー時代のドイツほどの統制力を発揮して、ようやくアウトバーンの建設は進行したのである。

現代の日本は、どういう建設のすすめかたをしうるのであろうか。

「誠意」の論理

名神高速道路は、山科盆地を縦断して、丘陵地帯をぬけて深草へでる。それから鴨川・桂川をわたって山崎にむかう。天王山《てんのうざん》のしたをトンネルでぬけて、山ぞいに茨木《いばらき》から吹田《すいた》にでて、尼崎《あまがさき》の北をとおって西宮に達する。

道路公団の建設事務所は茨木にあった。そこで、用地課長の西谷氏からきいた用地買収の話というのは、ひじょうにおもしろいものであった。ここにもまた、建設の論理と存在の論理との、奇妙で複雑な交錯がある。

われわれは、日本の産業の前途をおもい、日本の未来をかんがえるときには、文句なしに高速道路の必要性を承認する。それは、沿線の農民たちだっておなじである。そのとき、かれらはすべて、完全に建設の論理にたつ。存在をささえるものは未来の価値である。しかし、具体的にその道路用地が自分の所有地にひっかかるとき、論理はひっくりかえる。あらわれてくるのは、先祖伝来の存在の論理である。

こういう場合、いままではどうしていたのであろうか。戦前のやりかたは、もっぱら内務省あたりが国家の権威をもってのぞんだようだ。政府の通達によって、買収は市町村にやらせるのである。つまり、行政力をもちいて、建設の論理をもって存在の論理をおしきらせたのである。

戦後はもちろん、そうはゆかなくなっている。いまも政府は、行政力にものをいわせようとしているが、なかなかむつかしくなったという。存在の論理がつよくなったのである。ところで、道路公団というのは政府機関ではない。それは行政力をもっていない。ここではじまったのは、建設の論理と存在の論理との、根気のよいはなしあいであり、説得である。

反対は猛烈だったようだ。建設事務所が開設されたその日から、「弾丸道路絶対反対」のむしろ旗をおしたてて、群衆がデモをかけてきた。それを、公聴会をひらき、意義を説明し、説得し、なっとくさせてきた。いよいよとなれば、土地収用法にかけるという方法はあるわけだが、時間がかかってまにあわぬ。

けっきょくは、誠意をつくす以外には方法はないという、この用地買収のベテランのことばを、わたしは、たいへんおもしろいとおもった。そこには、過去の慣習にいきる伝統的な存在の論理と、あたらしいヴィジョンを追う建設の論理とが、なまの人間の姿となって、面とむきあって、対決している姿があるからである。そしてそれこそは、アメリカやソ連とはことなる、日本型文明の、現在における現実の姿にほかならないではないか。わたしはこの「誠意」のなかに、現代日本におけるひとつの論理の型をみたようにおもった。

それは未来のヴィジョンから演繹《えんえき》された合理的論理ではない。しかし、いっぽうでは、先祖伝来にたてこもる存在の論理でもない。どちらにたっても、現実の日本の建設は一歩もすすまないのである。

人間的な「誠意」の論理は、現実の困難を打開して、日本の未来を建設することができるであろうか。

追記　「名神高速道路」その後

この「名神高速道路」は、『中央公論』誌上に掲載されただけで、その後は単行本に収録されることはなかった。

名神高速道路は一九六五年七月に完成し、兵庫県西宮から愛知県小牧までが全通した。さらに、小牧から東京までの東名高速道路の工事がすすんで、一九六九年五月にはこれも完成した。

その後、日本道路公団による高速道路の建設は着実にすすみ、中国自動車道、東北自動車道、関越自動車道など、おおくの路線が完成し、一九九〇年三月現在、全長四六六一キロメートルに達している。

日本道路公団では、前田光嘉《まえだみつよし》総裁のときに、「道路と環境問題懇談会」というのが組織された。委員は黒川紀章《くろかわきしよう》、石井威望《いしいたけもち》、井手登《いでのぼる》、合田周平《あいだしゆうへい》、泉眞也《いずみしんや》、渥美和彦《あつみかずひこ》、吉田達男《よしだたつお》の諸氏とわたしとであった。会合は年数回開催され、日本道路公団の総裁、副総裁ほかの幹部の人たちと、道路をめぐるさまざまな社会的状況について懇談、討論をおこなった。この懇談会は、東京における会合のほか、毎年一回、全国の高速道路の建設状況の視察旅行をおこなっている。各地で、年々、着実に高速道路網が敷設されつつある状況を現地でみるのは、たのしいことであった。

出雲大社

解説

わたしは、日本の家制度と結婚式の起源と歴史について、じっくりとかんがえてみたいとおもっていた。縁むすびの神さまとして有名な、出雲大社《いずもたいしや》をしらべてみようとおもったのはそのためである。

大社町（現在の出雲市）での取材にあたっては、同町在住の旧友、高橋一朗《たかはしいちろう》氏に全面的におせ話になった。同氏はわたしの中学校時代の親友で、大社町で歯科医を開業されている。千家《せんげ》・北島《きたじま》、両国造家《こくそうけ》の当主に紹介してくださったのも同氏である。両家では、こころよく引見に応じてくださり、種々の資料をみせていただいた。

この文章は、連載中の「日本探検」第七回として『中央公論』誌上に発表された。（註）

（註）梅棹忠夫（著）「日本探検（第七回）出雲大社」『中央公論』一月号　第七六年第一号　第八七八号　一三五―一五一ページ　一九六一年一月　中央公論社

天下無双の大廈

相　嘗

大社についたのは、もう夜だった。祭はすでにはじまっていた。

神殿のなかは、ほのぐらくしずまりかえっていた。ロウソクの光をうけて、しろい神官の装束がゆれうごいた。人びとは、ただ声もなくすわっていたが、そこには、神とひととのひそやかなかたらいがあった。

拝殿の中央はいちだんとたかい。ひとりの神官が登壇し、神のまえにすすんだ。かれは一礼すると、ゆるやかに旋回して、左の座につく。白木のお膳がはこばれてきて、かれのまえにおかれる。

お膳の上にはご飯があった。ことしとれたばかりの、あたらしいコメでたいたご飯である。それからまた、酒があった。ことしとれたばかりの、あたらしいコメでかもしたひとよ酒である。神官は、うやうやしく、おごそかに、箸をとる。

ロウソクの光はくらい。わたしには、それ以上のものはみえないけれど、たべているのは神官ひとりではないのである。これは、相嘗《あいなめ》である。神人共食である。かれはいま、神とともに新穀を食し、新酒のさかずきをかたむけている。

祭は、ゆるやかで単調である。アーアー、ウンウンというかけ声にあわせて、神官はサカキの小枝を両手にもって神のまえにまう。それも一〇〇回もつづいて、みるひとに退屈を感じさせたとしても、それは祭の責任ではない。祭は、ショウではない。祭は、神と人との交歓であって、人と人との社交ではない。

神のまえでは忍耐が必要である。そして、忍耐のかいあって、神事は最後の段階にうつる。神官は、竹をかついであらわれる。竹には、まえにイネたばがかかっている。うしろには酒の壺がさがっている。かれは、青竹の杖をつきながら、ゆるやかに、大釜のまわりを三どまわる。そして、おもおもしく、「あらたのし」ととなえる。みのりの秋をいわう、民衆のよろこびの舞踏ででもあろうか。

農耕の神

一一月二三日夜。出雲大社における古伝新嘗祭《こでんしんじょうさい》であった。この、一大稲作民族が、東アジアの一角において太古以来おそらくは一五〇〇回、あるいはそれ以上もくりかえしていわってきた、年に一どのよろこびの一瞬に、わたしも同席したのであった。祭がおわり、電灯がつくと、人間の世界にもどる。わたしは、ひとよ酒をいただき、サカキの小枝をもらって退出する。拝殿のうしろ、神がみのすまいは、森とともにくらく、しずかである。

わたしは、あるきながらかんがえる。この神はなんという徹底した農業神であろうか。さきほどの祭の式次第のなかに、稲作をめぐる農耕儀礼以外の、なにかの要素があったであろうか。すべてはイネを、コメを、そしてコメからつくられた酒をめぐって進行していったではないか。出雲大社には、ほかにさまざまな祭があるであろう。きくところによれば、一年に七二回あるという。そのなかには、さまざまな意味のものもふくまれていてよいはずであるが、じっさいは、おおむね農耕にかかわり、とりいれにかかわる祭である。しかも、七二回の祭のなかで、この社としては古伝新嘗祭がもっとも重要な祭であるという。農業神といわざるをえないではないか。

なぜ、あらためてこういうことをおもったのかというと、これは、われわれがふつうにいだいている出雲大社の神のイメージとは、すこしちがうからである。出雲大社といえば、だれだってまず「縁むすび」をかんがえる。それは、男と女とのふしぎな運命的結合をつかさどる神である。端的にいって、それは結婚の神である。出雲大社をおとずれて、そこにもし、男と女との出あいを象徴する、古代的な儀式がとりおこなわれているのをみたとしても、人びとはすこしもおどろかないであろう。

しかし、じっさいはちがうのである。ここには、男女の、あるいは夫婦の祭などというものはない。あるのは、穀物の収穫を神とひととでいわうところの、徹底した農耕儀礼である。われわれの結婚、われわれの家庭づくりを支配するところの神さまは、じつは、このような神であったのである。

天下無双の大廈

あくる朝、わたしはあらためて大社に参拝する。垣をくぐり、楼門にまではいって、本殿をまぢかに拝することをゆるされる。

むかしのひとは、これを、「天下無双の大廈《たいか》」とよんだ。たかさ八丈、まさに堂々たる大建築物である。なんという、線の豪快さであろうか。これはたしかに、地上におけるたぐいまれな造形のひとつであるにちがいない。

いや、やめよう。わたしは美学の実習にきたのではない。出雲大社の建築美学的考察なら、いくらも本がある。わたしは、べつのことをかんがえている。

わたしは、かたわらの神官をかえりみていう。

「完全に東南アジアですな」

いってしまってから、わたしは、わるいことをいったかもしれないとおもった。わたしは、出雲神学をしらない。出雲の神の出身についての、神学的解釈をしらないのである。わたしはしかし、これはやはり東南アジアとつながっているとおもう。

あのふとい柱、たかい床、そして屋根のうえにたかだかとそびえたつ千木《ちぎ》。わたしは、北ラオスの高原をさまよっていたころのことをおもいだす。あのあたりは、いまは内戦の舞台になって、たちいることもむつかしかろうが、数年まえにわたしがいったころは、平和そのもののようなところだった。森にかこまれて、ラオ族や黒タイ族の、ちいさな村むらがあった。ふとい柱の、たかい床の家があった。そして、屋根のうえにはたかだかと千木がそびえていた。わたしは、家のまえのひろい庭に腰をおろして、黒タイの男たちとかたった。また、木の階段をあがってたかい床のうえで、ラオのおばさんたちの話に耳をかたむけた。そうだ。この階段、この床である。おなじではないか。

べつに、これをもってただちに日本民族の南方起源説をいうつもりはないけれど、わたしはやはり、昨夜以来の農耕神のイメージをたぐっている。コメをぬきにして、日本人ないしは日本文化の起源というものをかんがえることはできない。そして、コメはあきらかに南のものである。すくなくとも揚子江《ようすこう》以南のものである。そして、われわれの祖先は、漢民族が南方にひろがるまえに、「越《えつ》」すなわち華南地方にいた原住民たちと、なんらかのつながりをもっているにちがいない。そして、その人たちを介して、いまの東南アジアの住民たちとも、なんらかの関係があるにちがいない。それはすべて、イネをつくる人たちである。イネをつくり、みのりをいわう人たちである。出雲大社の神殿は、ことによると、とれたコメをしまう穀倉かもしれないとわたしはおもった。

神の粘性係数

この神殿は、むかしは、いまよりもはるかにたかかったのだという。一〇世紀につくられた少年よみもののなかに、建築物のおおきなものを列挙して、「雲太《うんた》、和二《わに》、京三《きょうさん》」とある。坂東太郎《ばんどうたろう》、筑紫二郎《つくしじろう》、吉野三郎《よしのさぶろう》というようないいかたである。出雲太郎はいうまでもなく、この、出雲国杵築明神《きづきみようじん》であり、大和二郎は東大寺大仏殿、京三郎は京の大極殿《だいごくでん》である。

大社の神殿は、一二丈六尺あるいは一五丈といわれる大和の大仏殿をおさえて、それよりもたかい。いまの八丈の、ほぼ二倍ほどあったことになる。

わたしは、いまの二倍ほどのたかさのところに、神殿をもちあげて想像してみる。なるほど、これはたいした建築だ。もっとも、あまりたかすぎで、不安定であるかもしれない。じっさい、なんどもひっくりかえった記録があるという。

それだけ巨大で豪放な建築であったとしても、わたしは、この神殿をやはりあまりにもあっさりしているとおもう。またしても東南アジアをひきあいにだすが、その国ぐにがインドの文明の影響をうけてからつくった神殿は、とてもこんなものではない。南ベトナムの各地にのこる、チャム族の建築をわたしはおもいおこす。シヴァの神殿である。チャムパの帝国はほろび、チャム族は四散した。そして、その神殿はいまはまつるひともない廃墟である。しかし、その煉瓦づくりの廃墟にたつとき、わたしたちは、なんともいえぬ人間の体臭がにおってくるのを感じる。それは、シヴァ神の体臭かもしれない。あかい煉瓦の表面には、人間の皮脂腺とおなじように、ねばっこい分泌物がながれているようだ。

そんなのにくらべて、大社の神殿は、なんとあっさりしていることか。一年に七二回も、ていちょうなおまつりをくりかえしているというのに、この神には人間の体臭がない。男と女との、粘度のたかい関係をとりあつかう神としては、この神は、この神殿は、あまりにもさらさらしていて、粘性係数がひくすぎるのではないかという感じがする。そこには、人間的な、みだらなるものが完全に欠けている。ここにあるものは、植物的神聖さである。それも、たかく、ふとく、生育した一年生草本のもつ、植物的神聖さであるということができるであろうか。

神とひとの歴史

ふたつの国造家

一年生草本的神がみの世界から、もうすこし脂っこい人間の世界にもどる。人間の世界は、どこもそうだが、ここでもまた、いろいろと妙なことがある。

いかにも神がみが天くだってきそうな山の森を背景に、まんなかにおおきくかまえているのが、出雲大社、すなわちむかしの杵築大明神の本体である。そして、その左右に、むかしからこの神につかえてきたふたつの国造家《こくそうけ》の屋敷がある。左が千家《せんげ》家、右が北島《きたじま》家である。どちらも堂々たる門をかまえ、門にはおどろくばかりのふといしめなわをはって、それ自体が特殊の神聖さをもつことを主張しているようである。

国造というのは、むかしのクニノミヤツコである。七世紀初頭の制度である。気のとおくなるようなむかしの話だ。そのころはもちろんひとつの家であったものが、南北朝時代に、継承権をめぐる兄弟のあらそいから分裂して、千家と北島のふたつになった。しかし、和議が成立して、両家は領地を分割し、ともに大社の最高司祭者として、神事をひと月交代でつとめることとなったのである。

中世以来、両家ともそうとうの所領をもち、社家《しゃけ》とよばれる封建家臣団をかかえる一個の封建領主である。明治以来、両家とも男爵家となる。そして明治以来、千家家は教派神道大《たい》社教《しゃきょう》を主宰し、北島家はおなじく出雲教《いずもきょう》を主宰する。和議が成立していたというものの、その対抗的立場はおおうべくもなかったようである。

戦後、神社は国家の管理をはなれて、宗教団体として、宗教活動をすることになった。そこで、出雲教と大社教とが合併して、宗教法人出雲大社《いずもおおやしろ》教《きょう》と名のることになった。しかし、千家家と北島家の対立は、依然としてとけていない。両者は別個の教団活動をつづけ、神札もべつに発行している。お札《ふだ》に「出雲大社」と印刷してあるのが大社教のほうで、「出雲大神」と印刷してあるのが出雲教のほうである。なんとも、むつかしいことになったものだ。

わたしは、出雲大社教の管長千家《せんげ》尊宣《たかのぶ》氏にお目にかかる。学識ふかき大人《たいじん》である。わたしはまた、北島家の当主、北島英孝《きたじまふさのり》氏にお目にかかる。教養たかき貴公子である。しかも両者とも、両家の対立問題に関しては、断固として戦闘的であるという印象をうける。いちおうの和議が成立していたというからには、両国造家の立場の対等という点では問題がないのかとおもったが、そうではなかった。古文書を引用しつつ、どちらが正統であるかのあらそいが、いまなおつづいているのである。分裂したのが一四世紀のはじめ。それ以来六〇〇年にわたるあらそいである。これもまた、気のとおくなるような話である。

両者ともさまざまないい分があり、論拠があるようである。わたしはもちろん、そういうことをしらべにきたわけではない。ただ、社前における人間の世界はどうなっているかを紹介したまでである。

出雲臣

国造という制度ができたのは、さきほどのべたとおり、七世紀はじめであった。大和朝廷は、その全勢力圏を国および県に編成して、それぞれに国造（クニノミヤツコ）および県主（アガタヌシ）を任命する。国造および県主には、それぞれの地方に土着する豪族が任ぜられる。出雲においては、豪族出雲臣《いずものおみ》が任命をうけて出雲国造となる。これがいまの両国造家の先祖である。出雲臣という名はいまなおつづいている。たとえばいまの宮司は、「八三代出雲臣尊祀《たかとし》」ということになる。

大化の改新は、古代日本における最初の大改革であった。地方制度もまたここでおおきい変革をうける。祭政一致の体制はここに崩壊し、神事と政務とが分離する。そして、いままでの国造は神事のみを担当し、政務は郡領の所管となる。よその国では、みんなそのようにかわった。ところが、出雲ではそのふたつが分離しないで、その後ずっと、平安朝の初期まで、大化の改新以前の古代的秩序が保存されたのであった。

これは、おそらくは出雲における出雲臣の勢力の異常な強大さによるものであっただろう。あるいはまた、おそらくは、大和朝廷と出雲氏との関係の、特殊性によるものであったかもしれない。出雲氏は、大和朝廷による日本の統一のまえから、出雲地方に勢力をはっていた土着の豪族である。統一以後、もちろんいちおうは大和朝廷に服属するというかたちにはなっていたが、はたして心からの帰属であったかどうか、うたがわしいふしがある。その後も、ずっとながく、出雲と大和との関係は、ほかの地方とはことなる独特のかたちをのこしているようである。

神賀詞

尊宣管長は、わたしに、『出雲国造神賀詞』(イズモノクニノミヤツコノカンヨゴト)という本をしめされる。ふるい日本語のかたちをつたえる文献のひとつであろう。もっていってもよい、といわれたけれど、あんまり難解のようだから、わたしは敬遠する。歴史や国語の専門のひとには、有名なものであるようだ。

それはつまり、出雲国造が新任のときに、大和朝廷にやってきて、天皇のまえでよみあげるあいさつのことばである。その内容は、出雲臣の祖先であるところの天穂日命(アマノホヒノミコト)およびその子の天夷鳥命(アマノヒナトリノミコト)の、大和朝廷に対する功績をのべたててそれを確認させたうえで、天皇の治世と長寿をことほぐ、というものであるという。

神話のつたえるところによると、天穂日命という神さまは、天照大神《あまてらすおおみかみ》の二男である。トヨアシハラノナカツ国に君臨する大国主命《おおくにぬしのみこと》のもとに、全権大使としてのりこんでくる。いわゆる「国ゆずり」ののち、大国主が出雲の天日隅宮（アメノヒスミノミヤ）に引退するとともに、その祭祀をつかさどることとなる。それがのちの出雲臣の祖先である。

わたしがさきほどあった大人と貴公子は、ふたりとも、この天穂日命の、とおいはるかなる子孫である。それは、天照大神の二男の子孫である。家がらという点からいえば、長男の子孫であるところの天皇家とともに、日本における二大名門のひとつであるはずだ。それが、明治になって、貴族の序列ができたとき、明治政府はこの光輝ある名門に対して男爵をあたえただけというのは、なにか不公平のような気もする。

二重構造の起源

ともあれ、神話は歴史ではない。神話がなんらかの歴史的な事実を反映するものであるかないかは、判定がはなはだむつかしい。大国主による国ゆずりの伝説にしても、どこまでそれに対応する事実があったのか、まったくわからない。出雲族をもって日本列島の原住民とかんがえ、天孫族をもって大陸からのあたらしい侵入者とみて、その両者のあいだの、政治的・軍事的交渉があったという仮説もなりたつわけだ。現代の日本人の、形質人類学的な研究結果からいうと、山陰ないしは日本海側には、よりおおく原日本人の形質がのこり、瀬戸内沿岸から畿内にかけては、大陸的なあたらしい形質の分布がみられるという。さきの仮説を支持しているようだが、これと、大和朝廷の征服王朝説とを直接にむすびつけてよいものかどうかは、なんともわからない。

国ゆずり伝説を、日本の統一国家の形成の途上に、各地でおこったさまざまないきさつが、出雲というひとつの土地に集約的に表現されたものだろう、とみる見かたもあるのである。出雲がその舞台にえらばれたことには理由があるかもしれない。それはおそらくは、この地方が、もっともながく大和朝廷の支配に服さずにのこったからであろう。それは、統一日本形成のための、最後の領土併合であったのかもしれない。

事実がどうであれ、観念としては、大和と出雲という二元的対立が、ずっとのちまでもちこされたことはたしかである。大国主命は、国土の支配権をゆずるとともに、みずからは引退して幽冥《かくりごと》の主宰者となる。顕《あらわ》なることとは、政治にかかわること、世俗的なる人間の世界のことである。幽なることとは、祭祀にかかわること、聖なる神の世界のことである。天照大神系の顕と、大国主神系の幽とは、その後の日本思想における、対立的・相補的な観念の一組となる。

日本という国は、二重構造がすきな国である。日本の文明史を通じて、二元的構成原理はくりかえしあらわれる。江戸時代における天皇と将軍との関係は、その代表的なものである。宗教的権威をもった神聖なる皇帝と、政治的権力をもった世俗の皇帝と。江戸時代に日本をおとずれたヨーロッパ人たちは、ふたりの皇帝にとまどいをしめす。

二重構造のあらわれる原因は、わたしは破壊の不徹底にあるとおもう。日本においては、ふるい体制は、根底的に破壊されることはなく、無害な、やや形式的な機能をあたえられて、そのままどこかに温存されるのである。それが、はやくも神話の時代にはじまっている。大国主命は、顕と幽との観念的二元構成のもとに、実力をうばわれて片すみに温存されたのである。

マハーカーラ

管長さん自身が、話のなかでしきりに「ダイコクさん」のことをいう。出雲大社教の出版物のなかにも、『だいこくさま』というパンフレットがある。(註1) そのなかにでてくる、「だいこくさま」のイメージは、まぎれもなく、米俵のうえにのった、恵比須・大黒のあの大黒天《だいこくてん》である。わたしはびっくり仰天する。出雲大社の神殿の奥ふかくしずまります神は、あの大黒天なのか。

大国に通ずるところから、俗信として大国主命がダイコクさまとよばれていることはしっていたが、ここまでふかく大黒天の浸透があるとはしらなかった。大黒天はいうまでもなく、もともとインドの神様マハーカーラである。マハーは「大」、カーラは「黒」である。それは、三面六臂《さんめんろっぴ》のおそろしげなる戦闘神であった。それが、日本にやってきて、土着の神である大国主命と習合したのである。おそろしげな戦闘神の大黒天が、いつのまにか袋をかつぎ、槌《つち》をもち、俵にのって、しだいに柔和な福神に変化していったありさまについては、すでに大正年間に喜田《きた》貞吉《さだきち》博士のくわしい研究がある。(註2)

「習合」は、古典的な日本の神がみをおそった、容易ならぬ運命であった。江戸時代にもなれば、平田神学などというものがあらわれて、さまざまな観念を発展させるにいたるけれど、もともとは大国主命といえども、わたしが先夜の祭でみたように、素朴きわまる農耕神である。複雑で深遠な内容をもち、しかも組織的な体系をそなえてわたってきた仏教系の神がみの大軍に対しては、敵すべくもなかったのであろう。

巨大な世界宗教のもとに、固有の民族神が吸収せられてゆくなりゆきは、日本の大黒さまにかぎらない。サンタ・クロースだって、もともとは北欧神話の神さまだったはずだ。それが、いつのまにかキリスト教の聖者と習合して、サンタなどという抹香くさい名をつけられてしまった。

（註1）　出雲大社教教務本庁（編）『だいこくさま』一九五八年一一月　出雲大社教教務本庁
（註2）　喜田貞吉（著）『民族と歴史』一九二〇年一月　日本学術普及会
なお、喜田の七福神に関する諸論稿は、つぎの書にまとめられている。
喜田貞吉（編著）『福神』一九七六年五月　宝文館出版

ドルイディズムと神道

ただし、日本の神がみは、巨大な世界宗教の波をかぶった固有信仰としては、比較的よく抵抗したほうである。習合ということもあるけれど、サンタ・クロースのように、その本体を完全に見うしなうようなことはなかった。仏教の発展とともに、神は神でまた温存されたのである。ここにもひとつの日本的二元構成あるいは二重構造が成立したのである。

わたしは、ヨーロッパにおいて、大波のようなキリスト教の進撃のまえに、はかなくもきえていった異教の神がみの運命をおもわざるをえない。たとえば、ケルト族におけるドルイッドの神がみである。その起源は、いっそうふるいケルト以前のものといわれているが、すでにケルト化し、独特の神の体系を発展させていた。しかし、ゴール地方のドルイディズムは、ローマの征服によってはやくも崩壊する。アイルランドあたりでは、かなりあとまでのこるが、それでも五世紀以後のキリスト教の浸透のまえに、ついに、すくなくとも表面からは、完全に姿をけす。

ドルイディズムは、まさにアイルランドの神道でありえたはずである。たしかに一八世紀以後に、いくらかその古代的思想の復活がみられたけれど、キリスト教の圧倒的な勢力のまえには問題になるようなものではなかった。しかし日本では、優勢な世界宗教をまえにして、固有信仰が温存されたばかりでなく、かえって体系化と洗練がすすんで、いわゆる「神道」という組織体にまで成長したのであった。世界宗教と固有信仰の関係としては、これは世界でもややめずらしい例ではなかっただろうか。

トインビー流の表現をかりれば、それはまさに、世界宗教の挑戦に対する固有信仰の応答であった。このような応答が成立しえたということは、ひとつには、世界宗教としての仏教が、キリスト教やイスラーム教にくらべてはるかにおとなしいということもあるけれど、同時に、固有信仰としての日本の神がみのシンのつよさということもあるかもしれない。いずれにせよ、これは文明史的にいって、研究にあたいする問題である。神道は、なぜ成立しえたのであろうか。

御師たち

むかし、鉄道もないまえ、出雲大社はどんなものであったろうか。いまのように観光客でにぎわうということもなかっただろうし、広大な神苑に、ただ神殿だけが、粛然としてそびえていたのだろうか。

ところがちがうのである。『杵築古事記』という本によると、「杵築賑い富くじ興行、元禄四年小池彦左衛門出願」という記事がある。安政ごろからますますさかんになって、近国はもちろん、畿内、九州あたりからもひとがきた。町じゅうひとでうまり、ちいさい家でも何十人、おおきい家では何百人をとめたという。むかしはむかしで、人よせの法はあったのである。

とにかく、出雲大社は、むかしから民衆のあいだにはひじょうに人気のある神さまだったようだ。伊勢の大神宮とならんで、天下の人気を二分していた。交通の発達とともに、とおくからはるばる参詣するものがひじょうにふえてきた。

それからもうひとつ重要なのは、いわゆる御師《おし》の組織である。伊勢と出雲には、御師蔵というのがあって、はっきりいえば、諸国をまわってお札をうって——さずけて——あるく。封建家臣団としての社家は、それぞれの地域のお札専売権をあたえられていたのである。この活動によって、近代以前に、伊勢と出雲とは、地域をこえたひろい信徒組織をつくりあげていた。出雲の場合には、この組織がやがて明治になって、出雲大社敬神講《いずもたいしゃけいしんこう》ということになり、のちの出雲大社教に発展してゆくのである。あたらしい時代における組織の指導者は、第八〇代国造千家《せんげ》尊福《たかとみ》である。

御師の活動はいまもある。年々莫大な神札が大量生産される。一部は地方の教会におろされ、一部は本部直属の御師たちの手で全国に配布される。いまは、印刷も直営の印刷所でおこなわれているが、ある時代には、下うけの印刷所がかってに製造して横ながししたというような事件もあったときく。そのことだろうか。中国地方の農村で、以前は、きく御神札とききめのない御神札と二種類がでまわっていたという話を、あるひとからきいたことがある。

祭神論争

明治のはじめの宗教政策というものは、いまからおもえば、まったくおどろくべきことをやっている。はじめは、明治政府は祭政一致の政府であり、神道を国教にした。革命政府の中心部に、平田神学のながれをくむ国学者たちが、いわゆる神祇官僚としてどっかとあぐらをかいている。しかし、そんなものが具体的な政治に役にたつはずはない。たちまち廃止されてしまった。

そのつぎに傑作なのは、一八七二（明治五）年には神仏合同の大教院《たいきょういん》というのを設立した。全国の神官と僧侶を、官吏待遇の教導職《きょうどうしょく》ということにした。ただし、無給である。坊さんが、教導職の服をきて、大教院で祝詞《のりと》をあげるという奇妙なことになった。それももちろん、ながつづきするはずはなく、主として仏教側の反対で、一八七五（明治八）年には崩壊してしまう。

そののち、神道教導職だけの神道事務局が組織されることになるのであるが、そのとき大問題がおこった。それは、神殿にどの神をまつるかという問題である。いわゆる造化《ぞうか》三神《さんしん》――アメノミナカヌシ、タカミムスビ、カミムスビ――については異論はない。それから、天皇家の祖神天照大神、この四柱でよいという伊勢派の意見に対して、出雲国造千家尊福はまっこうから反対したのである。かれは、当然のことながら、大国主命をもまつらねばならぬと主張した。世人をみちびくには、顕と幽の二界をたてて、生死ふたつながらの安心をえさせねばならぬ。それには幽冥の主宰神である大国主命をまつらねば、意味がない、というのであった。太古以来の、顕と幽との二重構造論は、二〇〇〇年の年月をへだてて、ここにふたたびうかびあがってきたのである。

これは、ある意味で、伊勢と出雲の対決であった。これも、二〇〇〇年来の二重構造である。神道界は、伊勢派と出雲派とにわかれて、大論争をくりひろげた。一八八一（明治一四）年にいたって、一一八人の代表による神道大会議をひらいて、論議したがきまらず、けっきょく勅裁《ちょくさい》をあおいだ。その結果、祭神は宮中にまつる賢所《かしこどころ》、歴代皇霊、天神地祇《てんじんちぎ》を遥拝する、ということにおちついた。尊福は、この決定に失望して、神道事務局からの分離を決意したのである。

神がみの国家管理

政府はその後、国家神道と諸派神道とを分離する政策をとる。神社は宗教ではないという、おどろくべきテーゼをうちだす。そして、いっさいの神社は国家管理下におかれることになる。そして、神官はもはや教導職をかねることができない。それは、政府の官吏であって、宗教活動をおこなってはならないのである。以後、日本の神社は国家という冷蔵庫のなかに凍結される。そして、神官は神社という名の建造物の管理人におちてしまったのである。

尊福は、こういう政府にはとうてい協力できないことをさとる。そして、出雲大社宮司の職は、弟尊紀《たかのり》にゆずって、自分は独立宗教団体、神道大社教を設立し、活発な布教活動をはじめるにいたる。もとより、江戸時代以来、御師たちの活動によってつちかわれてきた出雲敬神講の全国組織がある。それがささえになっているとはいうものの、天皇制政府の宗教政策にまっこうから反対して独自の道をあゆむにいたった、そのむこう意気のつよさにうたれるのである。あるいは、日本という国のもつ二元構造の根ぶかさにおどろくべきであろうか。

伊勢を祖神とする天皇が生き神さまであるように、出雲の国造もまた生き神さまであった。かれは、精力的に各地をあるき、布教につとめた。柳田国男氏は、『故郷七十年』のなかに、そのありさまをかきのこしている。(註)

「出雲から但馬路を経てこの村を通過した国造家＝出雲大社の千家＝を迎へたことがあった。生神様のお通りだといふので、村民一同よそゆきの衣裳を着て道傍に並んだ。若い国造様が五、六名のお伴を従へて、烏帽子に青い直垂姿で馬で過ぎていつた時、子供心には、その人の着物にふれでもすれば霊験が伝はつてくるかのやうな敬虔な気になつたやうである。その国造様の姿がいまもくつきりと瞼に浮んでくる」。

そのころ、国造千家尊福は三七、八歳であろうか。

（註）柳田国男（著）「故郷七十年」（改訂版）『定本 柳田国男集』別巻三巻 一九六四年九月 筑摩書房

縁むすびの神さま

神がみの国会

数ある出雲伝説のうち、神在月《かみありづき》の伝承は、とりわけ人間味のある、うれしいファンタジーというべきであろう。陰暦一〇月、諸国の神がみはその住所をさって出雲にあつまり、ここで会議をひらく。「神集《かみつど》い」につどいたまい、「神議《かみはか》り」にはかりたもうのである。開会は一〇月一一日、会期は七日間である。そのあいだ、諸国では神がいないわけだから神無月《かんなづき》といい、出雲では反対に、その月を神在月という。

神さまだってとまり場がいる。出雲大社の境内の両側に、長大な廊下のような建物があるが、それが神がみの宿舎である。東西一九社という。

会議がおわると、神がみは郊外の万九千社《まくせのやしろ》というところに集合し、神立橋《かんだちばし》のたもとから、国ぐににかえりたもうという。神さまはどのようにして旅をなさるのであろうか。わたしは、なんとなく空中飛行のようにかんがえているのだが、どうだろうか。

問題は、出雲大社における会議の内容である。諸神のつかさどる国ぐにのもろもろのことというが、民衆の信ずるところにしたがえば、その内容はもっぱら男女の縁むすびであるという。だれとだれとを女夫《めおと》にすべしということを、相談されるのである。

そこで、諸国の青年男女たちは、神がみが出発されるにさきだって、土地の産土《うぶすな》の社のまえにおまいりして、夫婦の指名をうけるべく、おねがいをした。もし、まちがって指名をうけたらたいへんだ、というわけで、わかものと娘は、よりそって、できるだけ社殿にちかく、おまいりするというふうがあった。

神学上の解釈からいえば、神がみの会議の内容はなにも縁むすびとはかぎらぬし、縁むすびはなにも男女の縁とはかぎらぬかもしれないが、民衆にとっては、ほかのことはどうでもよい。まずこの、男女の縁むすびこそが重大であった。その点にこそ、神がみの会議の意義もみとめ、ひいてはその会議の主宰者としての、出雲の神さまの存在価値をもみとめたのであった。

神前結婚

国家神道として、国が神社を管理していたころは、そんなものは俗信にすぎないとして、大社につとめる宗教官僚たちは、あまりとりあわなかったのではないか。しかし、いまでは理論はともかくとして、勝利は完全に俗信の側にある。大社は、社頭に縁むすびの箸をうり、縁むすびのおみくじをうる。数年まえには、県の観光連盟と共同で、大阪でパレードをやったこともある。かざりつけたトラック十数台をつらね、神代かぐらを奏して行進した。縁むすびの神のデモ行進であった。

わたしは、社頭にたってわかい男女の参拝者たちをみている。一見して新婚の夫婦である。かれらは、縁むすびのいのりをこめにきたのではない。故郷の、産土神にいのりをささげてむすばれた人たちであろう。ここへは、出雲大社へは、お礼まいりにくるのである。ちょうど山陰のこのちかくには、玉造《たまつくり》とか皆生《かいけ》とか、有名な温泉場がいくつもならんでいる。京都、大阪からは、「大社ゆき」の急行列車もでる。新婚旅行にはおあつらえむきではないか。

ここで結婚式をあげようというひとも、すくない数ではない。わたしは、大社教の神楽殿をみせてもらう。これが結婚式場である。正面に神様、あとはだだっぴろい畳敷の広間である。

結婚式の式次第は、ふつうにおこなわれているのと大差はない。ただ、ほかとちがうのは、まんなかに柱を一本たてて、花よめ、花むこにそれをめぐらせる。イザナギ、イザナミの柱めぐりの神話にかたどるものである。ふたりは、神のまえにたって、ちかいのことばをよみあげる。

「出雲大社の大まえにもうしあげます。わたしらは、この神前においてただいま夫婦がための盃をとりかわして結婚式をおこないます。これから後は、神のみおしえにしたがってたがいに愛しあい、苦楽をともにしてあかるい家庭をきずき、世のため国のためにつとめにはげみます」

声をあげてよむかわりに、神前に誓詞《せいし》をささげるだけのひともおおい。おおくの青年は、緊張に声をふるわすという。ちかいのことばの文句は意外にあたらしく、いささか新制高校の家庭科の教科書をおもわせるけれど、それは、この場の尊厳をきずつけはしない。わかいふたりは、厳粛なおもいをもって、神代以来のこの民族のたえることのないいとなみに参加するための、神聖な儀式をおえるのである。

日がわるければ一組もなし。日がよければ一日に一〇組以上もある、というのはどのお宮さんもおなじである。

人前結婚

わたしはしかし、縁むすびの神のこれからの運命について、いささか心配な点がある。わかい友人たちの結婚式に、毎年なんどか立ちあう機会がある。伝統的な神前結婚もおおいけれど、なかには、おもいきってあたらしいやりかたをやってみようという勇敢な青年男女もすくなくないのである。

わたしはまだ仏前結婚というのにはでたことがないけれど、そういうのもあるそうだ。キリスト教会での結婚式は、なんどかでた。キリスト教徒の結婚式ではない。教徒でなくても、縁故をたよってたのめば、キリスト教式でやってくれる教会もあるようだ。

ちかごろしだいにふえつつあるらしいのは、いわゆる「人前結婚」である。そこでは、神さまも仏さまもでてこない。形式としては、きまったものはまだない。ふたりで声をそろえて、ちかいのことばを友人のまえでよみあげてみたり、結婚とどけにサインをしてみたり、いろいろなのがある。多少のぎごちなさをともないながらも、摸索はつづいているのである。

披露宴のやりかたも、ずいぶんおもいきったのがふえてきた。いま、わたしの交友圏内でいちばんおおいのは、いわゆる会費結婚である。この場合主催者は友人たちで、それぞれが会費をもちよってふたりを祝福するというかたちになる。新郎新婦の両親たちだって、ちゃんと会費をはらって参加するのである。友人たちの演出で、さまざまな趣向があり、なごやかに、ときにははめをはずしてさわぐということにもなる。

人前結婚式においては、いうまでもなく神さまはでてこない。結婚といういとなみを、完全に世俗的な行為であると解しているのである。結婚にいたるまでのなりゆきについても、完全に人間の世界での現象であるとかんがえるのである。どこか目にみえないところで、神秘的な会議をひらいている縁むすびの神がみなどは、ここではまったく無視されている。伝統にかがやく縁むすびの神がみも、いまや人気失墜しつつあるのではなかろうか。

神前結婚の起源

信じてもいない神様のまえで、結婚のちかいをたてることのばかばかしさをいうのは、たしかにひとつの合理主義である。伝統的な神前結婚を、形式的で、不合理なものとかんがえ、あたらしい人前結婚を、実質的で、合理的なやりかたとかんがえる。そういうかんがえかたもわかるような気もする。そこで、わかい人たちの自覚がすすみ、結婚の合理化がすすむにつれて、前近代的な神前結婚はしだいにかげをひそめ、近代的な人前結婚がふえてくる、ということになるであろうか。そうなれば、話はかんたんなのだが、実情をしらべると、そのかんがえにすぐさま同意することはできない。

まず、神前結婚がへりつつあるかというとそうではない。むしろ逆に、最近ひじょうにふえている。縁むすびの本家の出雲大社だって神前結婚がこんなにおおくなったのは、この数年間の現象だという。もちろん戦後のことである。戦前にもあったけれど、その数は問題にならなかった。それは、どの神社においてもそうである。戦後、神社が国家管理をはなれて、自活の道をもとめねばならなくなって、結婚式に積極的に力をいれはじめた、ということもあるだろうが、とにかく、神前結婚というのはけっして伝統的な結婚式の形式ではないのである。むしろ、これこそはあたらしい結婚式のやりかたとして、とくに戦後にさかんになった形式であるとさえいえる。

わかい世代は、みんな結婚式をあげるのははじめてだ。むかしのことはしらないし、なんとなく大むかしから結婚式といえば、あのような神前結婚をやってきたのだとおもいこんでしまっている。わたしだってそうおもっていた。ところがなるほどちょっと年配のひとにきいてみると、そのまちがいがすぐわかる。わたしたちの両親の時代には、神前結婚式というのは、都会の一部でおこなわれているきわめてハイカラなやりかたにすぎなかったのである。

じつはわたしは、こんど神前結婚の起源についてすこし文献をしらべてみた。結婚風俗といえば、だいじのことがらだから、どこにでもかいてあるだろうとおもっていたのだが、そうではなかった。見当をつけて、明治の風俗史のようなものもさがしてみたが、ない。じつは、見当づけがわるかったのだ。もっとあたらしいのである。明治ではふるすぎるのだ。

一説によると、大正天皇の御即位のときに、それにあやかって東京大神宮ではじめたのが、民間における神前結婚のはじめだという。そうだとすると、大正初期ということになる。また一説によると、大正天皇のご成婚の記念として、やはり東京大神宮ではじまったという。この説をとれば、一九〇〇（明治三三）年である。

どっちにしても二〇世紀になってからのことである。しかも、はじめのうちは、ごく少数の、都会の上層階級でおこなわれていたにすぎないようだ。大正から昭和になって、戦争中によほど普及したけれど、やはりそれは大都会の風俗であって、農村ではすくなかった。全国的にこれが流行しはじめたのは、やはり戦後の現象なのである。

嫁いりと公民館

それで、神前結婚になるまえは、みんなどんなやりかたをしていたのか。それが、まことに奇妙な話だが、人前結婚なのである。神さまも仏さまもでてこない。親類縁者をまえにして、さかずきをかわして、ちかいをたてたのである。さかずきのかわしかたなどには、武家作法をお手本にして、小笠原流《おがさわらりゅう》だとかなんだとか、三三九度《さんさんくど》のさかずきなどというやりかたが庶民のあいだにまで、いつのまにかしみとおっていた。人前結婚という点からいえば、いまの人前結婚主義者たちはおおいに近代ぶっているけれど、なんの、一世紀ほどまえの形に逆もどりしたにすぎないのである。

もっとも、むかしの人前結婚といまの人前結婚とのあいだには、いくつかの重大なちがいがある。第一に場所である。むかしは、たいていは新郎の家で式をあげた。新婦は、生家をでて、そこへ「嫁いり」してくるのである。結婚式は、だから嫁いりの式であった。新郎の家族のなかに、あたらしい一員として参加するための儀式であった。ひとりの男とひとりの女が、公衆のまえに夫婦であることを宣言するという意味での、あたらしい人前結婚とはちがうのである。

第二に、むかしの人前結婚には、仲人《なこうど》というものがいた。仲人は、ある場合にはふたつの家のあいだをこまめにゆききして、じっさいに仲介の労をとるし、ある場合にはより重要な保証人的機能だけをはたす。どちらにせよふたつの家の家格に応じて、つりあいのとれた仲人というものがいたのであった。それに対して、あたらしい人前結婚においては、実質的な仲人というものはいないのが原則である。いても、きわめて形式的な存在である。ふつうは、たとえば公民館長などが、いわゆる司婚者の役をつとめる。

こういうふうにくらべてみると、あきらかなことは、むかしの人前結婚というものは、いわゆる家族制度と完全に一体になった形式である。日本に、いわゆる家族制度が根をはっていた時代には、圧倒的にこの種の人前結婚がおこなわれていたのは当然である。

「家族制度」のわな

もっとも、この家族制度そのものが、意外にあたらしいものとわたしはかんがえている。ここでは、この問題に深いりする気はないが、一般にかんがえられている日本の家族の歴史には、かなりの誤解があるのではないか。武家や上層農民においては、そうとうむかしから家族制度的なものが発達していたであろうが、庶民の家族生活というものは、それとはよほどちがっていたはずである。一般の庶民が、武家のふうにそまって、いろいろとめんどうな制度を家のなかにもちこむのは、幕末から明治にかけてではないだろうか。戦後、法律的に廃止された「家族制度」などというものは、じつは明治中期に、極端にいえば、明治民法そのものによって形成されたものとさえいうことができるのではないか。

日本の「家」は、明治以後の近代主義者たちにとって、もっとものろうべき「前近代」であった。家からの脱出、家からの解放は、日本の近代文学の最大のテーマのひとつであった。しかし、よりながい歴史のながれからみれば、その家族制度こそは、日本の家族の歴史においては、むしろ近代型というべきものであるかもしれない。明治以後の知識人の、血みどろな「家」とのたたかいは、あるいは前近代から近代への脱皮のくるしみではなくて、日本の近代それ自体のなかにしかけられた、わなのなかのたたかいであったかもしれない。

それでは、近代以前はどうであったかというと、たとえば結婚についていうならば、すでに民俗学があきらかにしたように、わかものと娘は、たがいに村のなかで公然と、集団的に交際し、自主的に結婚の相手をみつけていたのである。だからこそ、産土の社頭でよりそていのるということも、可能であり、意味があったのだ。神は、ふたりのちかいの確認者であった。

結婚の形態も、嫁いり婚ではなくて、足いれ婚、あるいは妻どい婚にちかいものが普遍的であったのではないか。そこでは、媒酌人《ばいしゃくにん》だとか、小笠原流の三三九度だとか、そういうばかばかしい習慣はすべて意味をうしなう。そういうしきたりは、みんな、嫁いり婚とむすびつけてはじめて理解されるものである。

媒酌人の後退

これだけの歴史を前提にして、もう一ど神前結婚の意味をかんがえてみる。時代的にいって、それは明治的家族制度の崩壊と歩調をそろえている。大正、昭和と、徐々に増加し、戦後は決定的におおくなっている。それはとくに、家族制度の分解がすすんだ都市において発達し、家族制度がおおくのこっている農村では、発達がわるい。あたらしく結婚式をあげようとする青年たちは、神前結婚をもって、古風な、封建的な結婚式とかんがえているかもしれないが、事実は逆である。

小笠原流の人前結婚に対して、神前結婚はいくつかの点であきらかに現代につながる性質をもっていたのである。まず、式場は家から外にでた。神前はすでに公共の場である。人びとは、家ではなく、公共の場において結婚式をあげるようになった。これは、結婚式およびそれにつづく披露宴に、親族以外の友人・知人をひろく参加させるいとぐちをつくったものである。第二に、媒酌人の立場がよわまって、結合は無媒介的になった。結婚の立合人、保証人として、もともと媒酌人と神さまとは競合するのである。神が臨席する以上は、媒酌人は後退せざるをえない。神前結婚の場合、媒酌人の機能は、結婚式よりもむしろ披露宴のほうにある。それは、わかい男女の交際が自由になって、おたがいに配偶者は自分でみつけることがおおくなり、仲人の役が実質的に低下したのと対応している。縁むすびの仕事は、ふたたび神の手にかえったのである。男と女との自由なる出あいの運命はただ神だけがしっている。

神がみの復活

神仏の分業

ヨーロッパあたりでは、結婚式はどうなっているのだろうか。国によっていろいろのようだが、なんといっても教会で式をあげるというのが断然おおい。国によっては、教会で式をあげるまえに、戸籍役場へいって、その係官のまえで式をあげねばならないところもあるようだ。その場合も、たいていは教会でもういっぺん式をあげなおす。結婚というものは、法律的にはどうであれ、やっぱり神さまがでてこないとうまくないらしい。教会の結婚式は、日本の神前結婚とおなじように、公共性と無媒介性をそなえている。それはそのまま近代の社会生活につながることができたのである。

ヨーロッパでは、よくしられているように、むかしから教会が一種の戸籍役場のような機能をはたしてきた。出生から、結婚から、死亡まで、教会が個人の一生を管理したのである。ところで、江戸時代の日本では、これもよくしられているとおり、お寺が一種の戸籍役場であった。個人の一生は、お寺が管理をまかされていたのである。

この類比がなりたつならば、日本の結婚式は、当然お寺でやるようになっていてよかったはずである。ところが、仏教寺院は最近まで結婚に手をだすことがなかった。ヨーロッパではキリスト教会が一本でやるところを、日本では、結婚は神さま、葬式はお寺というように、完全な分業が成立したのであった。

家族制度の分解にともない、小笠原流の人前結婚にかわって、公共の場において結婚式があげられるようになったとき、神社とお寺とは、おなじスタート・ラインについていたはずである。お寺も、キリスト教会とおなじように、婚礼も葬式もつかさどるというふうになりえたはずである。しかし、民衆は神社をえらんで、お寺をえらばなかった。なぜであろうか。いろいろの理由はあろうが、ひとつには、日本のお寺は、あまりにも「家」にむすびついている。先祖代々の家にむすびついている。それは、近代結婚に必要な公共性と無媒介性という点で、いささか欠けるところがあるのではないか。

鹿鳴館時代

現代市民の結婚式場としては、日本では、お寺ではなくて、神社がヨーロッパにおける教会の役わりをはたしつつある。このふたつは、単なる平行現象であるかもしれないが、ひょっとしたらもうすこし、文化史的なつながりをもっているかもしれないと、わたしは推論している。

さきに、日本における神前結婚のはじまりは、大正天皇の即位あるいは結婚のときからだとのべた。しかし、神前結婚という形式だけをとっていうと、じっさいはもうすこしまえにはじまっているのである。創始者はおそらく、出雲大社教の初代管長、千家尊福である。年代は、明治二〇年代である。

千家尊福が、国家管理の神社神道にあきたらずして、教派神道大社教を設立したのは、さきにのべたとおり、一八八二(明治一五)年のことである。ところで当時の世相は、極端な欧化主義で、いわゆる鹿鳴館時代をむかえる。文明開化の象徴、鹿鳴館の開館式がおこなわれたのは、一八八三(明治一六)年一一月のことである。

ちょうどそのころ、これはおもしろい話なのだが、尊福は明治天皇に三万円の借金のもうしいれをしている。徳大寺《とくだいじ》[実則《さねつね》]宮内卿《くないきょう》あての書状をみると、自分は私財をなげうって東奔西走し、国のために人心の教化にはげんだが、資金の欠乏をきたした、という意味のことがかいてある。国のため、というところは、「刻薄の風習が国体をあやうくせんことを憂い」とある。尊福は、文明開化のバカさわぎに、あきらかに反発的である。

一八八九（明治二二）年、憲法は制定され、信教の自由が保障される。そのころ、キリスト教はひじょうないきおいで発展する。この前後の五年間に、日本のキリスト教徒は、ほとんど三倍になったという。こういう世相のなかで、尊福には、神道をふくむ日本国家のひとつの危機感があったのではないか。かれにとっては、大社教の布教そのものが、ひとつの救国活動であったのかもしれない。

キリスト教による触発

布教といっても、創唱的な新興宗教とはちがうので、べつに病気なおしをするわけではない。なにをしたかというと、けっきょく、結婚式と葬式とに精をだした。これをわたしは、キリスト教会による触発ではないかとみているのである。キリスト教会が、出生から墓場まで、個人の人生の管理をしているのをみて、神道もその方策をとらねばならぬとかんがえたのではないか。ちょうどそのころ、大社教では大社式の結婚式次第を制定しているのである。

もっともはじめは、大社のまえで式をあげるというのではなかった。たいていは信徒の自宅へ神主が神様を帯同して出張したのである。これを「宅行《たくゆ》き」と称した。つまり、小笠原流の人前結婚に、神さまが臨時に臨席するようなかたちである。この方法は、場所の公共性という、神前結婚のもつ長所のひとつを欠いていて、そのためかどうか、その後あまり発展しなかったようだが、神式による結婚式への道をひらいたという点で、評価されるべきものである。

キリスト教の発展によって、日本の古来の思想が触発され、変貌したという例は、ほかにもいくつかあげることができるだろう。そもそも、明治維新のひとつの思想的バックボーンになった神道思想そのものが、そのひとつの例であるかもしれない。近代における日本神道の主流派、平田神学には、つよいキリスト教の影響があるといわれている。

影響はまた、ふしぎなところにあらわれてくる。たとえば、民衆が葬式のときに、くろい喪服をきるようになったというようなことがある。いまでは、われわれは喪服といえば当然黒とおもうようになっているが、日本においては、喪の色はもともとは白である。キリスト教が黒をもたらした。日本の民衆は、くろい和服を喪にきることによって、みごとにそれを同化したのである。

あたらしい二重構造

結婚式をめぐって、人間のほうのかわりかたと、神さまのほうのかわりかたとをかんがえてみた。人間が時代とともにかわるのはあたりまえとしても、神さまだってかわるのである。神さまというものは、神官たちがしばしば主張するほど、古典的伝統主義者ではないように、わたしはおもう。たとえば、はじめに紹介した出雲大社の「古伝新嘗祭」だって、どこまで古代のおもかげをつたえているかはわからないし、意味もまるでかわっているかもしれない。神さまもまた、あたらしい時代の到来に対して、どのように身を処すべきか、つねにあらたな身がまえと、はたすべき機能の発見に、努力しておられるものだとおもうのである。

戦前は、明治以来の国家管理で、神社の神さまはいわば凍結されていた。あるいはねむっていた。さめてはたらいていたのは、民間系の新興神族ばかりであった。それが、戦後の「神道指令」以後、神社の神さまたちも、いやでも目をさまして、あたらしい機能をさがさねばならなくなった。凍結されたままでは、そとからつついてもかいがないが、いまはなま身にもどっているから、触発がきくようになった。神前結婚の隆盛は、その触発効果のひとつとみることができよう。

神がみを、時代おくれのナンセンスとみるのは勝手だが、事実にもとづく公平な判断とはいいがたい。信じてもいない神のまえにちかうことはばからしい、というかんがえかたももっともだが、現に神前結婚はひじょうにふえてきた。青年男女の神信心の傾向が、最近にたいへんたかまってきたとはとうていかんがえにくいから、けっきょくはこれは、「信ずる」ということの内容がかわったとかんがえるほかはない。信じてもいない神には頭をさげぬ、というほどのかたくなさを、神のまえにもちあわさなくなっただけのことである。しかも、青年たちは神を否定するわけでもなく、拒否するわけでもない。

正月の初もうでは、年々ますますさかんになる。神前結婚はふえるいっぽうだし、七五三はだんだんはでになる。建設ブームにともなって、地鎮祭にはかならず神さまが出張しなければならない。要するに、神さまの仕事はふえこそすれ、いっこうにへりはしないのである。

敬神というようなことは、いかに世のなかがすすんでも、そうかんたんになくなるわけのものではない。ただ、神さまの職能は、むかしにくらべていくらか質はかわったようだ。いうなれば、軽量化した。神がみは、もはや万能の絶対神ではない。それは、ときによっては一種の司会業であり、あるいはまた保証業であり、あるいはまた浄化業である。そして、軽量化することによって、あたらしい時代の一隅に、ひとつのいきかたをみつけてゆかれることになるのだとおもう。

ここに、あたらしい日本の二重構造が発生しつつある。科学と民主主義が、世俗の世界の皇帝として君臨するであろう。そして神がみは、神聖なる儀典の世界の主宰者となる。科学と民主主義が、神がみを放逐するであろうなどとかんがえるのは、太古以来の日本文明の二元的構成を理解しないもののかんがえであるといわねばならない。

空からの日本探検

解 説

一九六一年秋、名古屋の中部日本放送が主催して、「空から日本をみる」という企画がおこなわれた。航空会社の全日本空輸の飛行機をチャーターして、日本列島を三日がかりで一周しようというのである。中日放送が各企業によびかけて、希望者をつのったところ、約五〇人の参加者があった。

その旅行に、わたしはいわば解説者として同行をもとめられた。もうひとり、『婦人公論』の編集長、三枝《さいぐさ》佐枝子《さえこ》氏が同乗されることとなった。旅行は一〇月一九日から三日間にわたっておこなわれた。出発点は東京の羽田《はねだ》空港であった。わたしは大阪の伊丹《いたみ》空港からのりこんで、羽田で一行とおちあった。一日目は北海道の千歳《ちとせ》空港におり、定山渓《じょうざんけい》温泉に一泊した。二日目は鹿児島県鹿屋《かのや》航空基地におり、船で鹿児島湾を横断して、指宿《いぶすき》温泉にとまった。三日目は、一行は東京で解散したが、わたしは伊丹でおりた。

機上では、わたしはマイクをもって、窓からみえる日本列島について、主として生態学的あるいは地理学的な観点からの解説をおこなった。

京都にかえってからすぐ、わたしはその体験を文章にして、旅行に同行された『婦人公論』の三枝編集長にわたした。記事は同誌の一二月号に掲載された。(註)

(註) 梅棹忠夫(著)「空からの日本探検」『婦人公論』一二月号 第四六巻第一五号 第五四五号 二一四―二一九ページ 一九六一年一二月 中央公論社

北海道の色

羽田《はねだ》から千歳《ちとせ》まで、約二時間半だった。石巻《いしのまき》あたりから北は、いちめんの雲ばっかりで、なんにもみえなかった。そして、雲がきれて地面がみえだしたとおもったら、それがもう北海道だった。じつは、雲がきれたのではなく、飛行機が、着陸体勢にうつるために高度をさげて、雲のしたにでたのであった。

機は、ぐんぐん高度をさげる。北海道の色が、窓からパーッととびこんでくる。北海道は、いちめんに赤橙色である。わたしの目は、虚をつかれて、とまどいする。おもいもよらなかったのだ。一時間半も、灰色の雲のなかをとんできた。そのあいだ、地上の色をみなかった。そして、雲にはいるまえにみた東北地方の色は、くすんだ墨色だった。灰色の雲のあとから、こんなあでやかな色があらわれはじめようとは、わたしの感覚は、まるで予期していなかったのだ。

しかし、わたしの理性と、わたしのもっている知識とは、もちろんこのことを、ちゃんとしっていたはずである。北海道は、温帯北部の落葉広葉樹林帯にある。そして、いま、一〇月の季節には、落葉広葉樹林は紅葉しているはずである。北海道がいま、あでやかな黄褐色にかがやいていたとしても、あたりまえなのだ。しかし、わたしの感覚は、わたしの知識と理性を裏ぎった。それほど、空からみた北海道の、秋の色の印象はつよかったのである。

エンジンの音はひくくなり、機体はときどき身ぶるいしながら、湧払原野《ゆうふつげんや》のうえをすべってゆく。いちめんの赤橙色のなかから、一本一本のニレやカンバの葉むらがきわだちはじめ、やがて、一枚一枚の葉の、赤色と黄色とまだのこっているあわい緑色の点々が、セガンチニの絵のように原野をうめつくして、その色彩のラッシュがかたむいてうしろへながれると、わたしたちの機は千歳空港の滑走路にすべりこむ。

オホーツクへ

午後三時、飛行機は千歳空港をでて、東にむかう。

これからはもちろん、定期航空路じゃない。わたしは、座席のまえのポケットのなかをまさぐる。全日本空輸の航空路図というのがでてくる。北海道のところをひろげてみても、あかい路線は、わずかに千歳と函館にひっかかっているばかりで、北海道の空の大部分は、白紙である。定期航空路をはずれて、自由に、北海道の北のはてまでつれていってくれるという。主催者の中部日本放送からのさそいの電話がかかってきたとき、わたしは、ひとつはその魅力につられて、この話にのってしまったのだった。飛行機は、コンベア四四〇メトロポリタン。五二人のり。三日がかりで日本をひとまわりする。

日高山脈《ひだかさんみゃく》は、またもや雲のうちにこえる。雲がうすれて、十勝平野《とかちへいや》がみえてくる。帯広《おびひろ》のちかくだという。それから、海岸にでて、釧路《くしろ》の町がみえる。

釧路から、北に転じた。しかし、山に接近したとたんに、また雲である。わたしたちは阿寒国立公園のうえをとんでいるはずだ。しかし、雄阿寒岳《おあかんだけ》も、屈斜路湖《くっしゃろこ》も、美幌峠《びほろとうげ》も、なんにもみえない。みえるのはただ、乳白色の雲ばかりである。網走《あばしり》で、オホーツクの岸にでる。オホーツク側は、雲がきれていた。

秘密のたのしみ

二〇年ほどまえ、わたしは、石狩川源流地方の山旅をおえて、ひとりの友人とともにオホーツクの海岸にやってきたことがある。べつになんという目的もなかった。ただ、この北の海の浜辺をあるいてみたいというだけのことだった。興部《おこっぺ》で、これ以上あわれなローカル線はないというような貧弱な汽車にのりかえて、終点の雄武《おうむ》という駅までいった。ここから枝幸《えさし》までのあいだは、北海道一周鉄道はまだできていなかったのである。わたしたちは、夜になると海岸にごろ寝をしながら、てくてくとあるきつづけた。オホーツクの、くらい濃緑の海の色と、西側の丘陵地帯をうめつくした、灰緑のクマザサの色とを、わたしはわすれることができない。

わたしたちの飛行機は、いまそのあたりをとんでいる。窓をのぞきながら、地図とあわせてみる。「やあ、雄武の町だな」とわたしはおもう。町はずれのクマザサの野っぱらのなかに、ちいさな地蔵堂があったはずだ。しかし、もちろんそんなものは、一万フィートの高空からはわからない。

機は、雄武の町をすぎる。おやおや、雄武から北は、いまでも鉄道がないじゃないか。二〇年まえとおんなじだ。

右の窓からは、ただ、くらい海だけがみえる。北の海は、どうしてこんなにおもおもしいのだろう。左の窓からは、ゆるやかな山のつらなりがみえる。耕地のないところは、くろずんだ灰緑色におおわれている。クマザサだろうか。そうだ。二〇年まえとおなじクマザサにちがいない。

わたしたちの真したに、海岸線がはしっている。単調な、ものうい海岸線だ。目をひきつけるようなものは、なにひとつない。ながい海岸線だ。乗客たちは退屈しはじめている。しかし、わたしは退屈していない。追憶が、つぎからつぎへとわきあがってくるのである。

しかし、二〇年まえにここをとおったひとりの人間が、いま、こんな中空の一点にうかびながら、へんな視角からおなじ場所をみて、追憶にふけっている、などということは、地上のひとはだれひとり知りはしないのだ。おなじ飛行機にのりあわせたほかの乗客だって、だれひとり知りはしないのだ。これは、わたしの秘密のたのしみである。空の旅は、意外な秘密のたのしみをあたえてくれる。

日本の最北端

機は、おおきく左に旋回する。右手に宗谷岬《そうやみさき》がみえる。われわれは、稚内《わっかない》上空にかかる。

そして、やがてノシャップ岬である。スチュワーデスのアナウンスに、乗客たちは日本の最北端の姿をみようとして、たちあがり、のびあがって、右側の窓をのぞきこむ。稚内市の西側に、半島がながくつきでている。

「さいはての町」という実感は、わたしにはない。ここは、稚泊連絡船《ちはくれんらくせん》［戦前、稚内とカラフトの大泊（コルサコフ）とのあいだを運行していた］の発着地だったし、北方領土への中継地としてにぎわっていた。カフエーなんかが、たくさん軒をならべていた。わたしには、いまでもここが日本の最北端の町だとは信じられないのだ。北の水平線のほうをすかしてみる。しかしもちろん、宗谷海峡は雲におおわれている。西能登呂半島《にしのとろはんとう》［カラフト南端の半島］はみえるべくもない。

海上にでて、機首を南にむける。右側には目ざましいながめが展開する。雲はもうじゅうぶんにたかく、夕やけがうつくしい。そして、その夕やけをバックに、利尻岳《りしりだけ》のするどい稜線がぐいいと空間をきっている。北斎ふうの画である。日本最北のこの山のもつ線のつよさに、わたしは感動し、満足する。

日はおち、すべてはあおずんだうすずみ色のなかにすいこまれてゆく。しずかな夕べの空気のなかを、ほとんど振動もなくプロペラが回転する。

ブラキストン線をこえる

第二日。わたしたちは、この日、一気に九州南端までとぶ。午前一〇時、千歳を離陸して、支笏湖《しこつこ》、大沼公園をへて、津軽海峡をわたる。

わたしはいま、ブラキストン線をこえつつある。北方シベリア大陸から、カラフトをへて、北海道にまで分布してきたかずかずの動物たちは、ここで、南下をくいとめられる。ヒグマとクロテン、シマリスの国はおわったのである。ブラキストン線をこえて、津軽海峡の南には、北海道にはみられなかったべつの動物たちがすんでいる。左の窓から、下北半島のけわしい海岸線がずっとみえている。そこは、ニホンザルの分布の北限であるとともに、じつは、世界におけるサルの分布の北限でもある。わたしたちは、一歩南国にちかづいた。

青森から山をこえて秋田県にはいる。耕地がみえてくる。大館盆地《おおだてぼんち》だ。さらに山をこえ、横手盆地《よこてぼんち》にはいる。途中、東のほうの雲のうえに、岩手山《いわてさん》と、さらにはるか東に、早池峰山《はやちねさん》の山頂がうかんでいるのをみる。

北海道とくらべて、内地は、どうしてこれほどまでに色がちがうのだろうか。北海道のほうがはなやかなのである。本州のほうが、はるかに色がくすんでいるのである。

耕地は、北海道のほうがずっと緑だ。それは、北海道では畑作がおおいからにちがいない。畑には、いまの季節ならまだ作物がある。しかし、東北地方の水田地帯は、もちろんもうすっかりイネかりをおわって、くろっぽい、しめった土の面が露出しているのである。しかしここでも、山よりの畑作地では、やはり緑がある。

北海道の森林が、錦のように色づいていたのに対して、本州の森林は、問題にならぬくらいくろっぽい。しずんだ暗緑色がおおい。これは、どういうわけだろうか。答は容易なようだ。これは、スギである。秋田スギというではないか。スギの植林が山をおおっている。そして、ブラキストン線の北方、北海道にはスギはないのだ。

わたしは、空の旅をたのしんでいる。こんな、おおまかな地理学的推移が、目のまえで展開してゆくなんてことは、飛行機の旅でなければ、とうてい実感をもってみることができないたちのものである。

地図とおなじだ！

海のうえをゆく。佐渡がみえてくる。両津湾《りょうつわん》と真野湾《まのわん》のふたつの湾を東西にいだいて、北と南に山脈が二列にはしる。わたしたちは感心して、「地図とおなじだ！」と口ばしる。

これは、こっけいな錯覚だ。地図というものは、現実にあわせてつくってある。現実が地図とおなじなのは、あたりまえだ。しかし、おもわずこんなばかなことを口ばしってしまうほど、わたしたちにとって、地理的現実というものは目でみる機会がすくないのである。あの能登《のと》半島《はんとう》と七尾湾《ななおわん》の複雑な屈曲が、目のしたに、地図でみなれたとおりにあらわれはじめたとしたら、だれだってそうさけびたくもなるではないか。わたしたちの機は、日本海上をすすんで、すでに能登半島に達している。

しかし、なんという繊細な海岸線だろうか。なんというデリケートな国土だろうか。山と谷のはいりこみかた、川のながれかただって、この国では、すべてがこまやかな味わいをもって布置されている。きめのこまかいデリカシーは、この国の文化のひとつの特徴である。しかし、この国の海岸線や山と谷の分布にまで、日本文化は責任を負うわけにはゆかないだろう。それにもかかわらず、じっさいにはこの国では、自然の配置までが繊細でうつくしい。どういうわけだろうか。海岸線のデリケートさが、日本文化に影響をあたえたという逆論法は信じがたい。なぜかといえば、そんな海岸線は、山谷の分布のデリカシーを目でみて感覚的に感じとることができたのは、わたしたちの世紀の人間にかぎられているからである。一九世紀以前には航空機はなかったのだから。

人間的尺度のむなしさ

福井《ふくい》の上空をすぎて、まもなく海にでる。敦賀湾《つるがわん》だ。ここで機首を南に転じて、まっすぐに湾のなかに進入する。そして敦賀。山をこえて、海津《かいづ》付近で琵琶湖上にでる。左手に竹生島《ちくぶしま》。まもなく、安曇川《あどがわ》、雄松崎《おまつざき》、比良連峰《ひられんぽう》、堅田《かたた》、比叡山《ひえいざん》。まったく、息をつくひまもない。

バスの車掌さんなら、マイク片手に案内をしてくれる。そして、それぞれの土地にまつわる情話、哀話、伝説のたぐいをはなしてくれる。ときには、土地の民謡のひとふしをうたってきかせてくれる。しかし、旅客機のスチュワーデスは、ただ、ときおり場所の名のアナウンスをしてくれるだけだ。飛行機には、哀話も情話も民謡も、つみこんでいないのである。

わたしは、飛行機のスチュワーデス嬢たちのサービスが不足しているといっているのではない。そういうサービスは、地上のバスにこそふさわしいものだ。飛行機では、ひとつの情話をかたりおえないうちに、日本列島の反対側の海にでてしまうかもしれないのだ。

わたしはいま、遊覧飛行機にのっている。これも一種の観光である。しかし、この観光は、人間的尺度からの逸脱という点で、地上の観光とはひどくちがっている。地上の目にくらべて、航空機の視点ははるかにとおく、その視野ははるかにおおきい。観察は、つねに概括的であり、抽象的である。どこで、だれが、なにをした、というような話は、ここではほとんど意味をもたないのである。航空機のうえからみえるものは、山と湖の配置であり、都市と村落の形態である。そのなかにうごめく、ひとつひとつの家族、ひとりひとりの人間の、人間的な情感もいとなみも、ここからは捨象されるほかはない。わたしは、窓のしたに近畿地方の名所旧蹟が、めじろおしにならんででてくるのをみながら、人間的尺度のむなしさのようなものを感じている。

有限感覚

わたしは、ただ一回だけ、まぎれもない人間的尺度による観察をおこなう。機は、比叡山の南側をこえて、京都市内にはいったのだ。わたしは、北白川のわたしの家をさがしもとめる。あった。最近にぬりかえたしろい壁が、すぐみつかった。あのなかに、わたしの家族がいる。その瞬間、わたしは地理学者でもなく、生態学者でもない。わたしは一個の人間である。

しかし、まったくなんというき<ruby>め</ruby>のこまかさだろうか。湖、山、市街、耕地、森。なにもかも、ちいさくちいさく区ぎられて、みごとなはめこみ細工をつくっている。

わたしは、国外での空の旅の経験をおもいおこす。広大な耕地、広大な森林、広大な原野。数十分も森林のうえをとびつづけたら、だれだって森林について哲学することをはじめるだろう。ゆけどもゆけどもたがやされた大地をみれば、だれだって人間の力と歴史についてかんがえるだろう。しかし日本では、感覚はついに哲学にまでふかまることはできない。体験時間があまりにもみじかくて、発酵と熟成のひまがないのである。

いま、したにみえているのは、「大地」ではない。「大地」というのは、こんなものじゃない。もっともっと、とりとめのない、無限につづくものなのだ。日本の土地は、すべてが明確にかぎりをもっている。「有限感」こそは、日本の土地の感覚的特徴である。

京都から、高槻《たかつき》・茨木《いばらき》をへて、伊丹空港に着陸する。

アース・シック

伊丹から板付《いたづけ》まで、瀬戸内海の旅はつまらなかった。雲で、なんにもみえないのだから。乗客たちは、たいていねむりこんでしまう。

スチュワーデスは、機が高松《たかまつ》をすぎ、岩国《いわくに》方面にむかいつつあることをしらせる。高松と岩国は、空港の所在地である。彼女らは、空港のあるところでは、おりない場合でもかならずアナウンスする。それを口にすることによって、自分たちの存在を確認しているようだ。空中勤務者たちにとって、空港だけが地上である。ソ連の宇宙飛行士は、ホーム・シックのかわりにアース・シックを感じたというが、このスチュワーデスたちも、やはりアース・シックをいつも感じているのではないだろうか。空港についてかたるとき、彼女らの声はしずんでいる。

板付から、壱岐《いき》をへて、五島列島《ごとうれっとう》をかすめる。西彼杵半島《にしそのぎはんとう》から大村湾《おおむらわん》、有明海《ありあけかい》をぬけて、阿蘇《あそ》にむかう。しかし、もう夕やみがせまってきている。そのうえ、雲がひくい。雲仙《うんぜん》も阿蘇も、霧島《きりしま》も、なんにもみえない。七時すぎ、大隅半島の鹿屋《かのや》の飛行場におりる。海上自衛隊の基地である。

九州の色

第三日。鹿屋の基地から、大隅半島にそって南にむかう。きのうは、九州はほとんど夜だった。朝の光でみる南九州の緑のうつくしさはどうだ。土のなかからモクモクと力づよくわいてでたような、こい緑のしげみ。そして、その樹冠には、もえるようなしろっぽい緑。典型的な照葉樹林《しょうようじゅりん》である。常緑の広葉樹林である。それこそは、温帯南部あるいは暖帯とよばれる地帯の、特徴的な森林ではないか。

やがて飛行機は、佐多岬《さたみさき》をよこぎって、大隅海峡にでる。海の色は、紺青《こんじょう》だ。オホーツクなんかの色とは、まるでちがう。このコバルトこそは、南の海の特徴である。このまま赤道まで、この系統の色がつづく。

わたしたちは、北海道において、温帯北部の落葉広葉樹林があでやかに紅葉しているのをみた。そしていま、九州南部において、暖帯照葉樹林が、つややかな緑をかがやかせているのをみた。そのあいだのうつりゆきは、雲でしばしばさえぎられてみえなかったけれど、おそらくは、かなり漸移的《ぜんいてき》なものであろう。それにしても、この日本列島の北端と南端とをくらべると、なんというおおきいちがいだろうか。

わたしたちは、北海道の北端から九州の南端まで、一日できた。したがって、季節のずれはないのである。おなじ季節に、これだけちがっている。

わたしは、あらためて日本列島の長大さにおどろかざるをえない。

生態学的大国

インドの人たちは、すぐに、「ヒマラヤからコモリン岬まで」ということばで、その国土の広大さをほこる。しかし、景観の多様性からいえば、日本はあんがい、それに匹敵するかもしれない。これだけたくさんの緯度にわたって、延々とよこたわっている国は、じつは意外にすくないのである。その意味において、日本は生態学的に大国である。ただ、その列島の、幅がひどくせまいだけである。

機は高度をさげる。黒潮の本流が、泡をかんでながれる。しろい波頭のたった海面が、ぐんぐんちかくなる。

雲のうえに、扁平で長大な種子島《たねがしま》があらわれる。機は、種子島上空をかすめて、おおきく、ゆっくり旋回する。これが、こんどの旅の最南端になる。機首を北へ。機は、都井岬《といみさき》、日南海岸《にちなんかいがん》をへて、四国の足摺岬《あしずりみさき》にむかう。

伊丹着、二時四〇分。全飛行時間、約一八時間半。全飛行距離、約六五〇〇キロメートル。ほぼ、東京・シンガポール間に相当するという。日本は、やはり大国であった。

『日本探検』始末記

シリーズ「日本探検」

既刊の単行本『日本探検』のあとがきをさきにかかげた。そこにしるしたように、一九六〇年から六一年にかけて、わたしは雑誌『中央公論』に「日本探検」というシリーズを連載していた。そのうちの第一回から第四回までを一本にまとめたのが、前記の単行本『日本探検』である。(註1)

この本は、刊行されてまもなく、新聞や雑誌にたくさんの書評がでた。いずれも好評であった。ところが、この本はあまりうれなかった。けっきょく、初刷だけで、重版されることはなかった。文庫版もつくられなかった。したがって、本として読者の目にふれるのは、この「著作集」が二ど目である。

シリーズ「日本探検」は、その後もつづけられた。第五回は「事務革命」で、場所をいえば、大阪本町である。(註2)第六回は名神高速道路をあつかったが、雑誌に掲載されたときの表題は「名神道路」となっている。第七回は「出雲大社」で、日本における家と結婚式の歴史をあつかった。

これら七回にわたるシリーズ「日本探検」のなかから、この「著作集」の第七巻には六篇を収録した。第五回の「事務革命」は、主題が日本文明における国語と国字の問題を中心に論が展開しているので、日本語論に関する他の論稿といっしょにするほうが適当であるとかんがえて、わたしの著書『日本語と事務革命』のなかに収録した。(註3)

この「著作集」第七巻を編集するにあたっては、シリーズ「日本探検」のあとに執筆した「空からの日本探検」とこの「始末記」をくわえて、本巻の第一部「日本探検」を編成した。

(註1) 梅棹忠夫(著)『日本探検』一九六〇年一一月　中央公論社　四六判　ハードカバー　本文二七〇ページ

(註2) 梅棹忠夫(著)「事務革命—日本探検(第五回)」『中央公論』一〇月号　第七五年第一一号　第八七五号　一一九—一四一ページ　一九六〇年一〇月　中央公論社

(註3) 梅棹忠夫(著)「事務革命」『日本語と事務革命』(くもん選書)　一二—八〇ページ　一九八八年六月　くもん出版〔『著作集』第一八巻『日本語と文明』所収〕

菅浦・陶

このあとわたしは、さらに、シリーズとしていくつかをかきつづけるつもりであった。第八回は近江菅浦《おうみすがうら》をとりあげるつもりであった。菅浦は、琵琶湖の北岸、伊香郡西浅井町《いかぐんにしあざいちょう》〔現・長浜市〕にある小漁村である。じつは、ここは梅棹家の先祖がでてきた村である。村の菅之浦大明神の社屋から、菅浦文書とよばれることになる大量の中世文書がでてきたことで有名である。一一世紀以来の村の歴史がかなり詳細にわかっている。この伝統ある村落が、突如として工業化の道をたどりはじめたのである。ヤンマー・ディーゼルが村内に二〇ばかりの小工場を建設して、村人たちはそこで随時ディーゼル・エンジンの部品づくりをはじめたのである。

近代化、工業化といえば、農村から離脱して都市に流入した人たちを、労働力として組織することによって進行する、というのが通例であるが、わたしはこの村の事例をとおして、村落共同体が解体せずに、そのまま現代的な精密工業村へ移行する道をさぐってみようとかんがえたのである。大河内《おおこうち》正敏《まさとし》氏らのいう農村工業論(註1)、あるいはスイス農村における時計工業などのことが、わたしの頭のなかにはあった。

事業開始にあたっては、ヤンマーの社長と菅浦の区長とが、菅之浦大明神の社頭で契約書をかわしたという。菅浦村落共同体は、みじんのゆるぎもないままに、工業村に移行したのである。

現地調査もおわり、菅浦文書もよんだ。この文書は上下二巻の印刷本として刊行されている。(註2)かなりの準備をととのえ、ある程度原稿もかいたのであるが、それはついに完成しなかった［著者没後、その草稿は発表された。「近江菅浦」（草稿）『文藝別冊　梅棹忠夫―地球時代の知の巨人』一―一三ページ　二〇一一年四月　河出書房新社］。

シリーズ「日本探検」の第九回は「陶」という題名にするつもりであった。陶《すえ》というのは、岐阜県瑞浪《みずなみ》市内の町名で、このあたりが、日本における洋陶の発祥の地といわれている。わたしは、日本における伝統的工芸としてのやきものから、現代的な大量生産の陶磁器産業が展開してくるさまを跡づけようとかんがえていたのであった。陶を中心に、その周辺の陶業地帯の現地探訪もおえ、文献もさぐり、かなりの材料をととのえた。

そのころわたしは、このシリーズ「日本探検」で思想界の新人として注目をうけていたようである。それでこのわたしの調査旅行に新聞記者が同行して、わたしの「取材ぶり」を取材するという企画が実行された。その記事は『アサヒグラフ』に写真いりで掲載された（註3）。

こうして、はでな予告がおこなわれたにもかかわらず、ざんねんながら、この原稿も完成しなかった。わたしは当時、つぎのエクスペディションの準備に忙殺されていた。わたしは、京都大学と大阪市立大学の合同の学術探検登山隊の隊長として、まもなく北部ビルマにゆくことになっていたのである。しかし、このエクスペディションは、国際情勢から実行することができなかった。わたしは失望、落胆して、原稿をかく気力をうしなってしまったのである。

（註1）　大河内正敏（著）『農村の工業』一九三四年四月　鐵塔書院

（註2）　滋賀大学日本経済文化研究所史料館（編）『菅浦文書上巻』（滋賀大学日本経済文化研究所叢書第一冊）一九六〇年七月　滋賀大学日本経済文化研究所（発行）有斐閣（発売）
滋賀大学日本経済学部史料館（編）『菅浦文書下巻』（滋賀大学日本経済文化研究所叢書第八冊）一九六七年三月　滋賀大学日本経済文化研究所（発行）有斐閣（発売）

（註3）「この人　大阪市大助教授・人類学専攻　梅棹忠夫」『アサヒグラフ』二月一〇日号　通巻第一九一一号　一九六一年二月　朝日新聞社

まぼろしの『日本群島』

シリーズ「日本探検」の企画のうち、最後のふたつはものにならなかったが、そのほかにもわたしは、いくつもプランをもっていた。たとえば「生駒山」である。大阪府と奈良県のあいだにある生駒山《いこまやま》の山頂には、巨大な鉄塔が林立している。電波の中継基地である。わたしはそこの現地をおとずれて、日本の電波通信と放送事業の歴史と現状をかんがえてみようとおもったのである。しかしこれは実現しなかった。また、秋田の森林地帯をおとずれて、日本林業の運命についてかんがえてみようという案もあった。これも実行できなかった。

一九六二年、中央公論社は「中公新書」という新書判のシリーズの刊行をはじめた。その企画のひとつとして、わたしも一冊をかきおろすことを約束した。題は『日本群島』ときめた。それは、刊行されはじめた中公新書の巻末に続刊予告として発表された。

当時、日本の航空事情は発展途上にあった。わたしは、やがて日本全土にこまかな航空網がはりめぐらされて、おびただしい数の人びとが航空機によって旅行するようになることを確信していた。それで、この黎明期《れいめいき》にある日本の航空事情を、実地にしらべてみようとかんがえたのである。すべての定期航空便はもとより、あらゆる機会をとらえて、空から日本各地をおとずれて、日本文明における航空事業のありかたをかんがえてみようとおもったのである。この企画は、本巻に収録した「空からの日本探検」のあとをうけたものともいえる。

しかし、ざんねんながら、この企画は実行できなかった。中公新書『日本群島』はまぼろしにおわった。

増補改訂と英訳の計画

シリーズ「日本探検」のうち、単行本として刊行されたのは、はじめの四篇だけであったので、あとの分も単行本にするという話は、はやくからあった。もう一篇をかきたして『続日本探検』をつくる、という案もあり、既刊の『日本探検』といっしょにして、『増補改訂日本探検』として出版する計画もあった。一九六七年に、中央公論社とのあいだで話は具体化して、実現の一歩手まえまでいった。

その計画では、「近江菅浦」を完成し、巻頭に総論としての「現代日本文明論」を執筆することになっていた。しかしけっきょく、これがかけなくて、この『増補改訂 日本探検』は実現しなかった。この話は、一九七〇年代にもう一どもちあがったが、それも実現しなかった。いずれもわたしの非力のせいである。

一九六七年当時、イギリスのオックスフォード・プレス出版部の日本代表の川脇義郎氏から、『日本探検』の英訳をださないかという話があった。わたしはおおいにのり気になり、その準備にかかった。さきにのべた『増補改訂 日本探検』の企画をすすめたのは、ひとつにはその事情による。日本語の定本をまずつくって、それを英訳するというつもりであった。英語版の題名も『Tradition & modernity in Japanese civilization』ときめた。

しかし、日本語の定本が完成しないままに、英訳のほうもずるずるとのびて、オックスフォードの英語版はついに日の目をみないままで今日にいたっている。

もしこの『増補改訂 日本探検』と英語版が出版されていたら、この『日本探検』の仕事は、わたしの著作のなかでも主著のひとつとなったであろう。

文明論的探検

わたしがこのシリーズ「日本探検」でやろうとしたことは、現代日本の文明史的位置づけを、具体的な土地と現象に即してかんがえてみようということであった。陳腐な表現でいえば、けっきょくは伝統と近代化ということになるであろうが、わたしはそれを、両者の対立面ではなく、連続面に注目しながら展開しようとおもったのである。文献研究だけではなく、つねに現地におもむいて、自分の目で事実をさぐり、それにもとづいて議論を展開するという手法をとった。

その点については、桑原武夫氏が的確な評価をしておられるので、ここにその全文を引用させていただく(註)。


梅棹忠夫は日本思想界のヌーヴェル・ヴァーグである。

私はできれば本を読まずにすませたい、という意味のことを、かつて彼はかいて、いささかヒンシュクをかった。学問とは本を読むこと、思想とは本のなかから見つけ出すもの、と思いこんでいる人が主流をなしているからである。

彼は現実から考えるように見える。しかし、手ぶらで現実にのりこんで成果のあがるはずはない。彼はたくさん本を読む。ただ、それを丸のみにせず、現実でたしかめ、現実をして書物とはちがう本音をはかしめようとする。そして彼は現実と仲よくなることが巧みだ。つまり古来の学問の正道を歩んでいるにすぎないが、しろうとは彼のアマノジャク性にのみ目をうばわれる。

彼にならって別の波長でヌーヴェル・ヴァーグを起こそうとするもよし、また、それを知的波乗り遊びの対象とするもよし、近来の快著である。

わたしがこのシリーズ「日本探検」でもちいている手法は、あきらかに探検的手法である。わたしがそれまでに海外各地でおこなってきた研究方法を、日本に適用したというにすぎない。

手法はともかくとして、その内容は、もしジャンルわけをするとすれば、わたしはやはり「文明論」の一種というべきであろうかとおもっている。このシリーズの一部は、高等学校の教科書などにたびたび引用され、テレビの講座ものの教材につかわれたこともなんどかある。ときには、それがルポルタージュ文学の見本としてとらえられているのをしった。著者としては、その評価ははなはだ不本意である。わたしは文学をかいているのではなく、報道記事をかいているのでもない。現地調査についても、わたしは取材ということばを、なるだけさけたいものとおもっている。どうも、わたしのやっていることに、取材ということばはそぐわないからである。わたしは日本文明についてかんがえ、しらべ、かいているのである。

この文明論的探検という手法は、もちろん、世界じゅうに適用できるものである。わたしは日本探検につづいて、世界探検をこころみようとおもったことがある。しかし、それは空想におわった。

わたしは、わかいころから海外で調査研究をおこなうことがおおく、日本あるいは日本文明についての認識はじゅうぶんではなかった。このシリーズ「日本探検」の仕事は、わたしにとって、たいへん有益であった。各地をおとずれ、たくさんのひとにあい、各種の文献に接した。わたしの日本認識はおおいにすすみ、その後の日本についてのわたしのかんがえの基本線は、このシリーズ「日本探検」によって形成されたといってもいいすぎではない。

（註）桑原武夫（著）「ヌーヴェル・ヴァーグ」梅棹忠夫（著）『日本探検』表紙カバー袖　一九六〇年一一月　中央公論社

個人的接近法

この一連の著作は、その企画のはじめから原稿の完成まで、すべてわたしひとりでおこなった。現地との交渉から、文献の探索なども、わたし自身でおこなった。通例、現地探訪には出版社から編集者が同行するものであるが、この場合は、妻以外の同行者はない。自動車でいった場合は、わたしが自分で運転した。

ただし、旅費はもちろん、文献購入などをふくめて、必要な経費はすべて中央公論社が負担した。

現地へのアプローチは、すべて知人の紹介によっている。なにもかもを個人の資格でおこない、組織や権威の背景なしに、パーソナルなつてをたぐるというやりかたは、成功であったとおもう。この意味からも、わたしは、わたしのやりかたを、いわゆる取材といわれたくないのである。いうならば、わたしがむかしからフィールド・ワークでまもってきた接近法なのである。このやりかたで、ことの深層にある程度せまることができたであろうか。

解　説

原　武史

京都で生まれ育った梅棹忠夫は、着任した大学や博物館を含めて、九十年もの生涯の間、全くと言ってよいほど関西の地を離れたことはなかった。その間に梅棹は、理系と文系の壁を軽々と乗り越え、既存のアカデミズムでは収まりきれない学問体系、あえていえば、「梅棹学」としか呼びようがないような独自の学問体系を築き上げた。梅棹の学問は、探検家というもう一つの顔とまさに一体になっており、書物に囲まれた研究室を中心とする既存の官学アカデミズムとは一線を画していた。

東京に生まれ育ち、東大大学院で政治学を専攻した私にとって、学問とは何よりもまず専門的なテキストを読むことであった。ゼミや研究会などで「わかりません」「知りません」と発言することは、教授や他の院生から注がれる侮蔑的な眼差しを覚悟しなければならなかった。こういう文化のなかで苦しみながら修士論文や助手論文を書き上げた東大時代の私が、「なんにもしらないことはよいことだ。自分の足であるき、自分の目でみて、その経験から、自由にかんがえを発展させることができるからだ。知識は、あるきながらえられる。

あるきながら本をよみ、よみながらかんがえ、かんがえながらあるく。これは、いちばんよい勉強の方法だと、わたしはかんがえている」（二一ページ）という梅棹の文章に接していたならば、卒倒していたかもしれない。

梅棹に代表される京大系の学問を、東大の教授たちは明らかに一段低いものと見なしていた。しかしいまになって、私は『文明の生態史観』（中央公論社、一九六七年）のようなよく知られた著作をつまみ食いする程度で、梅棹の著作をきちんと読んでこなかったことを後悔している。その平仮名を多用する平易で明晰な文章にせよ、世界に眼が開かれていながら片仮名や横文字を極力使わず、権威ある学者の文章からの引用にも依存しない方法にせよ、それでいてきわめてオリジナリティの高い仮説をごく自然に提示してみせる発想力にせよ、もし東大時代にじっくりと読んでいれば、視野狭窄になりがちな官学アカデミズムをより相対化するのに、どれほど役立ったかわからないからだ。

「日本探検」もまた梅棹学の一環として、月刊誌『中央公論』に一九六〇年から六一年にかけてほぼ二ヵ月に一度の割合で連載され、第一回から第四回までが六〇年十一月二十五日に中央公論社から単行本として刊行された。このたびの学術文庫版は梅棹の著作集を底本とし、単行本未収録の連載や、その後の梅棹自身による解説、追記まで収めた、いわば「決定版」である。

「わたしは、いままでどちらかというと、国外での未開民族の人類学的探検こそは、じぶんのなすべき仕事であるとおもいさだめてきた。しかし、なんどかの学術探検隊にくわわって各地を旅行するうちに、問題は未開地・未開民族にかぎらないことに気がついた。よくしられているはずの民族や社会にも、あたらしい見かたにたって、かんがえなおすべきことがたくさんある」（三二四ページ）。このような問題意識から、梅棹は当面の間、探検の対象を海外から日本国内へと変えた。ジャーナリストが書くルポルタージュでもなければ作家が書く紀行文でもない。まさに梅棹忠夫にしかできない「日本探検」のスタイルを追求しようとしたのだ。

では、梅棹はどこに行こうとしたのか。

梅棹が注目したのは、旧藩校のある広島県の福山、大本教（正確には宗教法人大本）の本部がある京都府の綾部と亀岡、パイロットファームのある北海道の根釧台地、サルの生息地である大分県の高崎山や宮崎県の幸島、都井岬、日本モンキーセンターのある愛知県の犬山、京都市に建設中の名神高速道路、出雲大社などであった。「探検」という言葉から連想される秘境のようなところは一つも含まれていない。また、根釧台地と犬山を除いて、すべて京都以西の西日本に偏っているところが、いかにも梅棹らしい。東京や首都圏は、全くと言ってよいほど無視されている。五九年から六〇年にかけての時期は、皇太子（現天皇）の結婚や六〇年安保闘争などの舞台として東京がしばしば脚光を浴びたが、そうした時代の影響はまるで受けていないかのようだ。

厳密にいえば、梅棹は東京に行かなかったわけではない。「福山誠之館」の章では、本郷西片町にあった旧藩邸に福山ゆかりの阿部幼稚園や葦陽倶楽部や誠之小学校を訪ねている。

けれどもそれはあくまで、東京のなかに残存している福山を探しに行ったのであって、上京することと自体を目的としていたわけではなかった。

誠之館というのは、福山藩主であるとともに、開国を決断した老中首座としても知られる阿部正弘によって、安政二（一八五五）年に開かれた藩校の名称である。つまり福山には、広島大学のような国立大学はなくても、いったん廃止された藩校の系譜を継承する高校があることになる。明治以降に設立される大学ではなく、高校に注目することで、一般には近代化が始まる前とされる江戸時代と現代との連続面と断絶面に光を当てようとする着眼点が非常にユニークだとはいえないだろうか。

その背景には、「わたしは、日本文明は、もともと分散にむかう地方原理がかなりつよい型の文明であるとみている。だいたい、封建制が成立するということが、地方原理のつよさをしめすものである」（六〇ページ）という独自の文明観がある。明治から敗戦にかけての日本が過度の中央集権化に向かったのは、本来の文明からすれば逸脱でしかなかったというわけだ。幕藩体制という名の封建制が成立した江戸時代こそが、日本文明の全面開花した時代として見直されてくる所以である。

梅棹は、日本文明を見ながら、世界の文明を同時に見ている。「文明の生態史観」で唱えられた、日本と西欧を封建制の成立した「第一地域」としてとらえる方法が「福山誠之館」でも導入され、江戸時代の藩校とドイツのリッターアカデミーとの類似性が指摘される。梅棹に言わせれば、ドイツのような大学がなかった日本では、地方原理から中央原理へといち早くくら替えすることのできた誠之館のような藩校だけが、今日まで地方で生き延びることができたのだ。いや、地方だけではない。その痕跡は、注意深く見れば東京のなかにも残っている。それが前述した阿部幼稚園や葦陽倶楽部や誠之小学校にほかならない。ここには東京から地方を「見下ろす」のとは正反対の視線がある。

エスペランチストでもある梅棹は、戦前から世界共通語として発案されたエスペラント語の普及活動に熱心に取り組んできた大本教に関心をもっていた。「大本教」の章は、梅棹が車に乗って京都市内から国道で老ノ坂峠を越え、大本教を生み出した丹波の地に入る印象的な場面から始まっている。

梅棹は、第二次大本事件（一九三五年）で破壊される前の亀岡にあった天恩郷（綾部の梅松苑と並ぶ本部）に、父に連れられて訪れたことがあるという。作家の高橋和巳が一九六五年に『朝日ジャーナル』で大本教をモデルとする小説「邪宗門」の連載を始めてから、大本教はにわかに若者層の間で注目を集めるようになったが、それ以前は大正、昭和の二度にわたる大弾圧が、この宗教団体に暗い影を投げかけていた。柳田國男のような民俗学者や小林一三のような関西の財界人も、いかがわしい新興宗教の一派として大本教を見ていたところがある。そうしたなか、梅棹はエスペラント語を媒介として戦前から世界的に活動してきた大本教や、指導者の出口王仁三郎を高く評価したのである。

この章では、王仁三郎や妻のすみ子亡きあとの戦後の大本教についても、世界連邦運動を推進し、宗教世界会議に参加するなどの活動が紹介されている。だが今日、ナショナリズムが衰える気配はなく、大本教が理想とした世界連邦の夢は、完全に遠のいている。大本教自体も、八〇年代以降、宗教法人大本のほかに大本信徒連合会と宗教法人愛善苑の三派に分裂したことで、かつての勢いはなくなってきているという印象は否めない。「後世、はたして綾部市は、『人類愛善の都市』とよばれているであろうか」（一四七ページ）という梅棹の問いに対しては、残念ながら「否」と答えざるを得ないであろう。

「北海道独立論」は、根釧台地のパイロットファームを訪れた体験をもとに、北海道が政治的に独立する可能性について論じた章である。梅棹は言う。「そこには、本国に肩をならべるような、りっぱな文明社会が成長した。それだけの成功をおさめ、実力をもちながらも、ただひとつ、北海道がなしえなかったことは、本国からの政治的独立であった。それは、今後の北海道にのこされている最大の課題ではないだろうか」（二〇二ページ）。この文章が発表された『中央公論』一九六〇年五月号の特集が「安保と自由化—ふんだりけったり」であったことからもわかるように、「北海道独立論」は安保闘争が激しさを増しつつあるなかで発表された。安保改定に反対する多くの国民の脳裏には戦争の記憶があったのであり、敗戦はまだ完全な過去になっていなかった。

それは、植民地や「満洲国」を失った記憶が覚めやらなかったということでもある。本州、北海道、九州、四国の四島だけになってしまった喪失感からまだ脱却しきれなかったときに、梅棹は大胆にも、北海道の政治的独立について論じているのだ。その前提として、北海道と内地との関係を「異質・統合」「異質・分離」「同質・統合」「同質・分離」の四つに分けて考察しているのが興味深い。

梅棹は明治以来、内地から北海道に渡ってきた人々が同質化を進め、北海道を内地化してしまった以上、北海道を内地と異質と見なすのはもはや不可能と考える。しかしだからといって、北海道を内地に従属させ、中央政府の指導のもとに北海道の開発を進めようとする統合主義もまた、北海道の文明を無視していると言わざるを得ない。したがって梅棹が選択するのは、「同質・分離」となる。内地と同じ日本人を主体としつつ、べつべつの国をつくることこそが、北海道をしてかつてのアメリカやニュージーランドなどと同様の「新世界」の道を歩ませるのに最も望ましい方式ではないかと結論づけるのだ。

これもまた、「文明の生態史観」で唱えられた、日本を封建制の成立した「第一地域」と見なす方法に立脚しているように思われる。統合主義は、「第一地域」にはそぐわない。ところが実際には、パイロットファームに象徴されるように、北海道開発庁が「北海道に異質の文化が成長することなど、はじめからかんがえてもいないし、内地に対する従属という線でしか北海道をみていない」（二二六ページ）という「官僚的現実主義」に基づいて開発を進めていった。今日から見ればこの批判は、当時はまだ復帰していなかった沖縄県に対して、一層強く当てはまるだろう。明治以来の国民国家を相対化する梅棹の視点は、いまこそ再評価されるべきではないか。

「高崎山」は、サルの生息地のある大分県の高崎山、宮崎県の幸島や都井岬、日本モンキーセンターのある愛知県の犬山を訪れ、霊長類研究という視点から日本の自然科学や日本人の自然観について論じた章である。文理総合型の学問を目指す梅棹学の真骨頂がいかんなく発揮された章だともいえよう。

私事で恐縮ながら、私の父は東京都武蔵村山市にあった厚生省（現・厚生労働省）の国立予防衛生研究所（現・国立感染症研究所）村山分室で、長年にわたってポリオウイルスを研究してきた。立川駅北口から出る村山団地ゆきのバスの終点から畑のなかをしばらく歩き、ようやくたどり着く研究所は、子供心にも地の果てを感じさせるとともに、ウイルスという目に見えないものに対する不気味さも抱かせた。その不気味さをさらに増幅させたのは、実験室内から時折聞こえてくるサルの鳴き声であった。

それもそのはず、村山分室は六〇年にピークに達したポリオの流行に対処するために建てられたワクチン検定庁舎に由来しており、ワクチン製造のためにサルの腎臓をつかう関係上、アカゲザルやカニクイザルの飼育が欠かせなかったのだ。私は幼少のころから、村山分室内の実験室で、父がいかにも職業的な手つきでサルをつぶしてワクチンの材料にする場面に何度か立ち会ってきた。ふつうに考えればいかにも残酷な場面だが、不思議とそうした印象を抱くことはなかった。

「高崎山」は、『中央公論』一九六〇年八月号に発表された。同じ号には、丸山眞男の有名な論文「八・一五と五・一九」が発表されている。安保闘争は、最大の山場を迎えていた。しかしこのころ、ポリオもまたかつてないほどの流行を見せていたのだ。「日本でも、ポリオ・ワクチンの製造ははじまった。しかし、ニホンザルはその材料にはつかわないことになっている」（二九六ページ）というさりげない文章のなかに、梅棹の同時代に対する視点が表れている。時代とは全く関係のない対象を選んでいるように見えつつも、社会科学者が完全に見逃していた時代の底流を鋭くとらえていたわけだ。

「名神高速道路」は、六〇年当時の日本の交通事情を知るうえで貴重な章である。この当時の日本は、東海道新幹線が開通する前ではあったが、東海道本線にはすでに東京―大阪間で日帰り出張を可能にした電車特急「こだま」が走っていた。一方、道路事情は現在からは想像もつかないほど悪く、高速道路は全くなかったうえ、一般道路の舗装もまだ進んでいなかった。多くの国民にとって、自家用車は高嶺の花だったのだ。

梅棹が京都市内に建設中の名神高速道路に目をつけたのは、それが日本で初めての高速道路になることを見越していたからである。では梅棹は、この高速道路を皮切りに、全国に高速道路が次々と建設されてゆくと予想していたかといえば、必ずしもそうではなかった。なぜなら、日本では西欧諸国と同様（「第一地域」！）、「建設の論理」よりも「存在の論理」のほうが強く、ヒトラー時代のドイツほどの統制力がなければ、アウトバーンに匹敵する高速道路は建設できないと考えていたからだ。

ではどうすればよいか。梅棹が提案するのは、「『誠意』の論理」である。公聴会を開き、「建設の論理」と「存在の論理」が根気よく話し合えば、建設は進むというのだ。それから半世紀あまりがたった現在の日本には、北海道から九州まで、高速道路網が張り巡らされている。一部で地元地権者らによる反対運動もあったとはいえ、順調に建設が進んできたといってよい。いまや地方では一世帯に自家用車を二台以上もつことも当たり前になっており、逆に鉄道は東日本大震災から復興した三陸鉄道のような例外を除いて、不採算路線が廃止されたりバスに転換されたりしつつある。

果たしてこれは、「『誠意』の論理」の結果なのだろうか。この章における梅棹の考察は、少し乱暴な印象を受ける。思うに、日本は西欧ほど「存在の論理」が強くないのではないか。田中角栄の『日本列島改造論』を例にあげるまでもなく、明治以来の日本の政治の重要な柱のひとつは、国土の開発であった。前述した北海道開発庁もまたその延長線上にある。それは中央政府だけでなく、地元住民もまた政治家に求めてきたものであり、高速道路を欲しがったのは地元住民でもあったのだ。したがって、「建設の論理」と「存在の論理」が根気よく話し合うまでもなく、いわばあうんの呼吸で前者が優先されることも多かったのではないか。そして高速道路は鉄道とは異なり、いったん建設されれば、たとえ車が一台も通らなくても、道路自体が廃止されることはあり得ないのである。

最後に、「出雲大社」について若干触れておきたい。大本教の本部である綾部と亀岡を訪れた梅棹が出雲大社に向かったのは、必然のなりゆきであったろう。山陰本線によって京都と綾部と亀岡ばかりか、京都と出雲もつながっており、京都から出雲に向かう急行や普通列車が多く走っていたことも、出雲に対する親近感を抱かしめただろう。出雲大社では、東京の宮中三殿に隣接する神嘉殿で天皇が新嘗祭を行う十一月二十三日の夜に、国造によって古伝新嘗祭が行われる。祭祀の内容自体は新嘗祭とよく似ているが、宮中の新嘗祭が中世から近世にかけて断絶していたのに対して、古伝新嘗祭は「太古以来おそらくは一五〇〇回、あるいはそれ以上もくりかえしていわってきた」（三六八ページ）とされる。この祭祀に着目したのはさすがとしか言いようがない。

梅棹によれば、「日本という国は、二重構造がすきな国である」（三七八ページ）。具体的には、アマテラスとオオクニヌシ、天皇と出雲国造、伊勢と出雲、東京と京都といった関係があげられるだろう。けれども両者は非対称の関係にあり、梅棹は常に後者から前者を、さらには日本全体を見ていたところがある。『日本探検』が、今日なお類例のない文明論としての輝きを失わない所以である。

（はら・たけし／明治学院大学教授）

KODANSHA

本書は『日本研究』(『梅棹忠夫著作集』第7巻、中央公論社、一九九〇年)に収録された「日本探検」を底本としました。単行本『日本探検』は一九六〇年十一月に中央公論社より刊行されています(本書内「『日本探検』始末記」参照)。

梅棹忠夫（うめさお　ただお）

1920年，京都に生まれる。京都帝国大学理学部卒業。理学博士。1955年京大カラコラム・ヒンズークシ学術探検隊に参加。京都大学教授。国立民族学博物館の創設に尽力し，初代館長となる。1994年文化勲章受章。2010年，90歳で死去。『文明の生態史観』『知的生産の技術』『情報の文明学』など著書多数。主な著作は「梅棹忠夫著作集」（全22巻　別巻1　中央公論社）に収められている。

講談社学術文庫

定価はカバーに表示してあります。

日本探検《にっぽんたんけん》

梅棹忠夫《うめさおただお》

2014年９月10日　第１刷発行
2023年６月９日　第４刷発行

発行者　鈴木章一
発行所　株式会社講談社
東京都文京区音羽 2-12-21 〒112-8001
電話　編集（03）5395-3512
販売（03）5395-4415
業務（03）5395-3615

装　幀　蟹江征治
印　刷　株式会社広済堂ネクスト
製　本　株式会社国宝社
本文データ制作　講談社デジタル製作

ISBN978-4-06-292254-8

「講談社学術文庫」の刊行に当たって

これは、学術をポケットに入れることをモットーとして生まれた文庫である。学術は少年の心を養い、成年の心を満たす。その学術がポケットにはいる形で、万人のものになることは、生涯教育をうたう現代の理想である。

こうした考え方は、学術を巨大な城のように見る世間の常識に反するかもしれない。また、一部の人たちからは、学術の権威をおとすものと非難されるかもしれない。しかし、それはいずれも学術の新しい在り方を解しないものといわざるをえない。

学術は、まず魔術への挑戦から始まった。やがて、いわゆる常識をつぎつぎに改めていった。学術の権威は、幾百年、幾千年にわたる、苦しい戦いの成果である。こうしてきずきあげられた城が、一見して近づきがたいものにうつるのは、そのためである。しかし、学術の権威を、その形の上だけで判断してはならない。その生成のあとをかえりみれば、その根は常に人々の生活の中にあった。学術が大きな力たりうるのはそのためであって、生活をはなれた学術は、どこにもない。

開かれた社会といわれる現代にとって、これはまったく自明である。生活と学術との間に、もし距離があるとすれば、何をおいてもこれを埋めねばならない。もしこの距離が形の上の迷信からきているとすれば、その迷信をうち破らねばならぬ。

学術文庫は、内外の迷信を打破し、学術のために新しい天地をひらく意図をもって生まれた。文庫という小さい形と、学術という壮大な城とが、完全に両立するためには、なおいくらかの時を必要とするであろう。しかし、学術をポケットにした社会が、人間の生活にとってより豊かな社会であることは、たしかである。そうした社会の実現のために、文庫の世界に新しいジャンルを加えることができれば幸いである。

一九七六年六月

野間省一

日本人論・日本文化論

梅原　猛著
日本文化論
〈力〉を原理とする西欧文明のゆきづまりに代わる新しい原理はなにか？〈慈悲〉と〈和〉の仏教精神こそが未来の世界文明を創造していく原理となるとして、仏教の見なおしの要を説く独創的な文化論。

22

山本七平著
比較文化論の試み
日本文化の再生はどうすれば可能か。それには自己の文化を相対化して再把握するしかないとする著者が、さまざまな具体例を通して、日本人のものの見方と伝統の特性を解明したユニークな比較文化論。

48

加藤周一著
日本人とは何か
現代日本の代表的知性が、一九六〇年前後に執筆した日本人論八篇を収録。伝統と近代化・天皇制・知識人を論じて、日本人とは何かを問い、精神的開国の要を説いて将来の行くべき方向を示唆する必読の書。

51

内藤湖南《こなん》著（解説・桑原武夫）
日本文化史研究（上）（下）
日本文化は、中国文化圏の中にあって、中国文化の強い影響を受けながらも、日本独自の文化を形成してきた。著者はそれを深い学識と日中の歴史事実とを通して解明した。卓見あふれる日本文化論の名著。

76・77

山本七平著
日本人の人生観
日本人は依然として、画一化された生涯をめざす傾向からぬけ出せないでいる。本書は、我々を無意識の内に拘束している日本人の伝統的な人生観を再把握し、新しい生き方への出発点を教示した注目の書。

278

小池喜明著
葉隠《はがくれ》　武士と「奉公」
泰平の世における武士の存在を問い直した書。「葉隠」は武士の心得について、元佐賀鍋島藩士山本常朝の語りをまとめたもの。儒教思想を否定し、武士の奉公は主君への忠誠と献身の態度で尽くすことと主張した。

1386

ニコライの見た幕末日本
ニコライ著／中村健之介訳

幕末・維新時代、わが国で布教につとめたロシアの宣教師ニコライの日本人論。歴史・宗教・風習を深くさぐり、鋭く分析して、日本人の精神の特質を見事に浮き彫りにした刮目すべき書である。本邦初訳。

393

乃木大将と日本人
S・ウォシュバン著／目黒真澄訳（解説・近藤啓吾）

著者ウォシュバンは乃木大将をFather Nogiと呼んだ。この若き異国従軍記者の眼に映じた大将の魅力は何か。本書は、大戦役のただ中に武人としてギリギリの理想主義を貫いた乃木の人間像を描いた名著。

455

ニッポン
B・タウト著／森　儁郎《としお》訳（解説・持田季未子）

憧れの日本で、著者は伊勢神宮や桂離宮に清純な美の極致を発見して感動する。他方、日光陽明門の華美を拒みその後の日本文化の評価に大きな影響を与えた。世界的な建築家タウトの手になる最初の日本印象記。

1005

日本文化私観
B・タウト著／森　儁郎《としお》訳（解説・佐渡谷重信）

世界的建築家タウトが、鋭敏な芸術家的直観と秀徹した哲学的瞑想とにより、神道や絵画、彫刻や建築など日本の芸術と文化を考察し、真の日本文化の将来を説く。名著『ニッポン』に続くタウトの日本文化論。

1048

幕末日本探訪記　江戸と北京
R・フォーチュン著／三宅　馨訳（解説・白幡洋三郎）

世界的プラントハンターの幕末日本探訪記。英国生まれの著名な園芸学者が幕末の長崎、江戸、北京を訪問。珍しい植物や風俗を旺盛な好奇心で紹介し、桜田門外の変や生麦事件の見聞も詳細に記した貴重な書。

1308

シュリーマン旅行記　清国・日本
H・シュリーマン著／石井和子訳

シュリーマンが見た興味尽きない幕末日本。世界的に知られるトロイア遺跡の発掘に先立つ世界旅行の途中で、日本を訪れたシュリーマン。執拗なまでの探究心と旺盛な情熱で幕末日本を活写した貴重な見聞記。

1325

外国人の日本旅行記

英国外交官の見た幕末維新 リーズデイル卿回想録
A・B・ミットフォード著／長岡祥三訳

激動の時代を見たイギリス人の貴重な回想録。アーネスト・サトウと共に江戸の寺で生活をしながら、数々の事件を体験したイギリス公使館員の記録。徳川幕府崩壊の過程を見すえ、様々な要人と交った冒険の物語。

1349

ザビエルの見た日本
ピーター・ミルワード著／松本たま訳

ザビエルの目に映った素晴しき日本と日本人。一五四九年ザビエルは「知識に飢えた異教徒の国」へ勇躍上陸し精力的に布教活動を行った。果して日本人はキリスト教を受け入れるのか。書簡で読むザビエルの心境。

1354

ビゴーが見た日本人 諷刺画に描かれた明治
清水 勲著

在留フランス人画家が描く百年前の日本の姿。文明開化の嵐の中で、急激に変わりゆく社会を戸惑いつつもたくましく生きた明治の人々。愛着と諷刺をこめてビゴーが描いた百点の作品から〈日本人〉の本質を読む。

1499

シドモア日本紀行 明治の人力車ツアー
エリザ・R・シドモア著／外崎克久訳

女性紀行作家が描いた明治中期の日本の姿。ポトマック河畔の桜の植樹の立役者、シドモアは日本各地を人力車で駆け巡り、明治半ばの日本の世相と花を愛する日本人の優しい心を鋭い観察眼で見事に描き出す。

1537

バーナード・リーチ日本絵日記
バーナード・リーチ著／柳 宗悦訳／水尾比呂志補訳

イギリス人陶芸家の興趣溢れる心の旅日記。独自の美の世界を創造したリーチ。日本各地を巡り、また、濱田庄司・棟方志功らと交遊を重ね、自らの日本観や芸術観を盛り込み綴る日記。味のある素描を多数掲載。

1569

江戸幕末滞在記 若き海軍士官の見た日本
エドゥアルド・スエンソン著／長島要一訳

若い海軍士官の好奇心から覗き見た幕末日本。慶喜との謁見の模様や舞台裏も紹介、ロッシュ公使の近辺で貴重な体験をしたデンマーク人の見聞記。旺盛な好奇心、鋭い観察眼が王政復古前の日本を生き生きと描く。

1625

外国人の日本旅行記

絵で見る幕末日本
A・アンベール著／茂森唯士訳

スイス商人が描く幕末の江戸や長崎の姿。鋭敏な観察力、才能豊かな筆の運び。日本各地、特に、幕末江戸の町を自分の足で歩き、床屋・魚屋・本屋等庶民の生活の様子を生き生きと描く。細密な挿画百四十点掲載。

1673

英国人写真家の見た明治日本 この世の楽園・日本
H・G・ポンティング著／長岡祥三訳

明治を愛した写真家の見聞録。写真百枚掲載。日本の美しい風景、精巧な工芸品、優雅な女性への愛情こもる叙述。浅間山噴火や富士登山の迫力満点の描写。スコット南極探検隊の様子を撮影した写真家の日本賛歌。

1710

続・絵で見る幕末日本
A・アンベール著／高橋邦太郎訳

該博な知識、卓越した識見、また人間味豊かなスイス人の目に、幕末の日本はどのように映ったか。大君の居城、江戸の正月、浅草の祭り、江戸の町と生活などなど。好評を博した見聞記の続編。挿画も多数掲載。

1771

ビゴーが見た明治ニッポン
清水　勲著

西欧文化の流入により急激に変化する社会、時代の波にもまれる人びとの生活を、フランス人画家ビゴーは愛情と諷刺を込めて赤裸々に描いた。百点の作品を通して、近代化する日本の活況を明らかにする。

1794

イザベラ・バードの日本紀行（上）（下）
イザベラ・バード著／時岡敬子訳

一八七八年に行われた欧米人未踏の内陸ルートによる東京―函館間の旅の見聞録。大旅行家の冷徹な眼を通じ、維新後間もない北海道・東北の文化・自然等を活写。関西方面への旅も収載した、原典初版本の完訳。

1871・1872

ビゴーが見た明治職業事情
清水　勲著

激動の明治期、人々はどんな仕事をして生活していたのか。洋服屋、鹿鳴館職員など西洋化により登場した職業を始め、超富裕層から庶民まで、仏人画家ビゴーが描いた百点超の作品を紹介、その背景を解説する。

1933

《講談社学術文庫　既刊より》